Le Passé vivant de la France

Lydia Palmer

Consulting Editor
Harry Regenstreif

National Textbook Company
NTC a division of *NTC Publishing Group* • Lincolnwood, Illinois USA

1990 Printing

To Madame Yvonne Ricard,
without whose tireless and willing assistance
this book could not have been completed, and
to Judy,
who made teaching a joy

Liste des illustrations

A l'élève

Vous étudiez le français maintenant depuis quelque temps et vous savez que l'étude d'une langue est une étude sans fin. Vous croyez peut-être que vous l'apprenez trop lentement. Ne soyez pas découragé! Vous avez déjà appris beaucoup et vous pouvez continuer à apprendre aussi longtemps que vous voudriez. "On apprend chaque jour quelque chose de nouveau."

Pour mieux comprendre le français il faut apprendre quelque chose de la France. Peut-être avez-vous étudié les coutumes de la France, sa géographie et ses célébrités. Mais pour mieux comprendre la France il faut connaître un peu son histoire, ses auteurs et sa littérature. Pour les Français d'aujourd'hui, le passé est toujours vivant.

Dans *Le Passé vivant de la France* vous trouverez à la fois un peu d'histoire de la France et quelques extraits littéraires. Vous connaîtrez des hommes et des femmes qui ont joué des rôles importants dans l'histoire de la France. Vous lirez des pièces, des poèmes, des fables. Les sélections dans ce texte ont été faites pour vous intéresser et j'espère que les pages que vous lirez vous donneront le désir de continuer longtemps l'étude de cette langue passionnante.

Foreword

Le Passé vivant de la France offers an enriched reading program for advanced intermediate students of the French language. To the people of France, French history is a living, breathing part of present reality. In his book *Three Lives of Charles De Gaulle,* David Schoenbrun has written: "The French live with history. All history is current in a city like Paris, where even a subway station is named *Alésia* in honor of the climactic battle of Vercingétorix against Caesar."

In order to communicate the living quality of French history, *Le Passé vivant de la France* features a rich array of literary selections, interspersed with shorter historical passages, covering the period between the 6th century B.C. and the beginning of the 18th century of our own era. These readings cover the major events and personalities that have shaped the history and character of the French people. The literary selections are representative of the periods covered and have been chosen for their high interest, as well as their importance in French literature.

To facilitate reading comprehension, difficult words and expressions have been sideglossed in French. Words chosen for glossing are those whose meanings students may not be able to determine from context, as well as those not listed in *Le français fondamental* (Book I). Words of a technical or archaic nature are defined in footnotes.

Students who have acquired a knowledge of French language, history, and culture will have made contact with one of the world's great civilizations. They will have a deeper appreciation of the French people and may thus serve as a more skilled ambassador of goodwill when traveling in the French-speaking world.

It is the author's hope that, after completing the readings in this book, students will be encouraged to continue their French studies and will approach France's impressive body of literature with greater understanding and insight.

To continue their literary study of French history, students will want to read another National Textbook Company volume by Lydia Palmer, *De la Révolution à nos jours,* which covers the period from the French Revolution to the beginning of the Fifth Republic.

Table des Matières

La France et le monde classique 1

L'histoire de la France commence à l'époque où les peuples méditerranéens, d'abord les Grecs et ensuite les Romains, s'intéressèrent à ce territoire de l'ouest de l'Europe. Les Grecs vinrent y établir une colonie commerciale qui continue à prospérer de nos jours. Les Romains vinrent à leur tour et restèrent pour agrandir leur empire. Ils firent adopter leur langue et y léguèrent bâtiments, lois et coutumes. Les premiers habitants de la France, les Gaulois, ne reçurent pas toujours très cordialement les hommes de l'Est, mais l'histoire a décidé que ceux-ci prendraient possession de ce pays que nous appelons la France et y laisseraient des traces ineffaçables.

Venant de Phocée, ville grecque actuellement en Turquie (Fotcha), les Grecs s'installèrent autour d'une baie profonde et commencèrent à faire du commerce avec les habitants du pays. "Colonie grecque", par Puvis de Chavannes.

Marseille

A tout seigneur, tout honneur

Au sixième siècle avant Jésus-Christ, des Grecs fondent Marseille sur la côte sud de la Gaule. Aujourd'hui cette côte s'appelle la côte d'Azur ou la Riviera. Marseille est une des plus grandes de toutes les villes célèbres de la France. La ville est dominée par l'église Notre-Dame de la Garde. La Canebière, une petite "Broadway", est la rue la plus célèbre de cette ville, et les Marseillais en sont très fiers.

Avec presque huit cent mille habitants cette ville est pleine d'une population polyglotte et bigarrée,[1] parce que c'est le port de l'Orient.

Il existe une légende charmante sur la fondation de Marseille. Un jeune marchand grec nommé Euxène cherche de nouveaux débouchés pour son commerce dans des terres presque inconnues. Il débarque près de l'embouchure[2] du Rhône. Le roi du pays qui veut marier sa fille, Gyptis, invite Euxène à assister au banquet au cours duquel la jeune fille va choisir son mari. La plupart des membres de la tribu sont réunis pour cette fête. Mais au moment fixé, Gyptis tend sa coupe d'eau claire à Euxène; c'est lui qu'elle a choisi. Le roi donne une belle terre au mari de sa fille.

Ainsi les Grecs s'installent dans ce beau port et ils apportent beaucoup de prospérité au pays qui sera plus tard appelé la France.

Comme tout le monde le sait, la cuisine française est la plus célèbre du monde. A Marseille on mange beaucoup un plat fameux appelé la bouillabaisse, une sorte de soupe de poissons. Le secret d'une parfaite bouillabaisse, c'est le poisson de mer très frais de la mer Méditerranée, la rascasse en particulier. C'est pourquoi la plus célèbre des bouillabaisses est originaire du port de Marseille.

un siècle: une suite de cent années
azur: bleu clair

être fier de: admirer beaucoup

polyglotte: qui parle plusieurs langues

débouché m.: la possibilité de vente pour les marchandises; un marché
une terre inconnue: un continent pas encore exploré
un roi: un chef d'état; une couronne symbolise sa royauté
assister à: être présent à; être témoin de
tend à: offre à

Questions

1. Où se trouve Marseille?
2. Qu'est-ce qui fait la population de Marseille pittoresque et polyglotte?
3. Quelle église domine la ville?

[1] **bigarrée:** qui comporte des couleurs variées, des dessins variés.
[2] **l'embouchure** *f.:* l'arrivée d'un fleuve dans la mer.

4. Nommez une rue de laquelle les Marseillais sont très fiers.
5. Quelle est la nationalité d'Euxène?
6. Quelle est son occupation?
7. Pourquoi cherche-t-il de nouveaux débouchés?
8. Racontez comment Gyptis choisit un mari.
9. Faites une courte description de Marseille d'aujourd'hui.
10. À quel plat célèbre pense-t-on quand on parle de Marseille?

Au sommet du clocher dont les styles mélangés s'accordent bien avec la population d'un port, Notre-Dame de la Garde protège la plus vieille ville de France.

Les Gaulois Vaincus

Petit à petit l'oiseau fait son nid

PENDANT plusieurs siècles avant l'ère chrétienne, le pays qui s'appelle maintenant la France se nommait la Gaule et ses habitants s'appelaient les Gaulois.

Les Gaulois, hospitaliers mais belliqueux, vivaient en tribus errantes, souvent en lutte les unes contre les autres. Leur chef le plus célèbre, Vercingétorix, a réussi à réunir ces tribus gauloises et a presque sauvegardé la Gaule pour les Gaulois. Les Romains, pourtant, se sont montrés plus forts que lui.

Entre les années 59 et 52 avant Jésus-Christ, Jules César, un Romain très puissant[1] et guerrier très habile[2], a conquis toute la Gaule. C'est lui qui a dit en Latin: "Veni, vidi, vici." En français il aurait dit: "Je suis venu, j'ai vu, j'ai vaincu." Il parlait de la Gaule.

On dit que le précepteur[3] de Jules César était Gaulois, et c'est pourquoi il voulait plus tard aller en Gaule pour faire de ce territoire une province romaine.

En 52 Vercingétorix se livra à César. Conduit à Rome il a passé six ans de captivité. Après la conquête de la Gaule, Jules César est retourné à Rome en triomphateur, et Vercingétorix, après avoir figuré dans la marche triomphale, enchaîné derrière le char de César, fut exécuté. Certains disent qu'on l'a étranglé, d'autres qu'on l'a décapité. Qui sait?

Parce que Vercingétorix fut un grand chef, courageux et fier, les Français, descendants des Gaulois, honorent encore aujourd'hui son nom et considèrent que leur histoire prend forme à partir de sa reddition[4] en 52 avant Jésus-Christ.

belliqueux—se: aime se battre

errant—e: nomade; qui n'a pas de demeure fixe

en lutte: en combat

conquis (conquérir): subjugué (subjuguer) par les armes

se livrer à: se mettre sous l'autorité de

conduit: accompagné

un char: ici, une voiture à deux roues pour les combats

étranglé: suffoqué par pression de la gorge

décapiter: couper la tête

Questions
1. Comment appelait-on la France avant l'ère chrétienne?
2. Décrivez les Gaulois.
3. Pourquoi César s'intéressait-il d'abord à la Gaule?

[1] **être puissant:** avoir beaucoup d'autorité.
[2] **un guerrier habile:** homme qui connaît très bien la stratégie militaire.
[3] **un précepteur:** le professeur particulier d'un jeune homme ou d'une jeune fille.
[4] **la reddition:** l'action de se livrer à quelqu'un.

4. Comment les Gaulois vivaient-ils?
5. Comment César est-il retourné à Rome?
6. Pourquoi les Français honorent-ils encore aujourd'hui le nom de Vercingétorix?

Vercingétorix.

Les Gallo-Romains

🦋 *Tout nouveau, tout beau*

APRÈS LA conquête de la Gaule par Jules César, la Gaule est devenue une partie de l'empire romain. Les Gaulois avaient une aptitude naturelle à recevoir la civilisation gréco-latine. Ils ont remplacé leurs huttes couvertes de paille par des maisons romaines, ont adopté le costume romain, se sont mariés d'un peuple à l'autre, et ont bientôt été appelés les Gallo-Romains. Ce fut une colonisation très heureuse et cent ans après César, la fusion était presque accomplie et des Gaulois entraient au Sénat romain. Le latin appris par les Gaulois est devenu après plusieurs siècles le français d'aujourd'hui.

une hutte : une petite cabane pauvre

Les Romains étaient des ingénieurs par excellence. Ils ont bâti des villes, des routes, des ponts, des théâtres, des aqueducs. Aujourd'hui nous pouvons encore en admirer beaucoup de vestiges, surtout dans le sud-est de la France.

un pont : une construction pour réunir les deux rives d'un cours d'eau

On peut voir à Nîmes, à Arles, à Paris des arènes où les gladiateurs ont lutté les uns contre les autres, ou contre des bêtes sauvages. On peut voir à Arles, à Orange et à Lyon des théâtres et à Nîmes le célèbre pont du Gard.

lutter : combattre

Lyon, une de ces villes romaines, fondée en 43 avant J.-C., se trouve au confluent de deux très grands et très importants fleuves, le Rhône et la Saône. Elle est devenue la capitale de la Gaule. Presque littéralement aux carrefours de la France, Lyon a aujourd'hui une population de plus de cinq cent mille habitants. C'est la capitale de l'Europe pour l'industrie de la soie et de la soie artificielle.

un carrefour : où plusieurs routes se croisent

la soie : un tissu fin et brillant, d'origine animale (le ver à soie)

Questions
1. Quand a eu lieu la conquête romaine de la Gaule?
2. Qu'est-ce que les Gaulois ont adopté?
3. Par quoi ont-ils remplacé leurs huttes?
4. Comment les a-t-on bientôt appelés?
5. Quelle langue ont-ils apprise?
6. Qu'étaient les Romains par excellence?
7. Qu'est-ce qu'ils ont bâti?
8. Où peut-on voir aujourd'hui des vestiges de ce qu'ils ont bâti?

9. Quelle ville est devenue la capitale de la Gaule?
10. Au confluent de quels fleuves se trouve cette ville?
11. Par quelle industrie est-elle célèbre?

Le théâtre de Lyon est un bel exemple des théâtres qu'on trouve dans les villes où les Romains s'établissaient.

Orange est une des villes de Provence où l'on peut voir de nombreux monuments de la période romaine, dont un théâtre et ce magnifique arc de triomphe, conservé par la sécheresse du climat.

Les Francs

Vouloir c'est pouvoir

LONGTEMPS avant la conquête de la Gaule par les Romains, les Barbares, c'est-à-dire les tribus germaniques, luttaient toujours contre les Gaulois. L'occasion de la première campagne de César, en 58, avait été une invasion germanique. César s'était présenté comme un protecteur. Dès que la conquête fut achevée, les Romains se trouvèrent associés aux Gaulois pour les protéger contre les Germains. Cependant, le gouvernement romain, s'affaiblissant, ne pouvait continuer à empêcher les invasions germaniques qui devenaient de plus en plus fréquentes.

achever: terminer; finir
protéger: défendre
affaiblir: diminuer les forces de
empêcher: faire obstacle

Un de ces peuples, appelé les Francs, est venu en Gaule au quatrième siècle de l'ère chrétienne et a réussi à y rester. Peu à peu les Francs ont conquis la Gaule et lui ont donné le nom de France. De nature courageuse, grands et forts, ils aimaient la guerre et les batailles, mais comme les Gaulois qui avaient adopté la civilisation romaine, les Francs, à leur tour, ont adopté la civilisation gallo-romaine, en modifiant encore la langue.

modifier: changer

Le christianisme a lentement pénétré en Gaule et, dans ce même quatrième siècle, est devenu la religion officielle de l'empire romain sous l'empereur Constantin.

Le mot "franc" veut dire "homme libre." Ce mot est aussi le nom de l'unité de la monnaie française. La première pièce de monnaie nommé ainsi a été faite en or en 1360 et portait les mots "Johannes Dei gracia Francorum rex" ainsi que le portrait de Jean II, roi de France (1350–1364). On l'a appelée "franc à cheval" pour la distinguer d'un autre franc lancé par Charles V (1364–1380), le fils de Jean II, qui montrait le roi debout et s'appelait "franc à pied."

un homme libre: un homme qui jouit de sa liberté
or m.: un métal précieux

On a continué à employer deux termes, "la livre" et "le franc," pour l'argent français jusqu'en 1795 quand le franc seul a été retenu. En 1803, après la Révolution française, le franc, divisé en cent centimes, a été établi en permanence comme l'unité monétaire de la France.

La valeur du franc a souvent changé. Sa valeur a d'ordinaire été de 4 ou 5 francs pour un dollar. Après la Deuxième Guerre mondiale, sa valeur est tombée à 3,50 francs pour un dollar, mais en 1960 Charles de Gaulle a encore fixé la valeur du franc à peu près à 5 francs pour un dollar.

Mais peu importe si le franc monte ou tombe en valeur; il reste toujours et signifie toujours *La France*.

Questions

1. D'où vient le nom de France?
2. Décrivez les Francs.
3. Quelle civilisation ont-ils adoptée?
4. Qu'est-ce qui a pénétré en Gaule au quatrième siècle?
5. Que veut dire le mot "franc"?
6. Citez un autre terme pour l'argent français.
7. Quand a-t-on choisi le nom de franc pour l'unité de la monnaie française?
8. Quelle est la valeur du franc aujourd'hui?
9. Qui est Charles de Gaulle?

Quelques pièces de monnaies françaises, anciennes et modernes.

Grâce aux prières de sainte Geneviève, Attila ne vint pas attaquer Paris. Pierre de Puvis de Chavannes est l'auteur de nombreuses peintures murales.

Paris et Sainte Geneviève

A cœur vaillant rien d'impossible

LA PARTIE la plus ancienne de Paris, capitale de la France, est l'île de la Cité, appelée souvent le berceau de Paris. Avant la conquête romaine, une tribu gauloise nommée Parisii habitait cette île qui s'appelait alors Lutèce. Une borne militaire trouvée sur la route de Reims, datée de 307, montre pour la première fois le nom de Paris, quoiqu'une autre source[1] nous dise qu'on a retrouvé sous le chœur de Notre-Dame un autel qui date de Tibère, le deuxième empereur romain (14–37 de notre ère), et qui mentionne ce nom de Paris. On a probablement adopté le nom définitivement au quatrième siècle.

> **le berceau:** l'origine; le commencement; un lit pour un bébé
> **une borne:** une marque en bois ou en pierre qui indique la distance ou la direction d'une ville à l'autre
> **quoique** *conj.*: qui; marque l'opposition, la concession
> **le chœur:** la partie d'une église réservée au clergé
> **un autel:** une table pour les sacrifices

Lutèce, devenue une petite ville romaine, s'est étendue des deux côtés de la Seine, le fleuve qui traverse Paris et divise la ville en rive gauche et rive droite. La ville était rattachée aux deux rives du fleuve par deux ponts de bois, remplacés aujourd'hui par le pont Notre-Dame et le Petit Pont.

> **la rive:** la portion de terre qui borde un fleuve

Au quatrième siècle les habitants de Lutèce, c'est-à-dire Paris, ont beaucoup souffert des invasions des barbares, les Huns. Ces invasions durèrent longtemps et, quand en 451[2] les Huns pillaient les villes et les villages de la Gaule, on dit qu'une jeune fille, Geneviève, consacrée à Dieu[3], sauva Paris. Elle donna aux habitants l'assurance qu'ils n'auraient rien à souffrir de la part d'Attila et sa parole se réalisa.

> **souffrir:** endurer
> **durer:** continuer
> **piller:** dévaster; ravager

Elle leur dit de rester calme, que Dieu sauverait Paris. Les Parisiens restèrent donc dans la ville, et l'armée d'Attila changea la direction de sa marche. Depuis ce temps-là Geneviève a été vénérée comme la sainte patronne de Paris; on célèbre sa fête le 3 janvier.

> **la sainte patronne:** la protectrice

Quand vous visiterez Paris, vous voudrez aller au Panthéon, un des

---

[1] Fotitch, T. et Gogaas, M. *Actualités françaises* (New York, 1956).
[2] Le roi des Huns, Attila surnommé le "fléau de Dieu," était à la tête d'un empire qu'on peut comparer à celui des Mongols. Lui-même ressemblait à Gengis Khan, conquérant tartare et fondateur du premier empire mongol (1160–1227). Aétius, général romain, le battit près de Châlons avec l'aide des Wisigoths et des Francs en 451, une date bien connue en France.
[3] **fléau de Dieu:** personne qui est l'instrument ou la cause de grandes calamités.

monuments célèbres de la ville, pour regarder les belles fresques de Puvis de   **une fresque :** une peinture murale
Chavannes (1824–1898), qui décrivent la vie de cette courageuse jeune fille
qui sauva Paris il y a si longtemps.

Questions

1. Quelle est la partie la plus ancienne de Paris?
2. Comment appelle-t-on souvent cette partie de Paris?
3. Comment l'a-t-on appelée avant la conquête romaine?
4. Quelle est la division faite à Paris par la Seine?
5. Quels ponts remplacent aujourd'hui les deux anciens ponts en bois?
6. Citez deux sources où l'on a trouvé mentionné le nom de Paris aux temps anciens.
7. Quand les Huns ont-ils pillé les villes et les villages de la Gaule?
8. Qui était leur chef? Citez son surnom.
9. Pourquoi appelle-t-on Geneviève la sainte patronne de Paris?
10. Où peut-on aller à Paris pour voir illustrée la vie de sainte Geneviève?

La France au Moyen Age   2

C'est à partir de la reddition du chef gaulois Vercingétorix à Jules César en 52 av. J.-C. que l'on commença à considérer la Gaule comme un pays. Elle fut gouvernée comme une province romaine pendant près de 500 années, mais avec la désagrégation de l'empire romain, la France commença le long combat pour son unité politique.

Le Moyen Age

Il n'est point de sot métier

LORSQU'ON parle de l'époque de l'histoire appelée le Moyen Age, on parle des dix siècles qui s'étendent environ de l'an 500 à 1500 de l'ère chrétienne. On l'appelle le Moyen Age parce que c'est l'époque de transition entre la suprématie de l'empire romain et la formation de l'Europe.

Pour beaucoup de raisons, mais surtout à cause des invasions barbares, le grand empire romain tombe en ruines. Une grande partie de sa puissance et de sa domination disparaît, et alors commence une période très sombre dans laquelle la vie change graduellement et devient plus difficile et plus dure.

Pourtant, pendant cette époque, la littérature et la culture classique du monde des Grecs et des Romains ne sont pas entièrement perdues. Elles ont été quelque peu préservées, surtout par les religieux. Sans ces habitants des monastères et des cloîtres, la vaste science des temps anciens aurait pu être complètement perdue.

Il nous est aussi resté une abondante littérature de cette époque. On connaissait plusieurs types de divertissements au Moyen Age. Les troubadours se rendaient d'un château à l'autre, chantant leurs chansons, souvent improvisées, et apportant des nouvelles d'une partie du pays à l'autre. Les jongleurs erraient d'un village à l'autre, jouant leurs tours et faisant rire les villageois. Il y avait de petites foires surtout dans les villages. On pouvait aussi voir dans les églises, ou à proximité, une pièce souvent très longue sur un thème religieux. Ces pièces religieuses, très populaires au Moyen Age, étaient appelées ou "mystères" ou "moralités." Le mot "mystère" a ici une signification uniquement religieuse.

Les pièces religieuses duraient quelquefois deux ou trois jours, et pour reposer de ces drames sérieux, on présentait des intermèdes appelés "farces." Jouée entre les actes sérieux, une farce dépeignait une situation comique, se moquait d'une faiblesse humaine et faisait rire les auditeurs.

A Paris on voit encore souvent aujourd'hui à la Comédie Française, le théâtre le plus célèbre de France, une farce ou une comédie gaie présentée après un drame sérieux pour terminer par le rire une soirée au théâtre.

lorsque: quand

s'étendre: se prolonger

la puissance: l'autorité; le pouvoir

cloître *m.*: un lieu où l'on peut se retirer du monde

un divertissement: un amusement

se rendre: se transporter; aller

un jongleur: un artiste universel au Moyen Age

errer: aller ci et là

jouer des tours: faire des représentations amusantes

foire *f.*: jour de marché; jour de fête

une pièce: une pièce de théâtre

dépeindre: représenter

se moquer de: ridiculiser

Questions

1. Qu'est-ce que le Moyen Age?
2. Pourquoi l'empire romain tombe-t-il en ruines?
3. Qui a préservé la littérature classique?
4. Que signifie le terme "classique"?
5. Que veut dire le terme "un mystère" du Moyen Age?
6. Citez des formes de divertissements du Moyen Age.
7. Comment a-t-on utilisé la farce?
8. Quel est le théâtre le plus célèbre de la France?
9. Que veut dire le verbe "farcir"?

Au Moyen Age, chaque fête était l'occasion de danses et de divertissements.

La Farce du Cuvier

※ *Rira bien qui rira le dernier*
Charbonnier est maître chez soi

UNE DES farces les plus connues du Moyen Age est *Le Cuvier*.[1] Elle se trouve pour la première fois dans le précieux recueil[2] conservé au British Museum. On ignore quel est l'auteur du *Cuvier*, mais en 1888 M. Gassies des Brûlies a reconstitué[3] cette farce en français moderne de telle façon qu'elle continue toujours à amuser les spectateurs au théâtre.

C'est l'histoire d'un pauvre homme dominé par sa femme. En France, du moins jusqu'à la période contemporaine, on estimait que le père de famille devait avoir une autorité presque absolue sur sa femme et sur ses enfants. Les spectateurs de cette farce ont donc éprouvé une grande satisfaction à voir le pauvre mari, Jacquinot, triompher des desseins de sa femme qui voulait le forcer à faire les travaux ménagers, en dépit de ses prérogatives de maître de maison.

éprouver: avoir l'impression de; ressentir

ménagers: qui concernent le ménage

LA FARCE DU CUVIER
(anonyme)

Une grande salle. A droite se trouvent la porte d'entrée et un buffet. Au fond se dresse une grande cheminée et près d'elle une table sur laquelle on voit un encrier où trempe une plume d'oie. Il y a quelques chaises en désordre autour de la table. A gauche on voit un énorme cuvier. Quand le rideau se lève, Jacquinot, seul, lutte avec la poussière des meubles en la chassant à coups de torchon. Il a l'air furieux.

JACQUINOT: Le diable me conseilla bien
                Le jour où, ne pensant à rien,
                Je me mêlai de mariage!
                Depuis que je suis en ménage,
                Ce n'est que tempête et souci
                Ma femme là, sa mère ici,

un buffet: un meuble qui contient la vaisselle, c'est-à-dire tout ce qui sert à l'usage de la table

la scène: où la pièce est jouée

un encrier: une petite bouteille qui contient de l'encre, liquide coloré dont on se sert pour écrire

tremper: plonger dans un liquide, ici, dans l'encre

une plume d'oie: utilisée autrefois pour écrire

le rideau: une draperie pour cacher la scène; quand on lève le rideau, la pièce commence

torchon *m.*: serviette pour essuyer la vaisselle, les meubles, etc.

se mêler: se joindre

tempête *f.*: explosion subite et violente

souci *m.*: tourment; préoccupation

---

[1] **le cuvier:** un très grand baquet de bois que l'on remplit d'eau pour le lavage du linge.
[2] **le recueil:** réunion de divers actes, de divers écrits, de diverses notes.
[3] **reconstituer:** former de nouveau.

Comme des démons, me tracassent;[4]
Et moi, pendant qu'elles jacassent,[5]
Je n'ai ni repos ni loisir,
Pas de bonheur, pas de plaisir!
L'une maudit, l'autre tempête![6]
Jour ouvrier ou jour de fête,
Parbleu! Cette existence est dure!
Voilà trop longtemps qu'elle dure!
Si je m'y mets, j'aurai raison!
Je serai maître en ma maison.

(*La femme et la belle-mère de Jacquinot entrent ensemble.*)

SA FEMME: Quoi! Vous restez à ne rien faire!
Vous feriez bien mieux de vous taire
Et de vous occuper . . .

JACQUINOT: De quoi?

SA FEMME: La demande est bonne, ma foi!
De soigner votre maison!

LA BELLE-MÈRE: Sachez que ma fille a raison!
Vous devez l'écouter, pauvre âme!
Il faut obéir à sa femme:
C'est le devoir des bons maris.
Peut-être on vous verrait surpris
Si, quelque jour, comme réplique,[7]
Elle se servait d'une trique![8]
Et pourtant n'est-ce pas son droit?

JACQUINOT: Me donner du bâton, à moi!
Vous me prenez pour un autre homme.

LA BELLE-MÈRE: Et pourquoi non? Veut-elle en somme
Autre chose que votre bien?
Vous ne la comprenez en rien!
Ne le dit-on pas? Qui bien aime
Pour le prouver frappe de même.
Il faut faire au gré[9] de sa femme,
D'obéir quand elle commande!

JACQUINOT: Oui! Mais elle commande tant,
Que, pour qu'elle ait le cœur content,
Je ne sais, ma foi, comment faire!

LA BELLE-MÈRE: Eh bien, si vous voulez lui plaire
Afin de vous en souvenir,

la belle-mère: ici, la mère de la femme de Jacquinot

âme *f.*: principe spirituel dans l'homme, par opposition au corps

---

[4] **tracasser:** tourmenter.
[5] **jacasser:** parler avec volubilité.
[6] **tempêter:** manifester avec bruit son mécontentement.
[7] **réplique** *f.*: réponse.
[8] **trique** *f.*: gros baton.
[9] **gré** *m.*: caprice; fantaisie.

	Un registre[10] il faudra tenir,
	Où vous mettrez à chaque feuille
	Tous ses ordres, quoi qu'elle veuille!
JACQUINOT:	Pour avoir la paix, j'y consens,
	Vous êtes femme de bon sens.
SA FEMME:	Aller chercher un parchemin
	Et de votre plus belle main
	Vous écrirez, qu'on puisse lire.

(*Jacquinot va à la table, ouvre le tiroir et prend un rouleau de parchemin.[11] (Il le dispose sur la table, s'assied et se prépare à écrire.*)

JACQUINOT:	Me voici prêt. Je vais écrire.
SA FEMME:	Mettez que vous m'obéirez
	Toujours, et que toujours ferez
	Ce que je vous dirai de faire!
JACQUINOT: (*se levant et jetant sa plume*)	
	Mais non! Mais non! Dame très chère!
	Je n'agirai que par raison!
SA FEMME:	Quoi! C'est encore même chanson?
	Déjà vous voulez contredire?
JACQUINOT: (*se rasseyant*)	
	Mais non! Mais non! Je vais écrire.
SA FEMME:	Ecrivez donc et taisez-vous.
JACQUINOT: (*ramassant sa plume*)	
	Parbleu! Je suis un bon époux.
	Madame, je me tais. Dictez.
SA FEMME:	En première clause, mettez
	Qu'il faut chaque jour, à l'aurore,
	Vous lever le premier . . .
	(*Jacquinot fait mine[12] de n'y pas consentir.*)
	Encore!
	Qu'ensuite il faut préparer tout,
	Faire le feu, voir si l'eau bout . . .
	Vous cuirez le premier repas.
JACQUINOT: (*se levant et jetant sa plume*)	
	Oui-dà![13] Mais je n'y consens pas!
	A cet article je m'oppose!
	Faire le feu? Pour quelle cause?
SA FEMME: (*tranquillement*)	
	Pour tenir ma chemise au chaud.
	Entendez-vous bien! Il le faut.

agir: faire quelque chose

époux *m.*: mari

si l'eau bout: si l'eau arrive à la chaleur de 100° Celsius

[10] **un registre:** tout livre public ou particulier où l'on inscrit certains faits ou actes dont on veut conserver le souvenir.
[11] **un parchemin:** peau de mouton préparée de manière à pouvoir recevoir l'écriture.
[12] **faire mine de:** avoir l'air de.
[13] **oui-dà:** volontiers (souvent ironique).

JACQUINOT: (*Se rasseyant et ramassant sa plume, il se met à écrire avec ardeur.*)
Puisqu'il faut faire à votre guise,[14]
Je ferai chauffer la chemise!

SA FEMME: Vous bercerez notre marmot,[15]
Lorsque la nuit il se réveille,
Et vous attendrez qu'il sommeille
Avant de retourner au lit.

JACQUINOT: (*secouant son parchemin*)
Attendez, je rencontre un pli!

(*Maintenant les deux femmes se placent à gauche et à droite de Jacquinot. Elles dictent ensemble.*)

secouer: agiter fortement et à plusieurs reprises

pli *m.*: marque qui reste à l'endroit où un objet a été plié

LES DEUX FEMMES: Il vous faudra . . .

JACQUINOT: (*les interrompant*)
Dictez vos lois!
Mais ne parlez pas à la fois!
Car je n'y pourrais rien comprendre:
Vous ne vous ferez pas entendre,
Et je ferai quelque pâté[16]
D'encre, pour m'être trop hâté!

se hâter: aller vite

LA BELLE-MÈRE: (*parlant encore du bébé*)
Vous le prendrez avec tendresse
Et lui ferez mainte[17] caresse.

SA FEMME: Et sans jamais montrer d'ennui
Le porterez, fût-il minuit!
De-ci, de-là, faisant risette.[18]

ennui *m.*: la manque d'intérêt pour quelque chose

JACQUINOT: Ma foi! Votre audace est parfaite!
Quels plaisirs et quels instants doux
J'aurai là!
(*Il cesse d'écrire.*)

audace *f.*: hardiesse

SA FEMME: Mais qu'attendez-vous?

JACQUINOT: Comment voulez-vous que je fasse?
Car je n'ai plus du tout de place.
(*Il jette sa plume.*)

SA FEMME: (*levant la trique*)
Mettez! Ou vous serez frotté!

frotter: ici, battre

JACQUINOT: Ce sera pour l'autre côté.
(*Il ramasse sa plume.*)

SA FEMME: Ecrivez donc, car il nous reste
A vous dicter encore . . .

---

[14] **à votre guise**: de la façon que vous préférez.
[15] **marmot**: petit enfant, très jeune.
[16] **pâté**: ici, tache d'encre tombée sur du papier.
[17] **mainte**: indique un grand nombre.
[18] **risette** *f.*: petit sourire de bébé.

JACQUINOT:	Eh! Peste!
	Je n'ai pas le temps de souffler!
SA FEMME:	Il faut la lessive couler . . .
LA BELLE-MÈRE:	Préparer pour le four la pâte . . .
SA FEMME:	Faire le pain, aller en hâte
	Relever le linge étendu,
	S'il pleut.
LA BELLE-MÈRE:	Avez-vous entendu?
SA FEMME:	Pour récurer,[19] chercher du sable . . .
LA BELLE-MÈRE:	Et vous démener[20] comme un diable!
	Aller, venir, trotter, courir . . .
SA FEMME:	Ranger, laver, sécher, fourbir[21] . . .
LA BELLE-MÈRE:	Tirer de l'eau pour la cuisine . . .
	Chercher du lard chez la voisine . . .
JACQUINOT:	De grâce,[22] arrêtez-vous un peu!
SA FEMME:	Et puis mettre le pot-au-feu!
LA BELLE-MÈRE:	Laver avec soin la vaisselle . . .
SA FEMME:	Aller au grenier par l'échelle . . .
LA BELLE-MÈRE:	Mener la mouture[23] au moulin . . .
SA FEMME:	Faire le lit de bon matin,
	Ou sinon, songez à la trique!
LA BELLE-MÈRE:	Donner à boire à la bourrique.[24]
	Tenir la maison propre et nette . . .
JACQUINOT:	(*Il a fait des gestes désespérés pendant que les deux femmes parlaient.*)
	Comment voulez-vous que je mette
	Tout cela, si, sans arrêter
	Vous ne faites que me dicter?
	Vous parlez avec votre mère,
	Cela ne fait pas mon affaire!
	Il faut tout dire mot à mot!
	J'en étais encore à marmot!
SA FEMME:	(*très lentement*)
	Ecrivez donc: Faire la pâte,
	Cuire le pain, aller en hâte
	Relever le linge, s'il pleut . . .
JACQUINOT:	(*interrompant*)
	C'est trop vite! Attendez un peu!

souffler: ici, respirer; reprendre, haleine

la lessive: linge qui est en train d'être lavé

le four: foyer clos dans lequel on cuit le pain ou tout autre nourriture

la pâte: mélange de farine et de liquide; base de la fabrication du pain

le sable: roche sédimentaire en poudre

ranger: mettre de l'ordre

la mouture: ici, les grains du blé

le moulin: machine à pulvériser des grains

nette: sans tache; nettoyée

désespéré: sans espoir

---

[19] **récurer:** nettoyer en frottant avec une matière rugueuse, comme le sable par exemple.
[20] **se démener:** s'agiter vivement; se donner beaucoup de peine.
[21] **fourbir:** nettoyer.
[22] **de grâce:** expression de demande instante.
[23] **la mouture:** ici, les grains du blé.
[24] **la bourrique:** l'âne.

SA FEMME:	Il vous faut laver, sécher, cuire!
JACQUINOT:	Laver quoi donc?
SA FEMME:	Faire reluire,[25] Sans jamais prendre de repos, Les écuelles, les plats, les pots!
JACQUINOT:	Tous les pots de notre ménage? Ma foi, malgré tout mon courage, Jamais je ne retiendrai tout! *(Il jette sa plume.)*
SA FEMME:	Voulez-vous nous pousser à bout?[26] Pour alléger[27] votre mémoire, Ecrivez!... Et pas tant d'histoire! *(Jacquinot se remet à écrire.)* Il vous faut aller au ruisseau Laver le linge du berceau.
JACQUINOT:	Encore un métier bien honnête!
LA BELLE-MÈRE:	Que vous avez mauvaise tête!
JACQUINOT:	Attendez! Ne vous fâchez pas! *(écrivant)* Les écuelles, les pots, les plats...
SA FEMME:	Ma foi! Vous ne vous pressez guère!
JACQUINOT:	Dame! Est-ce vous ou votre mère Qu'il faut écouter? Dites-moi! Vous me voyez tout en émoi![28] *(Il dépose sa plume.)*
LA BELLE-MÈRE:	*(se rapprochant de lui)* Je vais vous battre comme plâtre![29]
JACQUINOT:	*(avec noblesse et adoucissant le ton)* Je ne veux pas me laisser battre! J'écrirai tout. N'en parlons plus.
SA FEMME:	Eh bien, sans discours superflus, Vous mettrez le ménage en ordre, Et vous viendrez m'aider... à tordre La lessive auprès du cuvier.
LA BELLE-MÈRE:	Après avoir lavé l'évier.
SA FEMME:	*(à Jacquinot, qui vient de s'arrêter et regarde sa belle-mère d'un air ahuri)* Mais dépêchez-vous donc d'écrire:

écuelle: bol rustique (le plus souvent en bois)

le ruisseau: petit cours d'eau

se fâcher: s'irriter

adoucissant: calmant

tordre: tourner en sens contraire quelque chose par ses deux extrémités

l'évier *m.*: cuvette en pierre ou en métal dans laquelle on lave la vaisselle

ahuri: qui semble avoir perdu la tête

[25] **faire reluire:** faire briller.
[26] **pousser à bout:** faire perdre patience.
[27] **alléger:** aider.
[28] **en émoi:** plein d'émotion.
[29] **battre comme plâtre:** comme pour réduire en poudre.

JACQUINOT: (*après un moment*)
C'est fait!... Souffrez que je respire!
(*Alors il signe avec un trait de plume.*[30])
Tenez! Voici le parchemin!
Signé, alors, de chaque main!
Veillez qu'il ne soit pas perdu,
Car, en devrais-je être pendu,
Je n'accomplirai plus d'autre ordre,
Jamais je n'en voudrai démordre.[31]
Désormais, aujourd'hui, demain,
Je n'obéis qu'au parchemin.
C'est convenu, j'en ai pris acte,
Et j'ai dûment[32] signé le pacte.

SA FEMME: Oui, c'est convenu, Jacquinot.

JACQUINOT: Songez que je vous prends au mot.

LA BELLE-MÈRE: C'est bien, je puis partir tranquille.

SA FEMME: Adieu, ma mère!

LA BELLE-MÈRE: Adieu, ma fille!
(*Elle sort.*)

SA FEMME: (*s'approchant du cuvier*)
Allons, Jacquinot, aidez-moi!

JACQUINOT: Mais voulez-vous me dire à quoi?

SA FEMME: A mettre le linge à la cuve
Où j'ai versé l'eau de l'étuve.[33]

JACQUINOT: (*déroulant son parchemin et cherchant attentivement*)
Ce n'est pas sur mon parchemin.

SA FEMME: Déjà vous quittez le chemin
Avant de connaître la route.
(*Jacquinot cherche toujours sur son parchemin.*)
Dépêchez-vous! Le linge égoutte;
Il faut le tordre!... Et vivement!
Cherchez dans le commencement;
C'est écrit: "Couler la lessive..."
Voulez-vous que je vous l'écrive
A coups de bâton sur le dos?

JACQUINOT: Non, si c'est écrit, tout dispos,
Je vais me mettre, sans vergogne,[34]
A vous aider à la besogne.[35]

veillez: faites attention à; surveillez

c'est convenu: c'est agréé, arrangé

égoutter: perdre son eau goutte à goutte

tout dispos: bien disposé; avec bonne volonté

[30] un traite de plume: une ligne tracée par la plume sur le papier.
[31] démordre: abandonner une opinion.
[32] dûment: selon les formes prescrites.
[33] étuve *f.*: sorte de four.
[34] sans vergogne: sans réserve.
[35] la besogne: le travail.

(Ils montent chacun sur un escabeau de chaque côté du cuvier. Sa femme tend à Jacquinot le bout d'un drap tandis qu'elle tient l'autre.)

SA FEMME: Tirez de toute votre force!

JACQUINOT: *(tirant)*
Je me donnerai quelque entorse![36]
Ma foi! Ce métier me déplaît.
Je veux charger quelque valet
De vous aider dans le ménage.
(Il lâche le drap.)

SA FEMME: *(impatientée)*
Tirez donc, ou sur le visage
Je vous lance le tout, vraiment!
(Elle lui lance le linge à la figure.)

JACQUINOT: Vous gâtez tout mon vêtement!
Tiens! Je suis tout mouillé.

(Jacquinot furieux reprend le bout du drap et tire; il tire fort; il tire trop fort; il tire si fort et si brusquement que sa femme perd l'équilibre et tombe dans l'énorme cuvier où elle disparaît.)

SA FEMME: *(en disparaissant dans le cuvier)*
La peste soit du maladroit!
(Elle sort la tête.)
Seigneur, ayez pitié de moi!
Je me meurs! je vais rendre l'âme!
Ayez pitié de votre femme,
Jacquinot, qui vous aima tant!
Elle va périr à l'instant,
Donnez-moi vite votre main.

JACQUINOT: *(Il va à la table et regarde le document.)*
Ce n'est pas sur mon parchemin.

SA FEMME: Las![37] Voyez quelle est ma détresse!
Le linge m'étouffe et m'oppresse!
Je meurs! Vite! Ne tardez pas!
Pour Dieu, tirez-moi de ce pas!
S'il vous plaît, tendez-moi la main!

JACQUINOT: Ce n'est pas sur mon parchemin.

SA FEMME: Hélas! la mort me viendra prendre
Avant qu'il ait voulu m'entendre!

JACQUINOT: *(lisant son parchemin)*
"De bon matin préparer tout,
Faire le feu, voir si l'eau bout! . . ."

SA FEMME: Le sang dans mes veines se glace!

---

un escabeau: petit escalier portatif; ou siège de bois, sans bras ni dossier

le drap: tissu, généralement blanc, recouvrant un lit

charger: employer quelqu'un pour

gâter: altérer

étouffer: faire perdre la respiration

pas *m.*: situation difficile

se glacer: sentir une vive impression de froid

---

[36] **entorse** *f.*: torsion douloureuse d'un muscle.
[37] **las!**: hélas.

JACQUINOT:	"Ranger les objets à leur place,
	Aller, venir, trotter, courir . . ."
SA FEMME:	Je suis sur le point de mourir,
	Tendez-moi de grâce, une perche.
JACQUINOT:	J'ai beau relire, en vain je cherche . . .
	"Ranger, laver, sécher, fourbir . . ."
SA FEMME:	Songez donc à me secourir,
	Jacquinot, ou je vais rendre l'âme.
JACQUINOT:	"Chauffer le linge de ma femme . . ."
	"Donner à boire à la bourrique . . ."
SA FEMME:	Je suis prise d'une colique
	Qui m'achève . . . venez un peu!
JACQUINOT:	"Et puis mettre le pot-au-feu."
SA FEMME:	Si vous ne voulez pas le faire,
	De grâce, allez chercher ma mère,
	Qui pourra me tendre la main.
JACQUINOT:	Ce n'est pas sur mon parchemin!
SA FEMME:	Retirez-moi, mon doux ami!
JACQUINOT:	Moi, ton ami! . . . Ton ennemi!
	Je vais te laisser trépasser.
	Inutile de te lasser,
	Ma chère, en criant de la sorte.
	(*On entend frapper au dehors.*)
	Ah! Voici qu'on frappe à la porte!
LA BELLE-MÈRE:	(*du dehors*)
	M'ouvrirez-vous avant demain?
JACQUINOT:	Ce n'est pas sur mon parchemin!
	Mais je vais vous ouvrir quand même,
	Car votre fille, toute blême,
	Est là qui trempe en ce baquet . . .
	(*Les coups redoublent. Il va ouvrir.*)
	Attendez. J'ôte le loquet.
LA BELLE-MÈRE:	(*sur le seuil de la porte*)
	Je viens voir comment tout se porte!
JACQUINOT:	Très bien, puisque ma femme est morte.
LA BELLE-MÈRE:	Que dis-tu? Meurtrier, bourreau!
JACQUINOT:	Eh! ma mère! Elle a parlé trop.
	Elle avait soif, la pauvre femme!
SA FEMME:	Mère! En la cuve je me pâme![38]
	Venez! Secourez votre enfant!
JACQUINOT:	Vous entendez! Mon cœur se fend![39]

secourir: venir en aide

achever: finir

trépasser: mourir
lasser: fatiguer

le seuil: à l'entrée de la maison; devant la porte

meurtrier *m.*: qui peut causer la mort

[38] **se pâmer:** perdre connaissance.
[39] **mon cœur se fend:** mon cœur se brise.

LA BELLE-MÈRE:	Attend, je viens, ma chère fille!
	(A Jacquinot)
	Aidez-moi donc, tendez la main!
JACQUINOT:	Ce n'est pas sur mon parchemin.
LA BELLE-MÈRE:	Que dites-vous, méchant, infâme?
	Laissez-vous mourir votre femme?
JACQUINOT:	Je serai maître en ma maison.
LA BELLE-MÈRE:	Quoi! N'avez-vous plus de raison!
	Vite, aidez-moi!
JACQUINOT:	C'est impossible!
LA BELLE-MÈRE:	Vous commettez un crime horrible,
	Jacquinot, ce n'est pas humain!
JACQUINOT:	J'ai beau lire mon parchemin.
LA BELLE-MÈRE:	Je vous implore à deux genoux.
	Retirez-la! Dépêchez-vous!
JACQUINOT:	Oui, si vous voulez me promettre
	Que chez moi je serai le maître.
SA FEMME:	Je vous le promets de bon cœur!
JACQUINOT:	Oui! Mais peut-être est-ce la peur
	Qui vous rend d'humeur si facile?
SA FEMME:	Non! Je vous laisserai tranquille,
	Sans jamais rien vous commander!
	Toujours je saurai m'amender[40]
	Et me taire, j'en fais promesse!
JACQUINOT:	Faut-il, ma femme que je dresse
	Une liste, ainsi que pour moi
	Vous avez fait?
SA FEMME:	Non, sur ma foi,
	Reposez-vous-en, mon doux maître!
JACQUINOT:	Enfin! Vous voulez reconnaître
	Mon droit, madame, c'est fort bien!
SA FEMME:	Alors retirez-moi!
JACQUINOT:	Le chien
	Eût été plus heureux, madame,
	Que votre mari!
SA FEMME:	Je rends l'âme!
	Songez qu'au fond de ce baquet ...
JACQUINOT:	Voyons! Etait-ce bien coquet[41]
	De me donner tant de besogne?
	N'en avais-tu pas de vergogne?

[40] **s'amender:** se corriger.
[41] **coquet:** aimable; plaisant.

SA FEMME:	Hélas! Je demande pardon
	Mon mari, vous avez raison!
	Je ferai toujours le ménage
	Avec ardeur, avec courage.
JACQUINOT:	C'est fort bien! Je vous prends au mot.
	Vous bercerez notre marmot?
SA FEMME:	Oui! Tirez-moi!
JACQUINOT:	Ferez la pâte?
	Cuirez le pain en toute hâte?
SA FEMME:	De grâce! Je vous le promets!
	C'est bien! Je serai désormais
	De votre avis en toute chose,
	Pourvu que ne soit plus en cause
	Le parchemin que vous savez!
	Brûlez-le, puisque vous l'avez!
JACQUINOT:	Il ne faudra plus que j'écrive? . . .
	Je ne ferai plus la lessive? . . .
SA FEMME:	Non, mon ami; ma mère et moi
	Ne vous mettrons plus en émoi.
JACQUINOT:	Vous ferez chauffer ma chemise?
SA FEMME:	Je ferai tout à votre guise!
	Mais retirez-moi de ce pas!
JACQUINOT:	Vous ne me contrarierez pas?
SA FEMME:	Je veux être votre servante!
JACQUINOT:	Cette soumission m'enchante:
	Vous ne m'avez jamais plu tant!
	Et je vous retire à l'instant.
	(Il retire sa femme du cuvier.)
TOUS TROIS:	*(au public)*
	Bonsoir, toute la compagnie,
	Notre comédie est finie.

désormais: à partir du moment actuel

pourvu que: à condition que

28   *Le Passé vivant de la France*

Questions

1. Les deux proverbes choisis pour cette pièce ont de l'importance par rapport à la pièce elle-même. Après avoir lu toute la pièce, vous expliquererez la signification de chaque proverbe.
2. Jusqu'à la période contemporaine, comment a-t-on considéré le père de famille en France?
3. Décrivez la scène que vous voyez quand le rideau se lève.
4. Est-ce que la porte d'entrée est à votre droite ou à votre gauche?
5. Que fait Jacquinot au moment où le rideau se lève?
6. Pourquoi l'existence de Jacquinot est-elle dure?
7. Qu'est-ce qu'il veut être en sa maison?
8. Que fera la femme de Jacquinot s'il ne lui obéit pas?
9. Que faut-il que Jacquinot fasse pour lui plaire?
10. Quelle est la première chose qu'il doit écrire?
11. Quels sont les devoirs de Jacquinot?
12. Pourquoi Jacquinot fait-il des gestes désespérés pendant que les deux femmes parlent?
13. Pourquoi proteste-t-il toujours contre les tâches dictées par sa femme et sa belle-mère?
14. Après avoir signé le parchemin, quelle promesse Jacquinot fait-il?
15. Comment doit-il aider d'abord sa femme?
16. Pourquoi ne veut-il pas tirer le drap?
17. Qu'arrive-t-il quand il reprend le drap?
18. Pourquoi Jacquinot ne tire-t-il pas immédiatement sa femme du cuvier?
19. Quelle promesse exige-t-il de sa femme avant de consentir à aider sa belle-mère à la tirer du cuvier?

Le Conte du soleil ou de la lune

🔖 *Plus on boit, plus on a soif*

HENRI POURRAT (1887–   ), un auteur contemporain, a écrit d'une façon très semblable aux fabliaux du Moyen Âge. *Le Conte du soleil ou de la lune,* sans but moral, n'est destiné qu'à amuser les villageois les jours de fête, les jours de marché, ou plutôt pendant les longues soirées d'hiver où l'on se réunit auprès des grandes cheminées.

un but: un objectif

auprès de: préposition marquant la proximité

LE CONTE DU SOLEIL OU DE LA LUNE
par Henri Pourrat

IL Y AVAIT une fois à Chateaugay deux vignerons, l'Amable et l'Hippolyte, et renommés entre les vignerons comme les deux plus grands buveurs de toute la côte. Cela veut dire quand ils s'y mettaient, ils vidaient bien les pots.

Un dimanche, dans l'après-midi, ils se rencontrent sur la place.

—Ha, dit l'Amable, après quelques propos, ma femme m'a fait manger des pois au lard un peu salés. Je trouve qu'il fait soif, ce soir.

—Et moi aussi, dit l'Hippolyte. Moi, je n'ai pas mangé de lard, j'ai fait la méridienne.[1] Mais pour moi, c'est tout comme[2]: de ma nature, je dors salé, de sorte qu'au réveil, j'ai soif.

—Allons boire, disent-ils ensemble.

Ils vont dans la cave de l'Amable; chacun tire de son gousset[3] son tâte-vin[4], —la tasse d'argent—et les voilà à discuter des années et des vignes. Ce sont là des procès où, comme disait l'autre, avant d'arriver à conclure, il y a plaisir à vider les pièces.[5]

Ils passèrent là des quarts d'heure, d'une barrique[6] à une autre barrique.

un vigneron: qui cultive la vigne

la vigne: la plante dont le fruit est le raisin dont on fait le vin

renommé: célèbre

un buveur: qui boit volontiers

vider: enlever tout le contenu de quelque chose; ici, boire tout le contenu

quelques propos: un peu de conversation

salé: avec du sel

[1] **faire la méridienne:** faire une sieste; dormir un peu après le repas de midi.
[2] **c'est tout comme:** c'est la même chose.
[3] **le gousset:** une petite poche placée en dedans de la ceinture.
[4] **le tâte-vin:** une petite tasse plate en métal, souvent en argent, employée par les spécialistes qui goutent la qualité des vins.
[5] **les pièces** *f.:* ici, les grands tonneaux qui contiennent le vin.
[6] **une barrique:** un tonneau en bois qui contient aussi le vin.

Lorsqu'ils sortirent, et de cette cave, voulurent aller à celle de l'Hippolyte, il leur sembla que, dans l'endroit, on avait changé.

L'autre cave ne se trouvait pourtant qu'à cinquante pas plus bas, dans la fameuse descente du village vers la plaine. Mais le maire et ceux du Conseil, avec leurs satanées idées de politique, avaient dû boucher les passages. Les maisons tournoyaient, les escaliers, les caves; et le chemin butait contre les murs.

boucher: barrer

buter: ici, le chemin semble arriver vers les murs

A force de chercher, et de droite, et de gauche, ils viennent pourtant à bout de passer. Ils tirent les tasses des goussets, reprennent les débats.

gousset *m.*: une petite poche placée en dedans de la cienture

venir à bout de: réussir quelque chose

A force de débattre, voilà qu'il leur en prit[7] comme il en prend aux juges de Riom,[8] quelquefois: ils s'endormirent sur les pièces . . .

Quand ils se réveillèrent et mirent le nez dehors, la fraîcheur les saisit. Peut-être y avait-il un peu de coton[9] en l'air, pour brouiller le temps. Mais quelqu'un à qui la tête n'aurait pas viré,[10] aurait vu assez clair pour trouver son chemin.

—Quelle lune il fait! dit l'Amable, la montrant là-haut, toute ronde au-dessus d'un toit.

—La lune? dit l'Hippolyte, faut-il que tu aies pinté![11] Tu ne vois donc pas que c'est le soleil?

—Comment peut-on avoir une paire d'yeux à la tête et dire de telles balourdises?[12] Je te parie que c'est la lune.

parier: supposer un résultat différent de celui que prévoit une autre personne

—Lune toi-même! c'est le soleil du matin, je te dis. Je le sens bien à la soif qui me tient: nous avons dormi depuis hier soir.

Matin ou soir, lune ou soleil, commence toute une dispute.

—Té,[13] fait soudain l'Amable, montrant un homme qui venait, voilà quelqu'un qui nous dira! Dites, l'homme, l'Hippolyte dit que ça, là-haut, c'est le soleil, et moi, je dis que c'est la lune: alors, dites, qui dit bien?

—Pauvres, dit l'homme, qui revenait lui aussi de quelque séance dans les caves, je ne peux pas vous renseigner . . . Moi, je ne suis pas de l'endroit.

---

[7] **voilà qu'il leur en prit:** voilà ce qui leur arriva.
[8] **Riom:** la capitale de l'Auvergne.
[9] **le coton:** ici, la pluie fine; le brouillard.
[10] **virer:** tourner.
[11] **faut-il que tu aies pinté:** tu as certainement trop bu.
[12] **une balourdise:** une absurdité.
[13] **té, fait l'Amable:** tiens, dit l'Amable.

Questions
1. Dans quelle tradition l'auteur a-t-il raconté ce conte?
2. Au Moyen Age comment les familles passaient-elles les longues soirées d'hiver?
3. Pourquoi les buveurs ont-ils critiqué le maire et ceux du Conseil?
4. Qu'ont-ils fait à la cave d'Hippolyte?
5. Quel est le sujet de leur dispute quand ils sortent de la cave?
6. Est-ce que le troisième homme a résolu leur débat?

Maiſtre pierre commence

Saincte marie, griillemette
Pour quelque paine que ie mette
Acabaſſer na ramaſſer
nous ne pouons rien amaſſer
or Biz ie que iauocaſſoye

La Farce de maître Pathelin

❧ *Le loup connaît le loup, le voleur le voleur*

AU COURS du XIIIe siècle la bourgeoisie gagna un peu en importance et en puissance. Une littérature de satire se développa et montra un nouvel esprit, la revanche de la bourgeoisie contre la noblesse et le clergé, ou si vous voulez, les riches.

Dans cette farce c'est le pauvre avocat Pathelin qui dupe le riche marchand Guillaume, drapier.[1] Mais regardons soigneusement pour voir comment le trompeur est trompé :

Maître Pathelin est un avocat sans clients. Sa femme Guillemette veut une nouvelle robe. Pathelin la lui promet et quitte sa maison. Il voit Guillaume le drapier assis devant sa porte. Il l'aborde, le salue, lui fait l'éloge[2] de son père défunt; et tout en causant, il met la main, comme par hasard, sur une pièce de drap. Il réussit à l'acheter sans payer et va vite chez lui, le paquet sous sa robe. Il invite le drapier à venir chez lui pour être payé et pour manger à cette occasion de l'oie que sa femme fait rôtir.

Quand Guillaume viendra pour manger de l'oie et toucher son argent, on lui fera croire que l'avocat, malade depuis six semaines, n'a pu, en aucune façon, lui acheter du drap, ni l'inviter à souper; et Pathelin lui-même, simulera le délire.

avocat *m.* : celui qui prend la défense de quelqu'un

aborder : arriver à; ici, prendre contact avec quelqu'un en lui parlant

défunt : mort; décédé

le délire : la perte passagère de la raison généralement causée par la fièvre

LA FARCE DE MAITRE PATHELIN
(*anonyme*)

ACTE II, SCÈNE IV
M. Guillaume, M. Pathelin, Madame Pathelin

(*La porte s'ouvre. M. Pathelin, en robe de chambre et en bonnet de nuit, court tout égaré.*)

PATHELIN : Aïe! aïe! la tête!

égaré : perdu

---

[1] **drapier** *m.* : un marchand de tissus.
[2] **faire l'éloge** : faire des compliments.

GUILLAUME: (*le regardant avec étonnement*) En effet, voilà un homme en piteux   **piteux:** qui inspire la pitié
état. Il me semble pourtant que c'est le même qu'hier. Voyons de plus
près. (*du ton de voix dont on parle à un malade*) Monsieur Pathelin, je suis votre
serviteur.

PATHELIN: (*à M. Guillaume*) Ah! bonjour, monsieur Anodin.

GUILLAUME: Monsieur Anodin?

MME PATHELIN: (*à M. Guillaume*) Il vous prend pour l'apothicaire[3]; allez-
vous-en.

GUILLAUME: (*à Mme Pathelin*) Je n'en ferai rien. (*à M. Pathelin*) Monsieur,   **je n'en ferai rien:** je ne le ferai
vous vous souvenez bien qu'hier . . .   pas; je ne veux pas le faire

se souvenir: se rappeler

PATHELIN: Oui, je me souviens de ces vilaines pilules: elles ont failli me faire   **une pilule:** un médicament sous
rendre l'âme.   forme de très petite balle

faillir: presque faire quelque
GUILLAUME: Je voudrais qu'elles t'eussent fait rendre mon drap.   chose

PATHELIN: Ma femme, chasse . . . chasse . . . ceś papillons noirs qui volent   **papillon** *m.*: insecte aux quatre
autour de moi. (*Il lève les yeux.*) Comme ils volent!   ailes plus ou moins décorées et
colorées

GUILLAUME: (*regardant en haut*) Je n'en vois point.

MME PATHELIN: Il rêve, vous dis-je; allez-vous-en.

GUILLAUME: Non! je veux de l'argent.

PATHELIN: Les médecins m'ont tué avec leurs drogues.

GUILLAUME: Il ne rêve pas à présent; il faut que je lui parle. Monsieur
Pathelin . . .

PATHELIN: Je plaide, messieurs, pour Virgile.

GUILLAUME: Pour Virgile?

PATHELIN: Contre Didon.

GUILLAUME: Didon! que diantre[4] est ceci?

MME PATHELIN: C'est un livre qu'il lisait quand il est tombé malade.

GUILLAUME: (*à part*) Oh! aurais-je pris quelque autre pour lui?

MME PATHELIN: Eh! monsieur, laissez en repos ce pauvre homme.

GUILLAUME: (*à Mme Pathelin*) Attendez, il aura peut-être quelque intervalle.
Il me regarde comme s'il voulait me parler.

PATHELIN: Ah! monsieur Guillaume.

GUILLAUME: Oh! il me reconnaît. Eh bien?

PATHELIN: Je vous demande pardon.

GUILLAUME: (*à Mme Pathelin*) Vous voyez qu'il s'en souvient.

PATHELIN: Si, depuis quinze jours que je suis dans ce village, je ne suis pas
allé vous voir . . .

GUILLAUME: Cependant, hier . . .

PATHELIN: Oui, hier, pour aller vous faire mes excuses, je vous envoyai un
procureur de mes amis.   **un procureur:** en justice,
l'accusateur qui s'oppose à
GUILLAUME: (*à part*) Oh! oh! c'est celui-là qui aura eu mon drap. Un pro-   l'avocat
cureur! Je ne le verrai plus de ma vie. (*après avoir un peu réfléchi*) Mais c'est
une invention, et nul autre que vous n'a eu mon drap . . .

[3] **l'apothicaire:** le pharmacien.
[4] **que diantre!:** exclamation d'étonnement.

PATHELIN: (*s'étant levé*) La cour remarquera, s'il lui plaît, que j'ai inventé une certaine danse. Tra-la, la, la, la, la; dansons tous, dansons tous. (*M. Pathelin prend M. Guillaume par la main et le fait danser en chantant.*)

GUILLAUME: (*après avoir dansé*) Oh! je n'en puis plus; mais je veux de l'argent.

PATHELIN: (*bas, à part*) Oh! je te ferai bien partir. (*haut*) Ma femme, ma femme, j'entends des voleurs qui ouvrent notre porte; ne les entends-tu pas? Écoutons! Écoutons! Oui, les voilà; je les vois. Ah! coquins, je vous chasserai bien d'ici. Mon épée! (*Il va prendre une épée et court sur M. Guillaume en criant.*) Au voleur! au voleur!

> **un coquin:** homme malhonnête; voleur, trompeur

GUILLAUME: (*en se sauvant*) Miséricorde![5] Il ne fait pas bon ici.

Cependant se présente chez Pathelin un berger, Agnelet, au service de Guillaume, dont il garde les moutons. Son maître vient de l'accuser d'avoir tué plusieurs de ses bêtes. Agnelet a besoin d'un avocat. Pathelin conseille au berger de faire l'idiot et de ne répondre à toutes les questions qui pourront lui être adressées par le juge, par Guillaume, ou par lui-même, que par: "bêe[6] . . ." Le jugement commence. Le drapier formule[7] son accusation; tout à coup il reconnaît l'avocat et ses idées s'embrouillent; il confond le drap volé avec les moutons tués.

> **un berger:** un gardien de mouton
>
> **s'embrouiller:** s'embarrasser dans les difficultés
>
> **confondre:** se tromper en prenant une chose pour une autre

ACTE III, SCÈNE II

M. GUILLAUME, M. BARTHOLIN (*le juge*), M. PATHELIN, AGNELET (*le berger*).

GUILLAUME: (*à part, regardant M. Pathelin*) Parbleu, cet avocat ressemble un peu à celui qui a emporté mes six aunes [8] de drap.

BARTHOLIN: Quelle preuve avez-vous de ce vol?

GUILLAUME: Quelle preuve? Je lui vendis hier . . . je lui ai donné à garder six aunes . . . six cents moutons, et je n'en trouve à mon troupeau que quatre cent quatre-vingts.

> **le vol:** le crime de celui qui prend ce qui ne lui appartient pas
>
> **un troupeau:** ensemble d'animaux; groupe d'animaux

PATHELIN: (*en se cachant le visage*) Je nie ce fait.

> **nier:** contredire

GUILLAUME: (*à part, un peu plus haut*) Ma foi, si je ne venais de voir l'autre dans le délire, je croirais que je vois mon homme.

BARTHOLIN: Laissez là cet homme et prouvez le fait.

GUILLAUME: (*regardant M. Pathelin*) Je le prouve par mon drap . . . je veux dire par mon livre de comptes . . . (*regardant M. Pathelin*) Que sont devenues les six aunes . . . les cent vingt moutons qui manquent à mon troupeau?

> **se découvrir:** se montrer

PATHELIN: (*se découvrant un peu*) Ils sont morts de la maladie.

GUILLAUME: Parbleu! je crois que c'est lui-même.

BARTHOLIN: On ne nie pas que ce ne soit lui-même. On vous dit que vos moutons sont morts de la maladie; que répondez-vous à cela?

GUILLAUME: Je réponds que cela est faux: qu'il emporta sous . . . qu'il les a tués pour les vendre: qu'hier moi-même . . . Oh! c'est lui . . . (*regardant*

[5] **miséricorde!:** exclamation demandant la pitié.
[6] **"bêe":** son du cri du mouton.
[7] **formuler:** décrire.
[8] **une aune:** ancienne mesure linéaire valant un peu plus d'un mètre.

La Farce de maître Pathelin 35

M. Pathelin, qui ne se cache pas autant qu'il le faisait parce qu'il le voit se troubler) Oui, je lui vendis six… six… *(regardant Agnelet)* Je le trouvai sur le fait, tuant de nuit un mouton.

PATHELIN: *(voyant que M. Guillaume se trouble, il se découvre tout à fait pour le troubler davantage)* Pure invention, monsieur, pour s'excuser des coups qu'il a donnés à ce pauvre berger.

GUILLAUME: Parbleu! monsieur le juge, il n'est rien de plus véritable, c'est lui-même: oui, il emporta hier de chez moi six aunes de drap; et ce matin, au lieu de me payer trente écus[9]…

BARTHOLIN: Que diantre font ici six aunes de drap et trente écus? Il est, ce me semble, question de moutons volés.

GUILLAUME: Il est vrai, monsieur, c'est une autre affaire; mais nous y viendrons après… Je ne me trompe pourtant point!… Vous saurez donc que je m'étais caché dans la bergerie. *(Il regarde Pathelin.)* Oh! c'est lui très assurément… Je m'étais donc caché dans la bergerie: je vis venir ce drôle… il s'assit là… il prit un gros mouton… *(regardant Pathelin, qui se montre exprès pour l'embarrasser)* et… et… avec de belles paroles, il fit si bien qu'il m'en emporta six aunes…

la bergerie: la maison des moutons

exprès: avec intention

BARTHOLIN: Six aunes de moutons?

GUILLAUME: Non, de drap. La peste soit de l'homme![10]

BARTHOLIN: Laissez là ce drap et cet homme, et revenez à vos moutons.

GUILLAUME: J'y reviens. Ce drôle donc, ayant tiré de sa poche son couteau… je veux dire mon drap… non, je dis bien, son couteau… il… il… il… il… le mit comme ceci sous sa robe et l'emporta chez lui; et, ce matin, au lieu de me payer mes trente écus, il nie drap et argent.

PATHELIN: Vous voyez, monsieur, qu'il ne sait ce qu'il dit.

GUILLAUME: Je le sais fort bien, monsieur *(regardant Agnelet)* il m'a volé cent vingt moutons; et *(regardant Pathelin)* ce matin, au lieu de me payer trente écus pour six aunes de drap de couleur marron, il m'a payé de papillons noirs, de Virgile, Didon, tra-la-la, dansons donc…

marron: couleur brun foncé

PATHELIN: *(riant)* Ah! Ah! Ah! il est fou; il est fou.

BARTHOLIN: En effet, monsieur Guillaume, toutes les cours du royaume ensemble ne comprendraient rien à votre affaire. Vous accusez ce berger de vous avoir volé cent vingt moutons; et vous mêlez à cette affaire trente écus, des papillons noirs et mille autres sottises. Eh! encore une fois, revenez à vos moutons, où je vais renvoyer ce berger. Mais je ferais mieux de l'interroger moi-même…

une sottise: une stupidité; une bêtise

(à Agnelet) Approche-toi. Comment t'appelles-tu?

AGNELET: Bê… ê… ê… ê.

GUILLAUME: Il ment, il s'appelle Agnelet.

BARTHOLIN: *(à M. Guillaume)* Agnelet ou Bêe, n'importe. *(à Agnelet)* Dis-moi, est-il vrai que monsieur t'avait donné à garder cent vingt moutons?

---

[9] **écu** *m.*: ancienne pièce de monnaie en argent dont la valeur a beaucoup varié.
[10] **la peste soit de l'homme:** exclamation de dépit, de demande, de vengeance.

Maître Pathelin prend le drap en promettant de payer plus tard, et Guillaume le lui donne...

AGNELET: Bê . . . ê . . . ê . . . ê.

BARTHOLIN: Eh! la crainte de la justice te trouble peut-être; écoute, ne t'effraye point. M. Guillaume t'a-t-il trouvé de nuit tuant un mouton?

effrayer: faire peur

AGNELET: Bê . . . ê . . . ê . . . ê.

BARTHOLIN: Oh! oh! que veut dire ceci?

PATHELIN: (*à Bartholin*) Les coups qu'il lui a donnés sur la tête lui ont troublé le cerveau.

le cerveau: le centre de l'intelligence

BARTHOLIN: Vous avez eu grand tort, monsieur Guillaume.

GUILLAUME: Moi, tort? L'un me vole mon drap, l'autre mes moutons; l'un me paye de chansons, l'autre de bê . . . ê . . . ê; et encore, morbleu![11] j'aurais tort!

BARTHOLIN: Oui, tort; il ne faut jamais frapper, surtout à la tête.

GUILLAUME: Oh! morbleu! il était nuit; et, quand je frappe, je frappe partout.

PATHELIN: Il avoue le fait, monsieur, il avoue!

avouer: confesser

GUILLAUME: (*à M. Pathelin*) Oh! toi, va, va, tu me payeras mes six aunes de drap.

BARTHOLIN: Encore du drap! on se moque ici de la justice. (*Il se lève.*) La cour renvoie le procès.[12]

le procès: le jugement

GUILLAUME: (*à M. Bartholin*) J'en appelle. (*à M. Pathelin*) Et pour vous, monsieur le rusé, nous nous reverrons. (*Il s'en va.*)

le rusé: celui qui trompe adroitement

SCÈNE III
M. Pathelin, Agnelet, M. Bartholin

PATHELIN: (*à Agnelet*) Remercie monsieur le juge.

AGNELET: (*à M. Bartholin*) Bê . . . bê . . . ê.

BARTHOLIN: En voilà assez; va vite te faire soigner, pauvre malheureux.

SCÈNE IV
M. Pathelin, Agnelet

PATHELIN: Oh, ça! Par mon adresse je t'ai tiré d'une affaire où il y avait de quoi te faire pendre; c'est à toi maintenant à me bien payer, comme tu m'as promis.

l'adresse *f.*: la facilité à faire quelque chose

tirer d'une affaire: faire sortir d'une difficulté

pendre: étrangler quelqu'un en le suspendant à une corde, par le cou

AGNELET: Bê . . . ê . . . ê.

PATHELIN: Oui, tu as fort bien joué ton rôle; mais à présent il me faut de l'argent, entends-tu?

AGNELET: Bê . . . ê . . . ê.

PATHELIN: Eh! laisse là ton bè, il n'est plus question de cela; il n'y a ici que toi et moi. Veux-tu me donner ce que tu m'as promis, et me bien payer?

AGNELET: Bê . . . ê . . . ê.

PATHELIN: Comment! coquin, je serais la dupe d'un mouton vêtu! (*Il court après Agnelet qui se sauve.*)

vêtu: habillé

[11] **morbleu!**: exclamation de surprise et d'ennui.
[12] **renvoyer le procès**: ajourner ou annuler le procès.

Questions

1. Dans quelle classe de la société Pathelin se trouve-t-il?
2. Dans quelle classe de la société Guillaume se trouve-t-il?
3. Citez une différence entre Pathelin et Guillaume.
4. Citez deux autres classes de la société.
5. En connaissez-vous une autre?
6. Pourquoi Pathelin "vole-t-il" un morceau de drap?
7. Pourquoi invite-t-il Guillaume chez lui?
8. Comment Pathelin est-il habillé quand Guillaume arrive le lendemain matin?
9. Que fait Pathelin?
10. Que fait-il semblant de croire qu'est Guillaume?
11. Que doit chasser sa femme?
12. De quelle couleur sont les papillons?
13. Qu'est-ce qu'un apothicaire?
14. Pourquoi Guillaume vient-il chez Pathelin?
15. Qui était Virgile?
16. Quel livre toujours célèbre, et que nous lisons encore, écrivit-il?
17. Qui était Didon?
18. Depuis combien de temps Pathelin est-il dans ce village?
19. Que veut dire la phrase, "il aura peut-être quelque intervalle"?
20. Comment Pathelin chasse-t-il Guillaume de sa maison?
21. Pourquoi Agnelet a-t-il besoin d'un avocat?
22. Quel sage conseil Pathelin donne-t-il à Agnelet?
23. Pourquoi Pathelin se cache-t-il la figure au jugement?
24. Qu'est-ce qu'Agnelet a volé?
25. Pourquoi Bartholin, le juge, est-il confondu?
26. Qu'est-ce que Guillaume accuse Pathelin d'avoir emporté?
27. Que répond Agnelet quand le juge lui parle?
28. Pourquoi la cour renvoie-t-elle le procès?
29. Comment Pathelin fut-il dupe de son propre conseil?

Hommes forts et armés

Des jours de Vercingétorix jusqu'à ceux de Charles de Gaulle, la France n'a pas manqué d'hommes forts prêts à se battre, et s'il en était besoin, à mourir pour sa défense. Dans les chapitres suivants vous ferez la connaissance de quelques-uns de ces héros qui donnèrent à la France sa tradition de bravoure et de courage. Vous lirez aussi une courte aventure au sujet d'une tapisserie faite au onzième siècle par la femme de Guillaume le Conquérant et les dames de sa cour.

Charles Martel et son fils Pépin le Bref

Qui ne risque rien n'a rien

L'HISTOIRE de France des temps romains jusqu'à nos jours est compliquée et mêlée à l'histoire de tous les autres pays d'Europe et de celle de l'Angleterre.[1] Tout au long de ces siècles qui forment le Moyen Age brillent des noms de **tout au long:** pendant; durant chefs qui ont fortement influencé son évolution.

Clovis, roi des Francs (481–511), établit la première dynastie, la dynastie **une dynastie:** la suite de mérovingienne dont le nom vient de Mérovée, un chef militaire d'une tribu souverains issus de la même famille franque. Clovis a dominé toute la Gaule, mais son œuvre n'a pas été durable. **œuvre** *f.*: travail L'usage chez les Francs était que le domaine royal fût partagé, à l'exclusion des filles, entre les fils du roi défunt. Appliquée à la Gaule et aux conquêtes de Clovis, cette règle barbare et grossière était absurde. Elle fut pourtant observée, et les quatre fils de Clovis se partagèrent sa succession, affaiblissant alors la dynastie, ce qui a permis à une autre dynastie de s'établir, la dynastie carolingienne. Celle-ci fut fondée par Charles Martel, qui a acquis la gloire et son surnom, le marteau, en luttant contre l'invasion des Arabes et en les **surnom:** nom ajouté ou battant au début du VIIIe siècle. substitué au nom propre d'une personne ou d'une famille

Cette invasion n'était pas seulement celle d'une race mais aussi d'une religion ennemie du monde chrétien. Sortis du fond de l'Arabie, les Arabes ont progressé vers l'Occident. Ils ont réduit à rien l'empire de Constantinople, conquis l'Afrique du Nord et l'Espagne, franchi les Pyrénées, pénétré enfin dans les vallées de la Garonne et du Rhône. On avait besoin d'un sauveur et il n'y en eut d'autre que Charles, le duc d'Austrasie, qui, en 732 près de Poitiers, arrêta les Arabes et les battit si complètement qu'ils furent obligés d'abandonner tout le pays qu'ils avaient conquis et de retourner en Espagne. Charles, surnommé Charles Martel, les avait écrasés comme un **écraser:** vaincre; annihiler; marteau écrase tout ce qu'il frappe. détruire

Son fils, surnommé Pépin le Bref à cause de sa très petite taille, était très courageux mais ridiculisé par les autres chefs francs qui refusaient de lui obéir. Selon une légende, Pépin donna un jour une leçon de courage à ces

---

[1] Intéressant à lire sur l'histoire de l'Europe: *The Illustrated History of Europe*, ed. Edmond Pognon, trans. Richard Graves (New York, 1960).

chefs qui, ensuite, lui obéirent. Il les invita à un grand dîner, à la fin duquel des serviteurs amenèrent dans la salle un taureau et un lion qu'ils mirent en liberté. Une lutte terrible commença entre les deux bêtes féroces, effrayant tous les invités qui s'échappèrent de leurs sièges pour se sauver. Mais pas Pépin. Il se leva, s'avança vers les bêtes, l'épée à la main, et d'un coup trancha la tête du taureau et celle du lion; il gagna alors le respect et l'admiration des chefs stupéfaits.

Pépin, devenu un chef respecté, épousa une princesse surnommée Berthe au grand pied parce qu'un de ses pieds était plus long que l'autre. Leur fils, appelé Charles comme son grand-père, est connu dans l'histoire sous le nom de Charlemagne, empereur de tout un empire.

un taureau: le mâle de la vache

s'échapper: sortir vite pour se sauver

un siège: meuble sur lequel on est assis

trancher: séparer en coupant

stupéfait: immobile de surprise

épouser: se marier avec

Questions

1. Citez deux dynasties dans l'ancien temps de l'histoire de la France.
2. Que veut dire le mot "dynastie"?
3. D'où vient le nom de la première dynastie? Et celle de la deuxième?
4. Qu'est-ce qui a affaibli la première?
5. Comment Charles Martel a-t-il acquis la gloire? D'où vient son surnom "Martel"?
6. Qui était Pépin le Bref?
7. Pourquoi les autres chefs se moquaient-ils de lui?
8. Comment a-t-il gagné leur respect et leur admiration?

Charlemagne

La récompense d'une bonne action, c'est de l'avoir accomplie

CHARLEMAGNE, fils de Pépin le Bref et de Berthe au grand pied, naquit en 742. Son règne fut le meilleur de ceux de tous les rois du Moyen Age. Il réussit à apporter la paix à son royaume qui, pendant son long règne de quarante-sept ans, devint très vaste. Sa puissance s'étendait jusqu'au Danube. L'empire d'Occident était restauré comme il l'avait voulu, et au cours de la trente-troisième année de son règne, le jour de Noël de l'an 800, à l'occasion d'une grande célébration de la Nativité à Rome, le pape Léon III le couronna empereur.

Au fond, l'empire de Charlemagne était fragile parce qu'il était trop vaste. Il avait dû fixer sa résidence à Aix-la-Chapelle, c'est-à-dire à mi-chemin entre l'Elbe et la Loire, de manière à n'être éloigné d'aucun des points où des désordres pouvaient se produire. Il y eut cinquante-trois campagnes pendant son règne.

Il fut un grand organisateur et publia de nombreuses lois dont il exigea la stricte application. Le désir le plus ardent de toute sa vie fut de voir l'instruction donnée à tout le monde. Il fit venir à sa cour des savants étrangers dont le premier fut Alcuin, un savant d'Angleterre qui ouvrit une école au palais. Parmi les élèves, tout comme les enfants des nobles, se trouvaient Charlemagne, sa femme et ses enfants. On dit qu'il était très sévère envers ceux qui ne préparaient pas bien leurs leçons.

un savant: un homme qui sait beaucoup, qui a beaucoup appris

Il recommanda aux évêques et aux monastères d'ouvrir des écoles gratuites. "Je veux qu'il y ait une école près de chaque église," dit-il. Il encouragea les moines à recopier et enluminer[1] les ouvrages les plus connus de l'Antiquité latine. Voilà une des raisons pour lesquelles il existe encore beaucoup de ces textes anciens.

un évêque: un prêtre d'un certain grade
gratuites: où l'on ne paie pas

Après quatre générations de grands hommes, la vigueur de la dynastic était épuisée, et l'unité de l'empire carolingien était rompue avec la mort de Charlemagne et le partage de l'empire parmi ses fils.

épuisé: à bout de forces
rompre: faire cesser

---

[1] **enluminer:** faire des illustrations à la main dans les livres de cette époque.

Ce vitrail de la cathédrale de Chartres est typique du XIIIe siècle. Il représente la vie de Charlemagne au moyen de petites images entourées de motifs décoratifs.

En 814, après sa mort à l'âge de soixante-douze ans il fut enterré dans l'église qu'il avait fait bâtir à Aix-la Chapelle. Cette église, fort agrandie, est devenue par la suite une cathédrale; les restes de Charlemagne s'y trouvent encore dans un sarcophage[2] d'or et d'argent. En 1165 l'Eglise l'inscrivit au calendrier des saints. Son prestige devint considérable, et son histoire racontée durant les siècles s'est ornée de beaucoup de belles légendes.

enterrer: mettre en terre

Questions

1. Qui furent les parents de Charlemagne?
2. Décrivez son règne.
3. Discutez Charlemagne.
4. Quel était un de ses désirs le plus ardent?
5. Comment atteignit-il ce but particulier?
6. Pourquoi existe-t-il aujourd'hui beaucoup de textes anciens?
7. Où se trouvent les restes de Charlemagne?
8. Comment le considère-t-on aujourd'hui?

---

[2] **sarcophage** *m.*: tombeau en pierre des anciens.

La Chanson de Roland

La figure fait la beauté d'une statue, l'action fait celle de l'homme

CHARLEMAGNE est le héros du premier chef-d'œuvre de la littérature française, *La Chanson de Roland*, poème épique écrit au onzième siècle, trois siècles après sa mort. Cette "chanson" exalte la bravoure des chrétiens contre les infidèles de l'Espagne mauresque mais surtout celle de Roland, le neveu de Charlemagne, avec sa célèbre épée, Durandal, et celle d'Olivier son meilleur ami.

> **un chef-d'œuvre:** une réalisation parfaite, en littérature, en poésie, en peinture, etc.

Trahi par Ganelon qui lui fait croire que Marsile, le roi païen, veut lui rendre Saragosse, Charlemagne tourne son armée vers la France. Il laisse une arrière-garde, commandée par Roland avec Olivier, au col de Ronce-vaux, un passage étroit dans les Pyrénées.

> **trahir:** tromper; livrer son pays à l'ennemi

Aussitôt que Charlemagne avec le gros[1] de l'armée n'est plus là, quatre cent mille païens se jettent sur cette arrière-garde, tuant la presque totalité des beaux chevaliers avant que Roland, qui ne veut pas paraître lâche, sonne enfin le cor pour appeler Charlemagne à son secours.

> **lâche:** qui manque de courage

Charlemagne, qui entend le cor de l'autre côté des montagnes, revient à toute vitesse avec l'armée, mais c'est, hélas, trop tard. Il regarde autour de lui et voyant la scène effrayante et douloureuse, il s'écrie: "Allons! à cheval! Vengez cette douleur! Ils m'ont pris la fleur de la douce France!" Et les Français forcent les Espagnols à rebrousser[2] chemin, tandis que le traître Ganelon reçoit un terrible châtiment après le retour de l'empereur en France.

> **la douleur:** le chagrin; la souffrance physique, la souffrance morale

Voici un court extrait en vieux français (vers 2375–2396 de la version d'Oxford) de *La Chanson de Roland* suivi d'une traduction en français moderne. Roland est blessé mortellement et, tandis qu'il repose sous un pin, il pense à sa douce France. Il meurt au moment où Charlemagne arrive.

---

[1] **le gros:** la plus grande partie.
[2] **rebrousser:** retourner en arrière.

LA CHANSON DE ROLAND
(anonyme)

Li quens Rollant se jut desuz un pin;

Envers Espaigne en ad turnet sun vis.

De plusurs choses a remembrer li prist:

De tantes teres cum li bers cunquist,

De dulce France, des humes de sun lign,

De Carlemagne, sun seignor, kil nurrit.

Ne poet muer n'en plurt e ne suspirt.

Mais lui meïsme ne volt mettre en ubli,

Cleimet sa culpe, si priet Deu mercit:

"Veire Patene, ki unkes ne mentis,

Seint Lazaron de mort resurrexis,

E Daniel des leons guareis,

Guaris de mei l'anme de tuz perilz

Pur les pecchez que en ma vie fis!

Sun destre guant a Deu en puroffrit;

Seint Gabriel de sa main l'ad pris.

Desur sun braz teneit le chef enclin;

Juntes ses mains est alet a sa fin.

Deus tramist sun angle Cherubin,

E seint Michel del Peril;

Ensembl' od els sent Gabriel i vint.

L'anme del cunte portent en pareïs.

Le comte Roland est étendu sous un pin,
son visage tourné vers l'Espagne.
Bien des choses lui reviennent en mémoire:
tous les pays qu'il a conquis,
sa chère France, ses parents,
Charles son seigneur qui le forma et l'instruisit,
Et tout l'émeut à en pleurer.
Il pense aussi à lui-même:
il regrette ses fautes. Il en implore le pardon.
"Dieu, vrai père qui jamais ne mentis,
qui ressuscitas saint Lazare,
qui sauvas Daniel des lions,
sauve mon âme de tous les périls
causés par les péchés que j'ai commis dans ma vie".
Il offre à Dieu le gant de sa main droite
et saint Gabriel le prend.
Penchant la tête sous son bras replié,
il joint les mains et atteint sa fin.
Dieu lui envoie son ange chérubin
et saint Michel du péril de la mer.
Avec eux saint Gabriel est venu et ensemble
ils portent l'âme du comte au paradis.

soupirer: exhaler l'air avec peine, à cause d'un chagrin, d'une émotion

mentir: ne pas dire la vérité

le péché: la faute; la transgression de la loi divine

Questions

1. Quel est le sujet de *La Chanson de Roland*?
2. Quelle sorte de poème est-ce?
3. En quel siècle l'a-t-on écrit?
4. Où se passe la scène du poème?
5. Qu'est-ce que "la fleur de la douce France"?
6. A quoi le comte Roland pense-t-il quand il est à l'article de la mort?
7. Comment son âme passe-t-elle au paradis?

Guillaume le Conquérant

On apprend chaque jour quelque chose de nouveau

L'HISTOIRE de la France est étroitement mêlée à celle de l'Angleterre au cours de la dernière partie du Moyen Age. A la fin du IXe siècle et durant le règne de Charles le Simple (898–922), des envahisseurs venaient du nord de l'Europe, du Danemark et de la Norvège. Leur chef Rollon épousa la fille du roi qui lui offrit la riche province appelée aujourd'hui la Normandie, c'est-à-dire le pays des Normands, des gens du Nord. Ce furent d'abord des pirates qui pillèrent les églises, les châteaux, les villes et les villages, mais après avoir reçu la province de Normandie, ils devinrent bientôt de bons commerçants et d'honnêtes paysans, apprenant vite la langue et les coutumes des Français.

Deux siècles plus tard, Guillaume, duc de Normandie, voulut obtenir la couronne d'Angleterre, quoique les Anglais aient choisi Harold pour roi. Guillaume trouva un prétexte pour livrer combat à Harold et, avec son armée, il traversa la Manche. Il battit Harold à Hastings, en 1066. Il fit donc la conquête de l'Angleterre dont il devint le roi. C'est pour cette raison qu'on l'a surnommé Guillaume le Conquérant. Bientôt, beaucoup d'Anglais adoptèrent la langue et les coutumes de leurs vainqueurs. Longtemps on ne parla que le français à la cour et dans la haute société d'Angleterre; un grand nombre de mots français sont restés jusqu'à nos jours dans la langue anglaise.

envahisseurs: ceux qui entrent violemment pour prendre possession d'un lieu, d'un pays

un commerçant: un marchand

la Manche: le bras de mer entre la France et l'Angleterre

Questions
1. Décrivez les Normands.
2. D'où vinrent-ils?
3. Quand envahirent-ils la France?
4. Pourquoi Guillaume, duc de Normandie, reçut-il le surnom de Guillaume le Conquérant?
5. Pourquoi ne parla-t-on pendant longtemps que le français en Angleterre?

C'est à Hastings que l'armée de Guillaume et celle de Harold, roi d'Angleterre, se rencontrèrent. Harold perdit à la fois la bataille et la vie. *(Marburg)*

La Tapisserie de Bayeux

🔀 *Selon le vent, la voile*

IL EXISTE encore de nos jours une tapisserie très célèbre qui fut exécutée, dit-on, par Mathilde, femme de Guillaume, et les dames de sa cour. Elle mesure à peu près soixante-dix mètres de longueur et un mètre de largeur. On l'a conservée à Bayeux, ville normande de dix mille habitants située sur l'Eure, à douze kilomètres de la Manche. On l'appelle toujours la tapisserie de Bayeux et on peut la voir encore aujourd'hui au musée de cette ville.

Pendant la Deuxième Guerre mondiale, Hitler voulait se l'approprier. Son intention était de détruire Paris et en août 1944, après une courte conférence avec le général Dietrich von Choltitz, Hitler l'envoya à Paris pour réduire la ville en un tas de cendres. Pourtant le général n'a pu se résoudre à exécuter le commandement affreux de détruire cette belle ville dont l'histoire remonte à plus de deux mille ans. Lui et M. Nordling, le consul suédois, entreprirent d'essayer de persuader les Américains sous le général Eisenhower de ne pas dépasser Paris mais d'aider à la sauver.

Un jour, à l'arrivée de quatre officiers SS hitlériens dans son bureau, von Choltitz crut qu'Hitler avait eu connaissance de la "mission Nordling" et que ces officiers étaient venus l'arrêter. Mais ils se sont occupés de tout autre chose. Dans leur livre, *Paris brûle-t-il?"* Dominique Lapierre et Larry Collins expliquent que la visite des quatre SS chez le général concernait cette magnifique tapisserie faite au onzième siècle et encore bien préservée.

une tapisserie: travail de décoration généralement murale, autrefois toujours fait à la main, à l'aiguille, en croisant des points de couleur variées pour former des tableaux couvrant entièrement le tissu de fond

un tas de: beaucoup de

cendre *f.***:** résidu solide qui reste après la combustion complète d'une substance

se résoudre: se déterminer (après une certaine hésitation)

PARIS, BRÛLE-T-IL? (Extrait)
par Larry Collins et Dominique Lapierre

LE GÉNÉRAL von Choltitz eut un tressaillement imperceptible. Son chef d'état-major, l'impassible colonel von Unger, venait de lui annoncer que quatre officiers SS désiraient le voir. "Mon Dieu, se dit-il, ils viennent m'arrêter." Le commandant du *Gross Paris* avait des motifs d'inquiétude. Berlin et Rastenburg, déjà au courant de ses négociations avec les insurgés, venaient, pensait-il, d'apprendre qu'il avait envoyé une mission chez l'ennemi.

Les quatre hommes claquèrent les talons, lancèrent le bras en avant et crièrent "Heil Hitler!" Puis l'un d'eux, un géant maigre au visage balafré,[1] s'avança, l'air farouche,[2] vers le bureau du général. Ses épaulettes portaient les torsades[3] de lieutenant-colonel et sur ses manches Choltitz reconnut les insignes d'une des plus célèbres unités de l'armée allemande, la division blindée[4] SS. "Jeunesse hitlérienne". D'une voix sèche, l'officier annonça qu'il avait reçu par radio, à bord de sa voiture blindée de commandement, alors qu'il se trouvait lui-même à 80 kilomètres à l'est de Paris, un ordre personnel de Heinrich Himmler.

Pour le gouverneur de Paris, l'évocation du nom du chef de la Gestapo et des SS apportait une confirmation définitive à ses craintes. L'officier était dans son bureau pour l'arrêter. Le lieutenant-colonel annonça alors que

tressaillement *m.*: brusque secousse de tout le corps, généralement à la suite d'une émotion vive

impassible: insensible apparemment à la douleur ou aux émotions

crainte *f.*: sentiment d'appréhension devant ce que l'on juge dangereux

[1] **balafré**: qui a une longue blessure au visage sur lequel reste une trace ou cicatrice.
[2] **farouche**: sauvage.
[3] **torsade**: ornement imitant un cable tordu.
[4] **la division blindée**: la grande unité des véhicules de combat recouverts d'un blindage. Le blindage protège les véhicules contre les projectiles ennemis.

Himmler lui avait commandé de se rendre immédiatement dans Paris pour prendre possession d'un objet d'art entreposé au musée du Louvre, une certaine tapisserie qui avait été évacuée du musée de la ville normande de Bayeux. Cette œuvre d'art, précisa-t-il, ne devait en aucun cas tomber aux mains des Alliés. Il avait l'ordre formel de la conduire en Allemagne où elle serait mise à l'abri. A ces mots, Cholititz sentit brusquement le sang refluer à ses joues. "Kinder! s'exlama-t-il, c'est merveilleux! Vous êtes donc venus pour sauver un chef-d'œuvre de la destruction? C'est vraiment merveilleux!" D'un ton paternel et ironique, le général ajouta que l'officier devrait profiter de cette mission pour mettre à l'abri par la même occasion d'autres chefs-d'œuvre "la Joconde" par exemple, ou la "Vénus de Milo", ou la "Victoire de Samothrace" . . . Mais l'officier hocha la tête. Seule la tapisserie de Bayeux, dit-il intéressait Himmler et le Führer.

Soulagé, le général entraîna ses visiteurs sur son balcon. Levant le bras dans la nuit, il montra la longue façade noyée d'ombres[5] qui barrait sur la gauche la trouée[6] des Tuileries. "C'est là, le Louvre", dit-il. Juste à cet instant, rappelle Choltitz, une longue rafale de mitrailleuse,[7] vraisemblablement tirée d'une fenêtre même du Louvre, déchira la nuit. "Les terroristes occupent le bâtiment", commenta calmement le général. "Oui, ça en a l'air", dit l'officier d'une voix vaguement inquiète. "Quelle importance, enchaîna le gouverneur de Paris, les SS sont les meilleures troupes du monde et ce n'est pas une bande de terroristes dépenaillés[8] qui va leur faire peur. N'est-ce pas, colonel?"

L'officier resta un long moment silencieux. Puis il demanda au général s'il ne pensait pas que les Français avaient déjà déménagé la fameuse tapisserie.

abri *m.*: lieu où l'on peut se mettre à couvert de la pluie ou d'un danger quelconque

hocher la tête: secouer la tête de bas en haut

soulagé: ici, la crainte du général est effacée

enchaîner: reprendre rapidement la suite d'un dialogue

---

[5] **noyée d'ombres**: semblant disparue (noyée) dans l'obscurité.
[6] **trouée** *f.*: ouverture.
[7] **rafale de mitrailleuse**: succession rapide de décharges d'armes automatiques.
[8] **dépenaillé**: mal vêtu.

"Non, non, répondit le général, pourquoi l'auraient-ils fait?" Pour en avoir la confirmation absolue, il fit appeler un officier qui occupait probablement les fonctions les plus étranges de son état-major. Il était chargé de "la protection des monuments français et des œuvres d'art". Cet officier confirma solennellement que la tapisserie se trouvait toujours au Louvre. La fusillade faisait maintenant rage autour du célèbre musée. De plusieurs fenêtres, Choltitz et l'officier pouvaient apercevoir les flammes rougeâtres sortant des canons des mitrailleuses et des fusils mitrailleurs qui tiraient sur des ennemis invisibles. Conscient des difficultés qu'offrait l'opération, Choltitz proposa courtoisement à ses visiteurs de mettre à leur disposition une voiture blindée et une section de soldats. Ceux-ci pourraient protéger le commando SS pendant qu'il s'emparerait de la tapisserie. L'officier SS parut perplexe. Il annonça finalement qu'en raison des circonstances, il préférait demander par radio de nouvelles instructions à Berlin. Il avertit le général qu'il serait de retour dans une heure, cria "Heil Hitler" et sortit.

Dietrich von Choltitz ne devait jamais revoir ses mystérieux visiteurs. La précieuse tapisserie qu'ils avaient ordre de soustraire aux Alliés et qui représentait un événement unique dans l'Histoire resta dans le musée occupé par les insurgés. Sur les soixante-dix mètres de sa toile, neuf siècles plus tôt, les dames de la cour de Guillaume le Conquérant avaient à Bayeux brodé une scène que les cinéastes d'Adolf Hitler n'avaient jamais pu filmer: la conquête de l'Angleterre.

s'emparer: se saisir d'une chose par force

avertir: informer

soustraire: prendre par adresse ou par fraude

Questions

1. Qui, dit-on, a exécuté la tapisserie de Bayeux?
2. Comment a-t-elle reçu son nom?
3. Pourquoi Hitler n'a-t-il pas réussi à détruire Paris en août 1944?
4. Pourquoi von Choltitz eut-il un tressaillement quand le colonel von Unger lui annonça la visite de quatre officiers SS?
5. A quelle unité appartenaient-ils?
6. Quel commandement leur chef avait-il reçu? Et de qui?
7. Qu'est-ce que von Choltitz leur montra?
8. Pourquoi les officiers partirent-ils?
9. Pourquoi Hitler voulait-il tant avoir ce trésor particulier du Louvre?
10. Où se trouv-t-il aujourd'hui?[9]

[9] Pour voir la tapisserie de Bayeux dans son ensemble, voir la revue *National Geographic* (août 1966).

La France   4
et
l'Eglise

La France se montra très accueillante envers le christianisme, et les premiers âges de son histoire virent à la fois la propagation de cette religion et l'expression artistique du sentiment religieux chrétien.

Un des moyens principaux d'expression de ce sentiment fut la cathédrale gothique. D'origine française, mais répandues ensuite dans toute l'Europe, ces cathédrales de "l'Age de la Foi" donnent un témoignage éloquent de l'ardeur religieuse et du génie architectural des Français.

Saint Martin

🜩 On n'offense personne en l'aimant

EN FRANCE on célèbre peu l'anniversaire des gens. On fête plutôt ses amis d'après leur nom qui est d'ordinaire celui d'un saint. Le calendrier français indique toujours le saint de chaque jour. Les marchands indiquent aussi chaque jour le nom à fêter.

L'histoire de la France est inextricablement mêlée à l'histoire du christia- *mêlé: mixé; mélangé* nisme, depuis que l'empereur Constantin en 330 a déclaré le christianisme la religion officielle de l'empire romain.

Aux temps plus anciens la religion des Gaulois était celle des druides. C'était une religion vivante, avec des prêtres et des sages (les druides) qui *vivante: pleine d'animation* pratiquaient la divination et avaient le monopole de l'enseignement. Le druidisme a duré longtemps, mais peu à peu la religion chrétienne a pénétré en Gaule, surtout sous l'influence d'un homme appelé Martin, devenu plus tard saint Martin. Il naquit en Hongrie vers 316, mais il est resté longtemps en France. Il fut d'abord soldat de l'armée romaine; à l'âge de vingt-trois ans, il s'est trouvé caserné[1] près de ce qui est ajourd'hui Amiens, et c'est là qu'il eut la vision qui changea toute sa vie.

Une nuit d'une froidure excessive Martin vit un mendiant, tremblant, *un mendiant: une personne qui demande la charité* presque nu, près de la porte de la ville. Avec son épée il divisa son manteau *nu: sans habits; non vêtu* et en donna la moitié au mendiant. Cette nuit-là, dans un rêve, le Seigneur *une épée: une arme faite comme un très long et fin couteau de métal* Jésus s'est révélé à Martin par ces mots si connus:

la moitié: une des deux parties d'une chose divisée en deux

> En vérité je vous le dis, dans la mesure où
> vous l'avez fait à l'un de ces plus petits
> de mes frères, c'est à moi que vous l'avez fait.[2]

un rêve: un ensemble d'images qui viennent dans la tête quand on dort

Le rêve est devenu réalité. Martin a quitté l'armée et a mené la vie d'un moine solitaire.

un moine: un religieux

Plus tard l'évêque de Tours mourut et, puisqu'alors le nom de Martin *un évêque: un prêtre qui a la direction d'un diocèse* était connu et célèbre parmi tous les gens de Tours, ils le choisirent pour évêque en 371. Il est resté à Tours le reste de sa vie, faisant du bien et des

[1] **caserné:** habitant dans une installation militaire.
[2] **Mathieu** 25: 40.

miracles et convertissant les païens au christianisme. Il est mort vers l'année 400.

Autour des saints comme saint Martin ont fleuri beaucoup de légendes, et il est très difficile de faire la part de la vérité et celle de la légende.

Questions
1. En France quelle fête célébre-t-on plutôt que l'anniversaire de naissance?
2. Qu'indique toujours le calendrier français?
3. Où y a-t-il d'autres indications du nom à fêter?
4. Dans quel siècle le christianisme commença-t-il à pénétrer en France?
5. Quelle religion a précédé le christianisme en Gaule?
6. Décrivez le rêve de Martin.
7. Pourquoi Martin alla-t-il d'abord en France?
8. Où passa-t-il la plupart de sa vie?
9. Quel était le but de sa vie?

Le Mont-Saint-Michel

🎿 *Qui ne s'aventure n'a cheval ni mule*

LE ROCHER qui s'élève, majestueux, au milieu de l'immense baie s'étendant des côtes de la Normandie, au nord, à celles de la Bretagne, au sud, et jusqu'à la mer, au nord-ouest, fut nommé le "Mont-Saint-Michel" dès le VIIIe siècle.

Saint Aubert, évêque d'Avranches, fit élever dans les premières années du VIIIe siècle une église dédiée à saint Michel, lequel lui était apparu en songe plusieurs fois. Selon l'évêque: "Il me dit qu'il voulait que ce (l'église) fût sur les lieux où je trouverais un taureau lié qu'un larron[1] avait dérobé[2] naguère[3] et cachait en ce mont, guettant l'occasion de pouvoir l'emmener au loin pour le vendre, et m'a demandé de le rendre à celui auquel il appartenait. Quant à la grandeur de l'oratoire, il m'a dit que celui-ci devrait s'étendre sur toute la surface de terrain que je trouverais foulée par les pieds du taureau."

En 708, saint Aubert ayant aplani[4] toutes les difficultés que soulevait la construction de cette église, il put la faire bâtir.

La célébrité du Mont-Saint-Michel ne fit que s'accroître jusqu'à la fin du IXe siècle; mais, après la mort de Charlemagne (en 814), les Normands envahirent son empire démembré[5] et, sous les ordres de Rollon, dévastèrent le pays. De ce temps date l'origine de la ville qui existe encore aujourd'hui et qui fut fondée par quelques familles décimées[6] venues chercher refuge sur le Mont-Saint-Michel.

En 1154, Robert de Torigni fut nommé abbé du Mont, et il s'ensuivit une période de prospérité pour l'abbaye. Tout au long des trente-deux années au cours desquelles cet éminent abbé la dirigea, l'étude des sciences, des lettres, de la poésie même, reçut une impulsion féconde,[7] et Robert enrichit

un rocher: une grosse masse de pierre dure (roc)
s'élever: atteindre une certaine hauteur
s'étendre: s'allonger par terre
dès: depuis

apparaître (apparu): devenir (devenu) visible
un songe: un rêve
lié: attaché avec un lien

guetter: attendre en observant

appartenir: être la propriété légitime de quelqu'un; être à
quant à: relativement à

accroître: agrandir; augmenter

dévaster: ravager; ruiner

[1] **un larron:** qui prend furtivement; un voleur.
[2] **dérober:** prendre furtivement; voler.
[3] **naguère:** il y a quelque temps.
[4] **aplanir:** supprimer des difficultés.
[5] **démembrer:** diviser.
[6] **décimer:** faire périr une partie d'un ensemble de gens.
[7] **recevoir une impulsion féconde:** être entraîné par un élan très productif.

Aussi solide que le roc sur lequel elle est construite, l'abbaye du Mont-Saint-Michel résiste au temps.

son abbaye. Il étendit la bibliothèque, fit construire ou réparer les tours, les chapelles et sept des chambres du monastère.

En 1203, Gui de Thouars, ne pouvant s'emparer du Mont-Saint-Michel, y mit le feu, et tout fut dévoré par les flammes, sauf l'église, les murs et les voûtes. Les abbés qui succédèrent à Robert de Torigni suivirent son exemple, non seulement en relevant et en entretenant soigneusement l'église et l'abbaye, mais surtout en construisant avec une merveilleuse rapidité les magnifiques bâtiments du nord, appelés dès leur origine "la Merveille."

s'emparer de: se saisir par force de

entretenir: tenir en bon état

Au XIVᵉ siècle, des incendies ravagèrent le Mont-Saint-Michel, causant beaucoup de ruines. Les réparations furent entreprises par Guillaume du Château, vingt-cinquième abbé, grâce aux secours que lui envoya Philippe le Bel (1285–1314) à la suite d'un pèlerinage que fit ce monarque au Mont-Saint-Michel.

un incendie: un feu destructif

un pèlerinage: un voyage fait en un lieu de dévotion

Au temps de Jean de la Porte, vingt-sixième abbé (1314–1334), le Mont-Saint-Michel—jusqu'alors exempt de garnisons—devint une place militaire importante et une garnison[8] du roi commença à en assurer la garde.

Plus d'incendies. Plus de réparations.

De 1423 à 1450, la ville subit un long mais glorieux siège et résista courageusement et victorieusement aux assauts[9] des Anglais. Pendant une période de trente ans environ, le monastère connut la plus grande détresse, qui dura jusqu'en 1450 lorsque les Anglais abandonnèrent la Normandie et furent chassés de France.

En 1509, une statue dorée de l'archange saint Michel aux ailes déployées couronna la flèche réinstallée par Guillaume de Lamps. Un magnifique chœur, terminé en 1521, fut la dernière des constructions remarquables du Mont-Saint-Michel.

doré: recouvert d'une mince couche d'or
déployer: étendre; étaler
une flèche: l'extrémité du clocher en pointe aiguë

A la fin du XVIIᵉ siècle, l'abbaye du Mont-Saint-Michel était dans une grande prospérité; ses revenus étaient considérables, et les trente moines qui la composaient consacraient leur vie à la prière, à l'étude et au service des pèlerins qui s'y rendaient en foule. Cet état dura jusqu'à la fin du règne de Louis XIV.

un pèlerin: qui fait un pèlerinage
une foule: une multitude de personnes

Après la mort de Louis XIV en 1715, Louis XV s'empara d'une partie de l'abbaye et y fit enfermer des prisonniers dans les cachots.[10]

En 1776, à la suite d'un incendie provoqué par la foudre, le douzième depuis la fondation, le portail[11] de l'église, lézardé,[12] menaçait doublement de s'écrouler, parce que le roc de la plate-forme sur lequel il reposait semblait s'affaisser[13] sous son poids. Pour éviter ce malheur on détruisit quatre des

la foudre: une décharge électrique aérienne, accompagnée d'explosion et de lumière, lors d'un orage
s'écrouler: tomber lourdement en masse

---

[7] **subir**: supporter; endurer.
[8] **une garnison**: un endroit où des troupes sont établies.
[9] **un assaut**: une attaque.
[10] **un cachot**: une cellule de prison basse et obscure.
[11] **le portail**: entrée principale et monumentale.
[12] **lézardé**: crevassé; fissuré.
[13] **s'affaisser**: avoir tendance à tomber.

sept travées de la nef[14] et on remplaça le portail romain de Robert du Mont par un portail grec.

Durant la Révolution, et dès 1790, les moines furent dispersés et l'abbaye toute entière fut transformée en prison. Un décret daté du 20 octobre 1863 supprima la prison, et le ministère de l'Intérieur abandonna le Mont-Saint-Michel qui devint propriété domaniale.

En 1865, l'abbaye et ses dépendances furent louées pour neuf ans à monseigneur l'évêque de Coutances et d'Avranches. Il fit enlever les cloisons[15] et les planchers qui divisaient en ateliers et en cellules les trois étages de "la Merveille," divers bâtiments du logis abbatial et l'église qu'il rendit entièrement au culte en attendant qu'elle reprit son aspect ancien. Il nettoya et assainit[16] tous les édifices; il les entretint et fit faire quelques réparations avec ses ressources personnelles et surtout à l'aide d'un secours annuel de vingt mille francs que ce prélat obtint, de 1865 à 1870, sur la cassette[17] de Napoléon III.

Depuis 1873 et jusqu'à nos jours encore, le Mont-Saint-Michel se trouve placé sous la sauvegarde de la Commission des monuments historiques.

Par sa situation extraordinaire, par la beauté de ses bâtiments, par sa grandeur et les souvenirs historiques qu'il rappelle, le Mont-Saint-Michel est un monument—unique en France—qui réunit les plus beaux exemples de l'architecture religieuse, monastique et militaire de ce pays.

Questions

1. Pourquoi le Mont-Saint-Michel fut-il dédié à saint Michel?
2. Comment saint Aubert choisit-il le site de cette église?
3. Où se trouve le Mont-Saint-Michel?
4. Depuis quand ce nom existe-t-il?
5. Pourquoi la ville de Mont-Saint-Michel fut-elle fondée?
6. Décrivez l'abbaye sous la direction de Robert de Torigni.
7. Pourquoi Gui de Thouars voulait-il détruire l'abbaye?
8. Après le feu destructif de 1203, en faisant les réparations, qu'a-t-on ajouté à l'abbaye?
9. En quel siècle le Mont-Saint-Michel devint-il une place militaire importante?
10. Comment a-t-il soutenu les assauts des Anglais?
11. Qu'est-ce qui couronne la flèche?
12. Quelle fut la dernière des constructions remarquables du Mont?
13. Quel était l'état de l'abbaye pendant le règne de Louis XIV?
14. Quel emploi Louis XV fit-il de l'abbaye?
15. Comment employa-t-on l'abbaye pendant la Révolution française?

[14] **travées de la nef:** rangées de blancs faisant face à l'autel dans une église.
[15] **une cloison:** mur ou panneau de séparation dans une pièce, dans une maison.
[16] **assainir:** désinfecter.
[17] **une cassette:** un petit coffret dans lequel on garde des choses précieuses; plus généralement, réserve d'argent pour une utilisation indéfinie.

Les Croisés

🔆 *Il est plus facile de commencer que de finir*

AU COURS du Moyen Age, les Turcs musulmans, maîtres de Jérusalem, maltraitaient les chrétiens et les pèlerins. Le pape vint en France et encouragea une expédition lointaine contre les musulmans de Palestine (la Terre Sainte).

le pape : chef de l'Eglise catholique romaine

Les seigneurs volontaires choisirent comme emblème une croix d'étoffe fixée à leur cuirasse.[1] On les appela les "croisés," et l'expédition prit le nom de "croisade."

la croix : le symbole de la chrétienté

l'étoffe *f.* : toute espèce de tissu

Il y eut huit croisades. Seule la première réussit. Toutes les croisades, à l'exception de deux, furent entreprises par les Français. Elles eurent cependant d'heureux résultats dans le domaine des arts, des sciences, des lettres et du commerce, en ayant mis en contact deux civilisations différentes.

LES CROISADES

I 1096–1099

II 1147–1149

III 1189–1192

IV 1202–1204

V 1219–1221

VI 1228–1229

VII 1248–1254 (dirigée par Louis IX)

VIII 1270–   (conduite par Louis IX)

1291–   (marque la fin des croisades)

Questions

1. Comment les "croisades" reçurent-elles leur nom?
2. Pourquoi les entreprit-on?
3. Combien de croisades réussirent-elles?
4. Pourquoi eurent-elles cependant d'heureux résultats?

[1] **une cuirasse :** une armure de fer qui protège le corps.

La quatrième croisade eut pour résultat le sac de Constantinople, ville chrétienne! Ce tableau de Delacroix représente l'entrée des croisés dans la ville. *(Bulloz)*

Sang-Froid et courage de Saint Louis

Trois choses donnent la mesure de l'homme: la richesse, le pouvoir, l'adversité

ENTRE 987 et 1328, quatorze rois successifs tous de la même famille et descendus en ligne directe du même ancêtre, Hugues (le Grand) Capet, s'assoient sur le trône de France. C'est au cours de cette époque que la France se forme vraiment.

Sinon le plus grand, du moins l'un des plus connus de tous ces rois capétiens fut Louis IX, appelé saint Louis. Le règne de son grand-père, Philippe II ou Philippe Auguste (1165–1223), roi de France en 1180, s'acheva dans la prospérité. Philippe aimait l'ordre, l'économie et la bonne administration. En mourant il ne laissait pas seulement une France agrandie et sauvée des périls extérieurs, un trésor et de l'ordre au-dedans, mais aussi une monarchie devenue si solide qu'il put négliger la précaution d'associer son fils aîné au trône avant de mourir. Louis VIII lui succéda naturellement. Les Capétiens étaient devenus rois héréditaires. Depuis Hugues Capet, il avait fallu près de deux siècles et demi pour que l'hérédité triomphât.

Le règne de Louis VIII fut très court et à sa mort en 1226 Louis IX avait onze ans. C'était une heure critique dans l'histoire de la France, car sans la sagesse de sa mère, Blanche de Castille, qui gouverna comme régente d'une main très énergique, tout le progrès fait sous Phillipe Auguste aurait pu se perdre. Il y avait ceux qui contestaient la régence de Blanche et cherchaient à la déshonorer en répandant le bruit de son inconduite et en lui reprochant d'être étrangère. Mais elle défendit brillamment la couronne contre ces mécontents et éleva son fils dans une stricte discipline de vie, de manière telle qu'il devint un homme pieux, prudent, sage et courageux.

Louis IX fit deux croisades en Terre Sainte et toutes deux furent désastreuses. Il entreprit la première en 1249, alors que sa mère était encore régente. Cette expédition tourna mal. Louis fut fait prisonnier par les Mameluks après des combats chevaleresques[1] et ne recouvra sa liberté qu'en payant rançon. Sa mère, vieillie, le rappela en France.

du moins: en tout cas

s'achever: se finir; se terminer

répandre: faire connaître

---

[1] **chevaleresque:** héroïque et généreux.

Les croisades organisées par saint Louis furent toutes les deux malheureuses. Pendant la première, le roi fut fait prisonnier en Egypte. Pendant la seconde, il mourut. *(Giraudon)*

Le règne de Saint Louis fut marqué par la sainteté et par la justice. Dans l'Europe entière sa réputation fut celle d'homme de la paix, et il arbitra maintes[1] querelles entre les chefs d'Etat. C'est comme juge royal, sous le chêne de Vincennes, que son souvenir est resté populaire.

Homme de Dieu, son cœur fut attiré toujours vers la Terre Sainte, et il entreprit la deuxième croisade quinze ans après la première. À Tunis, loin de sa douce France, frappé par une terrible maladie, il mourut le 25 août 1270. Tout le monde chrétien pleura ce roi renommé et déjà appelé saint avant sa mort. Vingt-sept ans après sa mort, le pape Boniface VIII l'inscrivit au calendrier des saints.

Joinville, l'ami et le biographe de saint Louis, nous raconte une petite aventure qui arriva pendant le voyage de retour de la première croisade. Dans l'extrait suivant, traduit en français moderne, cette aventure nous montre la sagesse et le courage de saint Louis, deux des traits de son caractère qui lui ont toujours valu l'estime des Français.

SANG-FROID ET COURAGE DE SAINT LOUIS
(Extrait)
par Joinville

Dès que le jour parut, nous aperçûmes les récifs[2] sur lesquels nous nous serions brisés si le banc de sable ne nous avait arrêtés. Le lendemain, le Roi envoya chercher les maîtres-nautoniers[3] qui donnèrent l'ordre à quatre plongeurs d'examiner le navire. Dès qu'ils sortaient de l'eau, le Roi et les maîtres-nautoniers les interrogeaient séparément afin qu'ils ne pussent savoir ce que les autres avaient dit. Tous déclarèrent qu'en heurtant le sable, le navire avait bien perdu quatre toises[4] de sa quille.[5] Le Roi appela les maîtres-nautoniers et leur demanda ce qu'ils pensaient de cette avarie.[6] Ils se consultèrent, puis invitèrent le Roi à descendre du navire où il se trouvait et à s'embarquer sur un autre. "Et ce conseil," dirent-ils, "nous vous le donnons parce que nous sommes certains que toutes les planches du navire sont ébranlées; aussi, quand il sera en haute mer, nous craignons qu'il ne puisse supporter le choc des vagues et qu'il ne se disloque."[7]

Alors le Roi dit aux nautoniers: "Je vous le demande en toute franchise: si ce navire vous appartenait et qu'il fût chargé de marchandises,[8] l'abandonneriez-vous?" Tous répondirent que non, car ils aimeraient mieux courir le risque d'un naufrage que d'avoir à acheter un navire de plus de quatre mille

la sainteté: qualité de ce qui est saint; de celui qui vit selon la loi de Dieu

le chêne: arbre à bois dur, qui vit très longtemps—En anglais: oak

la sagesse: la prudence; la raison

dès que: au moment où; aussitôt que

briser: mettre en pièces

un plongeur: personne qui se jette dans l'eau pour un certain travail

interroger: consulter; poser des questions

afin que: pour

heurter: toucher rudement par accident; cogner

le sable: une poudre d'origine rocheuse blanche ou sombre que l'on trouve dans la mer ou au bord de l'eau

un navire: un grand bateau qui va sur la mer

ébranlé: qui a perdu sa stabilité

une vague: une sorte de colline liquide provoquée par les ondulations du vent sur la mer

la franchise: la sincérité

un naufrage: la perte d'un navire dans la mer

---

[1] maintes: plusieurs.

[2] un récif: un rocher dans la mer au voisinage des côtes.

[3] un nautonier: qui conduisait un navire, un bateau, une barque.

[4] toise f.: ancienne mesure qui valait presque deux mètres.

[5] la quille: Long morceau de bois (ou de fer) qui va de l'avant à l'arrière, sous un navire. En anglais: Keel.

[6] une avarie: le dommage subi par le navire; accident.

[7] se disloquer: se démolir; se mettre en morceaux.

[8] chargé de marchandises: portant des marchandises.

livres. "Et pourquoi donc," reprit le Roi, "me conseillez-vous de l'abandonner?" "Parce que ce n'est pas la même chose, et que votre vie, celle de votre femme et de vos enfants est beaucoup plus précieuse que l'or et l'argent." Le Roi dit: "J'ai bien entendu votre conseil; maintenant je vais vous donner mon avis. Si j'abandonne le navire, il y a au moins cinq cents personnes qui débarqueront dans l'île de Chypre[9] par crainte de périr, et qui, jamais plus peut-être, ne rentreront dans leur pays. C'est pourquoi je préfère confier ma femme, mes enfants et moi-même à la garde de Dieu, plutôt que de causer un tel préjudice à[10] ceux qui sont là."

périr: mourir
confier: mettre sous la protection de
plutôt que: de préférence à

Questions

1. Quelle dynastie régna entre 987 et 1328?
2. Qui la fonda?
3. Combien de rois successifs de cette dynastie régnèrent-ils?
4. Qui en était un des rois les plus connus?
5. Décrivez le règne de son grand-père et celui de son père.
6. Quel âge avait Louis IX à la mort de son père?
7. Discutez la régence de sa mère.
8. Combien de croisades Louis IX mena-t-il?
9. Décrivez son règne.
10. Où eut lieu sa mort?
11. Qui l'inscrivit au calendrier des saints? Quand?
12. Quel conseil les nautoniers donnent-ils d'abord à Louis?
13. Pourquoi pensent-ils que Louis devrait quitter le navire?
14. Pourquoi Louis choisit-il de ne pas abandonner le navire?
15. Qui raconta cette aventure?

[9] **île de Chypre:** île qui se trouve dans la mer Méditerranée.
[10] **causer un préjudice à:** faire du tort à; causer du tort à.

Le Jongleur de Notre-Dame

✣ *C'est l'intention qui donne la valeur à l'action*

CE CONTE d'Anatole France (1844–1924) peint très nettement[1] pour nous une image de la vie au Moyen Age. On a appelé le Moyen Age l'âge de la foi. Le christianisme était très répandu. On aimait beaucoup les histoires qui racontaient les miracles des saints et surtout de la sainte Vierge. Comme nous l'avons vu, la religion a dominé la vie de saint Louis, le roi mentionné dans la première phrase du conte. Il est tout naturel alors que le héros, Barnabé, un pauvre saltimbanque,[2] rencontre un moine et décide de se joindre aux frères. Il est tout naturel aussi qu'il veuille faire de son mieux pour plaire à la Vierge. Avec beaucoup de tendresse et de sympathie, l'auteur nous amène à accepter comme tout naturel le miracle qui a lieu.

répandu: a gagné beaucoup d'adeptes, de partisans

LE JONGLEUR DE NOTRE-DAME
par Anatole France

AU TEMPS du roi Louis, il y avait en France un pauvre jongleur, natif de Compiègne, nommé Barnabé, qui allait par les villes, faisant des tours de force.[3]

Les jours de marché, il étendait sur la place publique un vieux tapis, et après avoir attiré les enfants et les passants par un monologue amusant qu'il tenait d'un très vieux jongleur et auquel il ne changeait jamais rien, il prenait des attitudes qui n'étaient pas naturelles, et il mettait une assiette en équilibre sur son nez. La foule le regardait d'abord avec indifférence.

le tapis: tissu plus ou moins épais qu'on met sur le sol ou un meuble

attirer: faire venir à soi

Mais quand, se tenant sur les mains, la tête en bas, il jetait en l'air six sphères et jonglait avec elles en se servant de ses pieds, ou quand il donnait à son corps la forme d'un cercle parfait et continuait à jongler dans cette posture, un murmure d'admiration s'élevait dans la foule et les pièces de monnaie jetées par la foule tombaient sur le tapis.

---

[1] **nettement:** d'une façon très compréhensive.
[2] **saltimbanque** *m.*: jongleur, faiseur de tours sur les places publiques.
[3] **faire des tours de force:** faire des exercices difficiles.

Pourtant, comme la plupart de ceux qui vivent de leurs talents, Barnabé de Compiègne avait grand'peine à vivre.

Gagnant son pain par son propre travail, il portait plus que sa part des misères attachées à la faute d'Adam, notre père.

Et pourtant il ne pouvait pas travailler autant qu'il aurait voulu. Pour montrer son beau savoir, comme aux arbres pour donner des fleurs et des fruits, il lui fallait la chaleur du soleil et la lumière du jour. En hiver, il n'était plus qu'un arbre sans feuilles et comme mort. La terre glacée était dure au jongleur. Et il souffrait du froid dans la mauvaise saison. Mais comme il avait le cœur simple, il prenait ses maux en patience.

la chaleur: haute température

maux (pl. de mal): douleurs; peines

Il n'avait jamais réfléchi à l'origine des richesses, ni à l'inégalité des conditions humaines. Il comptait fermement que, si ce monde est mauvais, l'autre ne pourrait manquer d'être bon, et cette espérance le soutenait. Il n'imitait pas les brigands qui ne croient pas en Dieu et qui ont vendu leur âme au diable. Il ne blasphémait pas le nom de Dieu et il vivait honnêtement. Il n'avait pas de femme, mais il ne désirait pas celle du voisin, parce que la femme est l'ennemie des hommes forts, comme il apparaît dans l'histoire de Samson, qui est rapportée dans la Bible.

soutenir: donner de l'aide

A la vérité, il n'avait pas l'esprit tourné vers les femmes, et il lui en coûtait plus de renoncer au vin qu'aux dames. Car, sans manquer à la sobriété, il aimait à boire quand il faisait chaud. C'était un homme de bien, craignant Dieu et aimant la sainte Vierge.

Il ne manquait jamais, quand il entrait dans une église, de se mettre à genoux devant l'image de la Mère de Dieu, et de lui adresser cette prière:

"Madame, prenez soin de ma vie tant que je vivrai, et quand je serai mort, faites-moi avoir les joies du paradis."

Or, un certain soir, après une journée de pluie, tandis qu'il s'en allait tristement portant ses sphères cachées dans son vieux tapis, et cherchant quelque maison sans habitants pour s'y coucher sans dîner, il a vu sur la route un moine qui suivait le même chemin, et il l'a salué honnêtement. Comme ils marchaient du même pas, ils se sont mis à se parler.

—Compagnon, a dit le moine, d'où vient que vous êtes habillé tout de vert? Ne serait-ce point pour faire le personnage d'un fou dans quelque mystère?

—Non point, mon Père, a répondu Barnabé. Tel que vous me voyez, je me nomme Barnabé, et je suis jongleur. Ce serait le plus bel état du monde si on y mangeait tous les jours.

—Ami Barnabé, a repris le moine, prenez garde à ce que vous dites. Il n'y a pas de plus bel état que l'état monastique. On y célèbre les louanges de Dieu, de la Vierge et des saints, et la vie du religieux est un perpétuel hymne au Seigneur.

louanges _f._: compliments; éloges

—Mon Père, a répondu Barnabé, je confesse que j'ai parlé comme un ignorant. Votre état ne peut se comparer au mien, et même s'il y a du mérite à danser en tenant au bout du nez une assiette en équilibre sur une canne, ce mérite n'approche pas du vôtre. Je voudrais bien comme vous, mon Père, chanter tous les jours l'office, et spécialement l'office de la très sainte Vierge, à qui j'ai une dévotion particulière. Je renoncerais sans regret à l'art dans lequel je suis connu, de Soissons à Beauvais, dans plus de six cents villes et villages, pour embrasser la vie monastique.

Le moine était touché de la simplicité du jongleur, et, comme il ne manquait pas de discernement, il reconnut en Barnabé un de ces hommes de bonne volonté[4] de qui Notre Seigneur a dit: "Que la paix soit avec eux sur la terre!" C'est pourquoi il lui a répondu:

—Ami Barnabé, venez avec moi, et je vous ferai entrer dans le monastère dont je suis le prieur. Celui qui a conduit Marie l'Egyptienne dans le désert m'a mis sur votre chemin pour vous mener dans la voie du ciel.

un prieur: chef d'une communauté religieuse

C'est ainsi que Barnabé est devenu moine. Dans le monastère où il a été reçu, les religieux faisaient de grands efforts pour célébrer le culte de la sainte Vierge, et chacun employait à la servir tout le savoir que Dieu lui avait donné.

le savoir: les connaissances; l'érudition

Le prieur, pour sa part, composait des livres qui traitaient, selon les règles de la scolastique, des vertus de la Mère de Dieu.

Le Frère Alexandre y peignait de fines miniatures. On y voyait la Vierge assise, avec quatre lions à ses pieds. Avec elle se trouvaient six vierges aux cheveux d'or: l'Humilité, la Prudence, la Retraite, le Respect, la Virginité, et l'Obéissance.

A ses pieds deux petites figures nues et toutes blanches se tenaient dans une attitude suppliante. C'étaient des âmes qui imploraient, et non, certes, en vain, sa toute-puissante intercession auprès de son fils.

Le Frère Alexandre représentait sur une autre page Eve en face de Marie, afin de montrer en même temps la faute et la rédemption, la femme humiliée et la vierge exaltée.

Le Frère Marbode était semblablement[5] un des plus tendres enfants de Marie. Comme il sculptait toujours des images de pierre, il avait la figure et les cheveux blancs de poussière et ses yeux étaient toujours pleins de larmes; mais il était plein de force et de joie dans un âge avancé et, visiblement, la Vierge protégeait la vieillesse de son enfant. Marbode la représentait assise sur chaise et il avait soin de couvrir de sa robe les pieds de celle dont le prophète a dit: "Ma bien-aimée est comme un jardin."

Parfois aussi il la montrait sous les traits d'un enfant plein de grâce, et elle semblait dire: "Seigneur, vous êtes mon Seigneur! Deus meus es tu."

Il y avait aussi, dans le monastère, des poètes qui composaient, en latin, des proses et des hymnes en l'honneur de la Vierge Marie, et même il s'y trouvait un Picard qui mettait les miracles de Notre-Dame en français.

Voyant tant de louanges et tant de belles œuvres, Barnabé se lamentait de son ignorance et de sa simplicité.

[4] **la bonne volonté:** le désir de bien faire.
[5] **semblablement:** de la même façon.

"Hélas, disait-il avec regret en se promenant seul dans le petit jardin sans ombre du monastère, je suis bien malheureux de ne pouvoir, comme mes frères, offrir de dignes louanges à la sainte Mère de Dieu à laquelle j'ai voué la tendresse de mon cœur. Hélas! hélas! je suis un homme rude et sans art, et je n'ai pour votre service, madame la Vierge, ni sermons édifiants, ni discours bien préparés selon les règles, ni belles images, ni statues exactement sculptées, ni poésie comptée par pieds et marchant en mesure. Je n'ai rien, hélas!"

rude: difficile, pénible; ici, sans finesse, sans éducation

Il se plaignait ainsi et s'abandonnait à la tristesse. Un soir, comme les moines s'amusaient en conversant, il a entendu l'un d'eux raconter l'histoire d'un religieux qui ne savait réciter autre chose qu'Ave Maria. Ses frères se moquaient de lui à cause de son ignorance. Mais quand il est mort, il lui est sorti de la bouche cinq roses en l'honneur du nom de Marie, et c'est ainsi qu'il a été manifesté qu'il était saint.

se plaindre: regretter

En écoutant ce récit, Barnabé s'est étonné une fois de plus de voir comme la Vierge était bonne; mais il n'a pas été consolé par l'exemple de cette mort si sainte, car son cœur était plein de zèle et il voulait servir la gloire de sa dame qui est aux cieux.

Il en cherchait le moyen sans pouvoir le trouver et il devenait de plus en plus triste chaque jour, quand un matin, s'étant réveillé tout joyeux, il a couru à la chapelle et y a demeuré seul pendant plus d'une heure. Il y est retourné après le dîner.

demeurer: rester; passer du temps

Et, à compter de ce moment,[6] il allait chaque jour dans cette chapelle, à l'heure où elle était déserte, et il y passait une grande partie du temps que les autres moines consacraient aux arts libéraux et aux arts mécaniques. Il n'était plus triste et il ne se plaignait plus.

Une telle façon de se conduire a éveillé la curiosité des moines.

éveiller: réveiller; tirer du sommeil

On se demandait, dans la communauté, pourquoi le frère Barnabé faisait des retraites si fréquentes.

Le prieur, dont le devoir est de ne rien ignorer de ce que font ses religieux, a résolu d'observer Barnabé pendant ses solitudes. Un jour que celui-ci était enfermé, comme à son ordinaire, dans la chapelle, le prieur est venu, accompagné de deux anciens du monastère, observer, par la porte, ce qui se passait à l'intérieur.

Ils ont vu Barnabé qui, devant la statue de la sainte Vierge, la tête en bas, les pieds en l'air, jonglait avec ses six sphères. Il faisait, en l'honneur de la sainte Mère de Dieu, les tours qui lui avaient valu le plus de louanges. Ne comprenant pas que cet homme simple mettait ainsi son talent et son savoir au service de la sainte Vierge, les deux anciens criaient au sacrilège.

Le prieur savait que Barnabé avait l'âme innocente; mais il croyait qu'il était devenu fou. Ils étaient sur le point, tous trois, de le tirer de la chapelle, quand ils ont vu la sainte Vierge descendre pour venir essuyer de son manteau bleu la sueur qui tombait de la figure de son jongleur.

la sueur: la transpiration; gouttes de liquide qui sortent de la peau après un grand effort

[6] **à compter de ce moment:** depuis ce moment.

Alors le prieur, se mettant à genoux et le visage par terre, a récité ces paroles:

—Heureux les simples, car ils verront Dieu! [1]

—Amen, ont répondu les anciens, qui s'étaient mis eux aussi à genoux.

[1] Mathieu 5: 8.

Questions

1. Où le jongleur trouva-t-il une foule de spectateurs?
2. Comment attira-t-il l'intérêt des enfants?
3. Que fit-il pour que la foule fasse tomber la monnaie sur le tapis?
4. Qu'est-ce que l'auteur vous fait penser de l'intelligence de Barnabé?
5. Quelle espérance le soutenait-il?
6. Décrivez le caractère de Barnabé.
7. Décrivez sa vie comme jongleur.
8. Qu'est-ce qui manquait souvent à Barnabé?
9. Parlez de sa renommée.
10. Que toucha la moine en Barnabé?
11. Pourquoi Barnabé était-il triste au couvent?
12. Que fit-il enfin pour honorer la Vierge?
13. Que pensa le prieur en voyant les actes de Barnabé à la chapelle?
14. Pourquoi n'empêcha-t-il pas Barnabé de continuer?
15. Qu'est-ce que le prieur a récité?

La Cité des Papes

✎ *Qui n'a pas vu Avignon au temps des Papes n'a rien vu*

Au commencement du XIVᵉ siècle, Avignon, au lieu de Rome, devint la résidence du pape. Après soixante-dix ans environ (1309–1377), le pape retourna à Rome. La culture du mûrier[1] et l'élevage[2] des vers à soie sont dûs au pape, qui les a introduits en France. C'est l'origine de l'industrie de la soie qui devait faire plus tard la fortune de Lyon.

Dans le passage suivant Georges de Mire nous parle d'Avignon en nous décrivant ses monuments et en nous racontant un peu de son histoire.

LA CITÉ DES PAPES
par Georges de Mire

C'est par la Porte du Rhône qu'il faut pénétrer dans Avignon. Là, au bord du Rhône, près du pont Saint-Bénezet, la ville se dresse ronde, dorée, parfaite. Couronnée de remparts et de tours couleur de feuille sèche, elle est belle comme une enluminure, appétissante comme un pâté en croûte.[3]

se dresser: être construit; se tenir droit

C'est à un ange qu'Avignon doit son pont célèbre. Ange prévoyant,[4] ange judicieux qui mériterait bien une statue. Il apparut un jour au jeune pâtre[5] Bénézet en 1177, lui ordonna brièvement de construire un pont sur le Rhône, le conduisit à l'endroit où il devrait s'élever, puis, disparut. En douze ans Bénézet réussit à faire construire le pont d'Avignon. C'était le seul qui franchit le Rhône, depuis la mer. En quelques années la voie commerciale entre l'Espagne et l'Italie passa par Avignon qui, prospère depuis des millénaires,[6] vit encore augmenter son importance par l'affluence des pèlerins, marchands et caravanes.

franchir: passer au-dessus ou au travers de

Du pont qui reliait le Comtat Venaissin au Languedoc, Avignon à Villeneuve, il ne reste plus que trois arches. Le Rhône a peu à peu grignoté,[7]

relier: réunir; joindre

---

[1] **le mûrier:** un arbre dont les feuilles servent à nourrir les vers à soie.
[2] **l'élevage** *m.*: le soin, l'entretien de certains animaux.
[3] **un pâté en croute:** un plat de charcuterie enrobé dans une pâte pâtissière et dorée.
[4] **prévoyant:** qui pense à l'avenir; qui prépare l'avenir.
[5] **un pâtre:** celui qui mène les moutons au pâturage et les surveille.
[6] **millénaires:** des milliers d'années.
[7] **grignoté:** mangé à petits coups de dents; rongé.

emporté le reste. Etroit, construit pour des files de piétons[8] et de cavaliers, ce pont n'a jamais, quoi qu'en dise la chanson, servi de "dancing" aux Avignonnais. C'est dans l'île au-dessous des arches qu'on dansait en rond.

D'ailleurs les abords du pont étaient sévèrement gardés et, Avignon, relais[9] commercial prospère, acquit bientôt une toute autre importance en devenant la résidence des papes qui en firent, pendant trois quarts de siècle, la capitale de toute la chrétienté.

C'est d'ailleurs une étrange histoire que celle des sept papes français qui firent d'Avignon le centre du monde chrétien. Au XIVe siècle, la péninsule italienne, plus encore que la France, se divisait à l'extrême. Rome même était déchirée par des factions rivales qui guerroyaient,[10] cherchant par intrigues ou menaces à faire élire un pape qui soutint leur cause. L'indépendance spirituelle du Saint-Siège[11] était menacée et, pour la sauvegarder, les papes durent s'interdire le séjour de Rome et s'astreindre[12] à une vie errante.

En 1305 un conclave réuni à Pérouse éleva au pontificat, sous le nom de Clément V, un Français, Bertrand de Got, archevêque de Bordeaux. C'était un grand malade, et malgré le remède coûteux qu'il absorbait (des émeraudes pulvérisées) il ne parvint jamais à se guérir. Couronné à Lyon, en présence des rois de France et d'Aragon, il ne chercha pas à regagner Rome, mais erra de ville en ville, dans le Bordelais, en Poitou, avant de se fixer le 9 mars 1309, dans le Comtat Venaissin. Ce jour-là commença ce que les historiens italiens appelèrent "la captivité de Babylone."

Six papes succédèrent à Clément V. Tous, sauf un, Clément VI, s'étaient toujours tournés vers Rome avec une certaine nostalgie, et quand Catherine de Sienne vint prier Grégoire XI de retourner à Rome, le souverain pontife décida sans hésiter à regagner la Ville Eternelle, et le 17 janvier 1377 la galère papale[13] abordait aux portes de Rome. Ainsi se terminait le rôle glorieux d'Avignon.

Mais de ce temps, il reste un témoin gigantesque: c'est le Palais des Papes. Colosse blanc, forteresse sévère, son énorme masse domine toute la ville de son poids écrasant.[14] C'est de l'Est qu'il faut le voir. La façade irrégulière, haute par endroits de plus de 50 mètres, a, de ce côté, 170 mètres de longueur. Aux tours succèdent des murs que renforcent d'innombrables arcs de décharge,[15] aux hauteurs variées comme les tuyaux d'un orgue.

Cette forteresse, bâtie sur un roc très dur que des agresseurs n'auraient pu ni miner[16] ni saper,[17] comporte en fait deux palais: la citadelle puissante

cavaliers: ceux qui montent des chevaux, qui vont à cheval

s'interdire: se refuser le droit de

parvenir: arriver; atteindre

aborder: ici, arriver à

un témoin: quelqu'un qui a vu ou a entendu

un tuyau: un conduit, en forme de tube, plus ou moins large, destiné à l'écoulement d'une matière liquide ou gazeuse
comporter: être formé de; être composé de

[8] files de piétons: suites de personnes à pied, les unes derrière les autres.
[9] un relais: une étape; un arrêt le long d'un parcours, où l'on peut se reposer, changer de monture.
[10] guerroyer: faire la guerre par petites attaques.
[11] Saint-Siège: Capitale du chef de l'Eglise catholique; gouvernement de ce chef.
[12] s'astreindre: s'obliger à, se contraindre à.
[13] la galère papale: le bateau du pape (mu par des rames).
[14] son poids écrasant: sa lourdeur énorme.
[15] arcs de décharge: dans une construction, pièces en forme d'arcs en bois, en métal ou en pierre, placées pour en soutenir d'autres.
[16] miner: creuser (faire une cavité) profondément.
[17] saper: creuser pour détruire.

L'architecture du palais des papes, à Avignon, révèle toujours l'influence des châteaux forts. Chaque année, dans la grande cour du palais, on met en scène de magnifiques représentations théâtrales. *(Bulloz)*

et austère qu'on appelle aujourd'hui le Palais Vieux et, plus accueillant, le Palais Neuf. Il comporte deux ailes majestueuses largement étalées. L'aile Sud abrite la "Grande Audience," magnifique salle aux deux nefs ogivales, où siégeait[18] autrefois le Tribunal de "la Rote."[19] Un pompeux escalier mène à la Chapelle Clémentine, large comme la nef d'Amiens. Dans l'aile Ouest, ou aile "des Dignitaires," l'étroite galerie du Conclave surprend par son élégance légère.

A Avignon même, tant de choses restent à voir. Entre 1377 et 1791, date de sa réunion à la France, la ville, administrée par des "Grands-Légats" des "Cardinaux-Légats" ou des "Vice-Légats," perdit de son importance et de son prestige mais continua à se couvrir de demeures et d'églises dont certaines sont fort curieuses.

Il y a aussi des curiosités d'un autre genre: des hôtels, des maisons splendides et des rues particulièrement belles ou pittoresques, des rues-musées comme la rue des Grottes, le début de la rue du Roi-René ou la rue des Teinturiers. Et sur une placette[20] ravissante, il y a l'église Saint-Didier où furent récemment découvertes de magnifiques fresques du XIVe siècle. C'est grâce à sa bicyclette que le curé de Saint-Didier détecta les fresques. Il la rangeait tous les jours dans l'église contre un mur. Le guidon frottant le plâtre, finit par l'user. Sous le badigeon,[21] des couleurs apparurent. Alertant les autorités qui frottèrent dès lors avec enthousiasme et méthode, le prêtre vit peu à peu surgir sur les murs de son église une série de chefs-d'œuvre.

Ce ne sont pas les chefs-d'œuvre qui manquent dans Avignon. Ses citoyens, fiers de leur passé, s'efforcent passionnément d'en sauvegarder les richesses, témoins d'un destin unique.

Réalités, juin, 1953.

accueillant: qui reçoit aimablement
une aile: partie du corps d'un oiseau qui sert à voler; en architecture, partie qui semble se détacher du corps principal d'une construction
étalé: étendu en nappe; déployé
surprendre: arriver sans être attendu; en surprise; ici, étonner

ranger: mettre en bonne place
le guidon: appareil que l'on meut dans un véhicule pour le guider, pour donner la direction
dès lors: depuis le moment où; à partir de ce moment

Questions

1. A quelle époque Avignon fut-il la résidence des papes?
2. Où se trouve Avignon?
3. A quoi Avignon doit-il son pont?
4. Quelle autre histoire avons-nous lu de cette sorte?
5. Que reste-t-il de ce pont?
6. Où dansait-on vraiment?
7. Combien de papes résidèrent-ils à Avignon?
8. Quel musée national reste-t-il de cette époque à Avignon?
9. Que découvrit-on récemment à l'église de Saint-Didier à Avignon?
10. Par quel heureux hasard fit-on cette découverte?

[18] **siéger**: résider; prendre place.
[19] "La Rote" est une jurisdiction de Rome composée de douze juges ecclésiastiques appelés "auditeurs de rote."
[20] **une placette**: petite place; carrefour de plusieurs voies dans une ville ou dans un village.
[21] **le badigeon**: matière qui a été déposée sur une surface avec un pinceau.

La Mule du pape

❧ Rien n'est fait, tant qu'il reste à faire

QUAND ON mentionne à un Français le nom d'Alphonse Daudet, il vient à ses yeux une lumière et à ses lèvres un sourire. Pourquoi? Parce que c'est un des écrivains les plus charmants du XIXe siécle, qui plaît par son exquise sensibilité, son esprit quelquefois railleur, son style délicat, expressif, clair et alerte. Il a écrit une charmante fantaisie imprégnée d'ironie.[1] Si les Français aiment leur littérature, ils affectionnent paritculièrement Alphonse Daudet.

LA MULE DU PAPE
par Alphonse Daudet

QUI N'A pas vu Avignon au temps des Papes n'a rien vu. Pour la gaieté, la vie, l'animation, le train des fêtes, jamais on ne vit de ville pareille. C'étaient, du matin au soir, des processions, des pèlerinages, des rues jonchées de fleurs,[2] des arrivées de cardinaux sur le Rhône, bannières au vent, galères pavoisées,[3] les soldats du Pape qui chantaient du latin sur les places, les crécelles[4] des frères quêteurs,[5] le concert des cloches, et toujours quelques tambourins qu'on entendait résonner, là-bas, du côté du pont. Car chez nous, quand le peuple est content, il faut qu'il danse, il faut qu'il danse; sur le pont d'Avignon, au vent frais du Rhône, jour et nuit l'on y dansait, l'on y dansait . . . Ah! l'heureux temps! l'heureuse ville! Jamais de disette[6]; jamais de guerre. Voilà comment les Papes du Comtat savaient gouverner leur peuple; voilà pourquoi leur peuple les a tant regrettés!

Il y en a un surtout, un bon vieux, qu'on appelait Boniface. Oh! celui-là, que de larmes on a versées en Avignon quand il est mort! C'était un prince si aimable, si avenant! Un vrai pape d'Yvetôt, mais d'un Yvetôt de Provence, avec quelque chose de fin dans le rire, un brin de marjolaine[7] à sa barrette,[8]

la cloche: un instrument creux, en bronze, utilisé souvent dans les églises et dont on tire des sons en agitant un battant à l'intérieur

verser faire couler

avenant: aimable; accueillant

un brin: une très petite branche

---

[1] **imprégné d'ironie:** pleine d'ironie.
[2] **jonché de fleurs:** où des fleurs sont répandues.
[3] **pavoisé:** garni; décoré.
[4] **une crécelle:** un objet en bois que l'on fait tourner, et dont le bruit attire l'attention.
[5] **un quêteur:** celui qui sollicite et recueille des dons.
[6] **une disette:** le manque général de nourriture dans une région, dans une ville.
[7] **la marjolaine:** une plante aromatique.
[8] **une barrette:** un bonnet ecclésiastique, généralement noir.

et pas la moindre Jeanneton.[9] La seule Jeanneton qu'on lui ait jamais connue, à ce bon père, c'était sa vigne —une petite vigne qu'il avait plantée lui-même, à trois lieues d'Avignon, dans les myrtes[10] de Châteauneuf.

Tous les dimanches, en sortant de vêpres,[11] le digne homme allait lui faire sa cour; et quand il était là-haut, assis au bon soleil, sa mule près de lui, ses cardinaux tout autour étendus aux pieds des souches,[12] alors il faisait déboucher un flacon de vin du cru,[13] —ce beau vin, couleur de rubis, qui s'est appelé depuis le Château-neuf-du-Pape, —et il le dégustait par petits coups, en regardant sa vigne d'un air attendri. Puis, le flacon vide, le jour tombant, il rentrait joyeusement à la ville, et, lorsqu'il passait sur le pont d'Avignon, au milieu des tambours et des farandoles,[14] sa mule, mise en train[15] par la musique, prenait un petit amble[16] sautillant.

Après sa vigne de Châteauneuf, ce que le pape aimait le plus au monde, c'était sa mule. C'était une belle mule noire mouchetée[17] de rouge, le pied sûr, le poil luisant, la croupe large et pleine, portant fièrement sa petite tête sèche toute harnachée[18] de pompons, de nœuds, de grelots d'argent, de bouffettes[19]; avec cela, douce comme un ange. Tout Avignon la respectait, car chacun savait que c'était le meilleur moyen d'être bien en cour, et qu'avec son air innocent, la mule du Pape en avait mené plus d'un à la fortune, à preuve Tistet Védène.

Ce Tistet Védène était, dans le principe, un effronté galopin,[20] que son père avait été obligé de chasser de chez lui, parce qu'il ne voulait rien faire. Ce drôle avait depuis longtemps son idée sur la mule du Pape, et vous allez voir que c'était quelque chose de malin.

Un jour que sa Sainteté se promenait toute seule sous les remparts avec sa bête, voilà mon Tistet qui l'aborde, et lui dit en joignant les mains d'un air d'admiration:

—Ah mon Dieu! grand Saint-Père, quelle brave mule vous avez là! Laissez un peu que je la regarde. Ah!! mon Pape, la belle mule! L'empereur d'Allemagne n'en a pas une pareille.

Et il la caressait, et il lui parlait doucement comme à une demoiselle:

—Venez ça, mon bijou, mon trésor, ma perle fine.

Et le bon Pape, tout ému, se disait dans lui-même:

—Quel bon petit garçonnet! Comme il est gentil avec ma mule!

Et le lendemain voilà Tistet au service du Pape.

[9] **pas la moindre Jeanneton:** pas la moindre petite amie.
[10] **le myrte:** une petite plante à fleurs blanches, d'odeur agréable.
[11] **les vêpres** *f.*: cérémonies religieuses ayant lieu l'après-midi.
[12] **une souche:** vieux pied de vigne.
[13] **le cru:** le pays d'origine d'un produit quelconque, mais surtout d'un vin.
[14] **la farandole:** une file de gens, sautant, dansant, en se tenant par les mains, les uns les autres.
[15] **mise en train:** entraînee par.
[16] **amble:** quand un animal court et bouge les deux jambes du même côté en même temps.
[17] **moucheté:** marqué de taches de différentes couleurs.
[18] **harnaché:** équipé, en parlant d'un cheval, d'un âne, d'une mule, pour porter quelqu'un ou tirer une voiture; ici, plus spécialement, décoré.
[19] **les bouffettes** *f.*: genre de pompons, de nœuds.
[20] **un effronté galopin:** un gamin sans respect, qui n'a peur de rien.

une lieue: ancienne mesure pour les distances

déboucher: ouvrir, en enlevant un bouchon
déguster: absorber, par petites quantités en jouissant de chacune d'elle, une chose délectable
attendri: ému de satisfaction

luisant: brillant
la croupe: la partie postérieure de l'animal
un nœud: un enlacement serré, généralement décoratif, fait avec des rubans, des cordons, etc.
un grelot: une petite balle creuse, de métal contenant un petit morceau dur qui la fait résonner quand on l'agite

malin-maligne: rusé

un bijou: un objet de valeur

Une fois au service du Pape, le drôle continua le jeu qui lui avait si bien réussi. Insolent avec tout le monde, il n'avait d'attentions ni de prévenances[21] que pour la mule.

Tant et tant qu'à la fin le bon Pape, qui se sentait devenir vieux, en arriva à lui laisser le soin de veiller sur l'écurie et de porter à la mule son bol de vin à la française; ce qui ne faisait pas rire les cardinaux.

Ni la mule non plus, cela ne faisait pas rire. Maintenant, à l'heure de son vin, elle voyait toujours arriver chez elle cinq ou six petits clercs de maîtrise[22] qui se fourraient[23] vite dans la paille, puis, au bout d'un moment, une bonne odeur chaude de caramel et d'aromates emplissait l'écurie, et Tistet Védène apparaissait portant avec précaution le bol de vin à la française. Alors le martyre de la pauvre bête commençait.

La belle liqueur de flamme rose, qu'elle aimait tant, s'en allait toute dans le gosier[24] de ces garnements.[25]

Puis, ce vaurien de Tistet lui jouait de si vilains tours! Il avait de si cruelles inventions après boire!

Est-ce qu'un jour il ne s'avisa pas de la faire monter avec lui au clocheton[26] de la maîtrise, là-haut, tout là-haut, à la pointe du palais! Et ce que je vous dis là n'est pas un conte, deux cent mille Provençaux l'ont vu. Vous figurez-vous la terreur de cette malheureuse mule, lorsque, après avoir tourné pendant une heure à l'aveuglette[27] dans un escalier en colimaçon[28] et grimpé je ne sais combien de marches, elle se trouva tout à coup sur une plate-forme éblouissante de lumière, et qu'à mille pieds au-dessous d'elle, elle aperçut tout un Avignon fantastique, les baraques du marché pas plus grosses que des noisettes,[29] les soldats du Pape devant leur caserne comme des fourmis rouges, et là-bas, sur un fil d'argent, un petit pont microscopique où l'on dansait, où l'on dansait.

—Qu'est-ce qu'il y a? qu'est-ce qu'on lui fait? s'écria le bon Pape en se précipitant sur son balcon.

Tistet Védène était déjà dans la cour, faisant mine de pleurer et de s'arracher les cheveux:

—Ah! grand Saint-Père, ce qu'il y a! Il y a que votre mule . . . Mon Dieu! qu'allons-nous devenir? Il y a que votre mule est montée dans le clocheton.

—Toute seule???

—Oui, grand Saint-Père, toute seule.

—Miséricorde! fit le pauvre Pape en levant les yeux. Mais elle est donc devenue folle! Mais elle va se tuer. Veux-tu bien descendre, malheureuse!

[21] **la prévenance**: soins attentives données sans attendre qu'on les demande.
[22] **la maîtrise**: une sorte de classe pour les petits chanteurs de l'église.
[23] **se fourrer**: se cacher dans quelque place.
[24] **le gosier**: la gorge; le commencement de l'appareil digestif.
[25] **un garnement**: un gamin mal élevé.
[26] **le clocheton**: extrémité supérieure d'une église, d'un bâtiment.
[27] **à l'aveuglette**: sans bien voir.
[28] **en colimaçon**: en tournant en spirale.
[29] **les noisettes** f.: petits fruits entourés d'une cosse dure et de la grosseur des billes.

Pécaïre![30] elle n'aurait pas mieux demandé, elle, que de descendre; mais par où?

—Ah! bandit, si j'en réchappe, quel coup de sabot demain matin!

Cette idée de coup de sabot lui redonnait un peu de cœur au ventre[31]; sans cela elle n'aurait pas pu se tenir. Enfin on parvint à la tirer de là-haut; mais ce fut toute une affaire. Il fallut la descendre avec un cric,[32] des cordes, une civière.[33] Et vous pensez, quelle humiliation pour la mule d'un pape de se voir pendue à cette hauteur, nageant des pattes dans le vide comme un hanneton[34] au bout d'un fil! Et tout Avignon qui la regardait.

La malheureuse bête n'en dormit pas de la nuit. Il lui semblait toujours qu'elle tournait sur cette maudite plate-forme, avec les rires de la ville au-dessous; puis elle pensait à cet infâme Tistet Védène et au joli coup de sabot qu'elle allait lui détacher le lendemain matin. Ah! mes amis, quel coup de sabot! De Pampérigouste on en verrait la fumée. Or, pendant qu'on lui préparait cette belle réception à l'écurie, savez-vous ce que faisait Tistet Védène? Il descendait le Rhône en chantant sur une galère papale et s'en allait à la cour de Naples avec la troupe de jeunes nobles que la ville envoyait tous les ans près de la reine Jeanne pour s'exercer à la diplomatie et aux belles manières. Tistet n'était pas noble; mais le Pape tenait à le récompenser des soins qu'il avait donnés à sa bête, et principalement de l'activité qu'il venait de déployer pendant la journée du sauvetage.

C'est la mule qui fut désappointée le lendemain!

—Ah! le bandit! il s'est douté de quelque chose! pensait-elle en secouant ses grelots avec fureur; mais c'est égal, va, mauvais! tu le retrouveras au retour, ton coup de sabot; je te le garde!

Et elle le lui garda.

Après le départ de Tistet, la mule du Pape retrouva son train de vie tranquille et ses allures d'autrefois. Les beaux jours du vin à la française étaient revenus, et avec eux la bonne humeur, les longues siestes, et le petit pas de gavotte[35] quand elle passait sur le pont d'Avignon.

Sept ans se passèrent ainsi; puis au bout de ces sept années, Tistet Védène revint de la cour de Naples. Son temps n'était pas encore fini là-bas; mais il avait appris que le premier moutardier[36] du Pape venait de mourir subitement en Avignon, et, comme la place lui semblait bonne, il était arrivé en grande hâte pour se mettre sur les rangs.

—Comment! grand Saint-Père, vous ne me reconnaissez plus? C'est moi Tistet Védène!

réchapper: être sauvé de
donner un coup de sabot: frapper avec le sabot du pied de la mule

maudite: très mauvaise; une malédiction

déployer: montrer avec insistance
le sauvetage: intervention qui tire quelqu'un d'un péril, d'un danger
se douter de: soupçonner quelque chose
c'est égal: cela ne fait rien

---

[30] **pécaïre**: exclamation provençale exprimant la pitié.
[31] **le cœur au ventre**: le courage.
[32] **un cric**: une machine à manivelle pour soulever des choses lourdes.
[33] **une civière**: un appareil formé d'une toile très épaisse montée sur brancards pour transporter les blessés, les malades.
[34] **un hanneton**: insecte herbivore, vorace et nuisible pour les récoltes, les moissons.
[35] **un pas de gavotte**: danse ancienne simple et gracieuse.
[36] **un moutardier**: le moutardier du pape était considéré comme ayant une fonction très importante qui lui donnait de l'orgueil.

—Védène?

—Mais oui, vous savez bien, celui qui portait le vin français à votre mule.

—Ah! oui, oui, je me rappelle. Un bon garçonnet, ce Tistet Védène! Et maintenant, qu'est-ce qu'il veut de nous?

—Oh! peu de chose, grand Saint-Père . . . Je venais vous demander. . . A propos, est-ce que vous l'avez toujours, votre mule? Et elle va bien? Ah! tant mieux! Je venais vous demander la place du premier moutardier qui vient de mourir.

—Premier moutardier, toi! Mais tu es trop jeune. Quel âge as-tu donc?

—Vingt ans deux mois, illustre pontife, juste cinq ans de plus que votre mule. Ah! la brave bête! Est-ce que vous ne me la laisserez pas voir?

—Si, mon enfant, tu la verras, fit le bon Pape tout ému. Et puisque tu l'aimes tant, cette brave bête, je ne veux plus que tu vives loin d'elle. Dès ce jour, je t'attache à ma personne en qualité de premier moutardier. Viens nous trouver demain, à la sortie de vêpres, nous te remettrons les insignes de ton grade en présence de notre chapitre,[37] et puis je te mènerai voir la mule, et tu viendras à la vigne avec nous deux, hé! hé! Allons! va.

ému: troublé par une émotion; un attendrissement

la sortie: l'issue; l'endroit par où l'on sort

Tistet Védène était content. Pourtant il y avait dans le palais quelqu'un de plus heureux encore et de plus impatient que lui: c'était la mule. Depuis le retour de Védène jusqu'aux vêpres du jour suivant, la terrible bête ne cessa de se bourrer[38] d'avoine[39] et de tirer au mur avec ses sabots de derrière. Elle se préparait pour la cérémonie.

bourrer: accumuler en tassant

Et donc, le lendemain, lorsque vêpres furent dites, Tistet Védène fit son entrée dans la cour du palais papal. Tout le haut clergé était là, et c'était une belle ordination! Des cloches, des pétards,[40] du soleil, de la musique, et toujours ces enragés de tambourins qui menaient la danse, là-bas, sur le pont d'Avignon.

Quand Védène parut au milieu de l'assemblée, sa prestance[41] et sa belle mine y firent courir un murmure d'admiration. Sitôt entré, le premier moutardier salua d'un air galant, et se dirigea vers le haut perron,[42] où le Pape l'attendait pour lui remettre les insignes de son grade: la cuiller de buis[43] jaune et l'habit de safran. La mule était au bas de l'escalier, toute harnachée et prête à partir pour la vigne. Quand il passa près d'elle, Tistet Védène eut un bon sourire et s'arrêta pour lui donner deux ou trois petites tapes amicales sur le dos, en regardant du coin de l'œil si le Pape le voyait. La position était bonne. La mule prit son élan:[44]

la mine: la physionomie; le visage

[37] **le chapitre:** assemblée d'ecclésiastiques dans une communauté religieuse.
[38] **se bourrer:** manger en grande quantité.
[39] **avoine** *f.*: plante à grains (comme le blé) très utilisée pour la nourriture des chevaux, des ânes.
[40] **le pétard:** petite pièce que l'on fait exploser avec bruit.
[41] **la prestance:** l'attitude; le maintien.
[42] **le perron:** entrée surélevée d'une maison; petite terrasse où l'on arrive en montant des marches.
[43] **le buis:** petit arbrisseau qui peut cependant atteindre 5 mètres de haut et dont le bois alors est d'un grain très fin et très dur.
[44] **prendre son élan:** se préparer à se jeter avec force.

—Tiens! attrape, bandit! Voilà sept ans que je te le garde!

Et elle vous lui détacha un coup de sabot si terrible, si terrible, que de Pampérigouste même on en vit la fumée, un tourbillon de fumée blonde où voltigeait[45] une plume d'ibis[46]; tout ce qui restait de l'infortuné Tistet Védène!

Les coups de pied de mule ne sont pas aussi foudroyants[47] d'ordinaire; mais celle-ci était une mule papale; et puis, pensez donc! elle le lui gardait depuis sept ans. Il n'y a pas de plus bel exemple de rancune ecclésiastique.

la rancune: souvenir désagréable que l'on garde contre quelqu'un, contre quelque chose qui vous a fait mal

Questions

1. Décrivez l'Avignon qu'on voyait au temps des papes.
2. Pourquoi le peuple a-t-il regretté les papes d'Avignon?
2. Après sa vigne, qu'est-ce que le bon vieux pape Boniface aimait le plus?
3. Quel vin le pape dégustait-il par petits coups?
4. Lorsqu'il rentrait à Avignon que faisait sa mule en passant sur le pont d'Avignon?
5. Quel était le meilleur moyen d'être bien en cour?
6. Pourquoi le père de Tistet Védène avait-il été obligé de le chasser de chez lui?
7. Comment Tistet parvint-il au service du pape Boniface?
8. Quel soin le pape a-t-il laissé à Tistet?
9. Qui buvait le bon vin à la française préparé pour la mule?
10. Quel mauvais tour Tistet joua-t-il un jour à la mule?
11. Décrivez la terreur de la mule sur la plate-forme.
12. Que voyait-elle de cette plate-forme?
13. Comment a-t-on pu faire descendre la mule?
14. Pourquoi Tistet est-il allé à la cour de Naples?
15. Qu'est-ce que la mule se promet de garder?
16. Combien de temps a-t-il fallu qu'elle garde cette promesse?
17. Pourquoi Tistet est-il revenu de la cour de Naples?
18. Quels étaient les insignes du premier moutardier?
19. Quel est le plus bel exemple du monde de rancune ecclésiastique d'après ce conte de Daudet?
20. Qu'est-ce qui resta de l'infortuné Tistet Védène?

[45] **voltiger:** se déplacer dans l'air à la façon d'un insecte, d'un papillon.
[46] **ibis** *m.*: un oiseau à hautes jambes, au bec long et courbé, réputé pour détruire les serpents.
[47] **foudroyant:** agissant comme la foudre, avec violence et brutalité.

Le Style Gothique du Moyen Age

🦋 *Dieu nous donne des mains, mais il ne fait pas les ponts*

UNE DES plus grandes richesses du Moyen Age, le style gothique des cathédrales, est un style particulièrement français. Il fit son apparition[1] dans les régions du nord de la France et fut inventé par un architecte inconnu.

Les architectes italiens traitaient[2] ce style de barbare et lui donnèrent le sobriquet "gothique," tandis que son vrai nom est "style ogival."

C'est un art d'inspiration surtout religieuse, car l'époque était profondément croyante et les meilleurs architectes, sculpteurs et peintres travaillaient pour l'Eglise.

Tout dans la cathédrale gothique élève les idées et exalte le sentiment: l'élévation vertigineuse des voûtes, la mystérieuse profondeur des sanctuaires, l'obscure mais multicolore clarté des vitraux, les forêts de pinacles, les tours et les flèches légères et aériennes comme de la dentelle.

Entre le règne de Louis VII (1137–1180) et celui de saint Louis (1226–1270) beaucoup de chefs-d'œuvre de l'art gothique furent entrepris: Notre-Dame de Chartres (1140), Notre-Dame de Paris (1163), Saint-Gervais et Saint-Protais de Soissons (1175), Notre-Dame de Strasbourg (1176), Notre-Dame de Reims (1211), Notre-Dame d'Amiens (1220), Saint-Pierre de Beauvais (1247), Saint-Etienne de Bourges (1275) et "le bijou" de l'art gothique, la Sainte-Chapelle de Paris (1242).

On dit de la Sainte-Chapelle qu'elle est l'exemple le plus parfait de ce style. Saint Louis la fit bâtir pour y déposer les reliques qu'il avait achetées à l'empereur latin de Constantinople, Baudouin II: un morceau de la vraie croix de Notre Seigneur, la lance qui le perça, l'éponge qui servit à lui donner à boire et la couronne d'épines. La Sainte-Chapelle est vide aujourd'hui, ses reliques faisant partie du trésor de Notre-Dame de Paris, mais ce vide

vertigineux—se: dont la grande hauteur donne une sensation de trouble d'équilibre, de vertige

les voûtes *f.*: travaux de maçonnerie cintrés sous lesquels on passe

la dentelle: tissue léger, à jour, formé de fils divers formant dessins

entreprendre: commencer

déposer: placer; mettre en bonne place

une éponge: substance légère et poreuse, qui retient l'eau

---

[1] **faire son apparition:** commencer à être visible, naître.
[2] **traiter:** qualifier.

Strasbourg; détail de la façade.

La Sainte-Chapelle. *(Bulloz)*

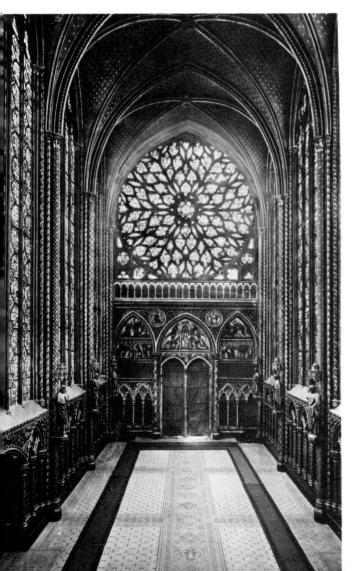

La Sainte-Chapelle, étage inférieur. *(Bulloz)*

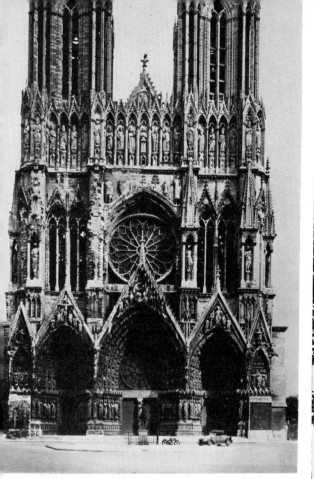

Cathédrale de Reims; la façade.

Cathédrale de Reims; l'abside.

Cathédrale de Chartres, peinture par Corot. *(Bulloz)*

met en relief les quinze vitraux qui sont les plus beaux du monde, leurs riches couleurs donnant au visiteur un éblouissement qu'il ne peut jamais oublier.

les vitraux *m.* : fenêtres garnies de morceaux de verre de couleurs variées, formant des dessins, des tableaux

un éblouissement : admiration visuelle d'une chose lumineuse ou très belle

Questions

1. Où le style gothique fit-il son apparition?
2. Quel est son vrai nom?
3. Qui traitait ce style de barbare?
4. Que fit ce style pour l'architecture religieuse?
5. Dans quels siècles sont nés les chefs-d'œuvre de l'art gothique?
6. Citez des édifices gothiques.
7. Lequel appelle-t-on "le bijou" de cet art?
8. Pourquoi saint Louis fit-il bâtir la Sainte-Chapelle?
9. Quelles reliques a-t-il achetées et à qui?
10. Où se trouvent ces reliques aujourd'hui?
11. Qu'est-ce qui éblouit les visiteurs à la Sainte-Chapelle?

La Cathédrale de Strasbourg

🎿 *Les jours se suivent et ne se ressemblent pas*

A STRASBOURG, la cathédrale Notre-Dame en grès[1] rose des Vosges est un magnifique joyau.[2] Au XIIe siècle, l'évêque Conrad Ier entreprit sa construction à l'emplacement d'un édifice datant du XIe siècle. La construction s'étendit sur plusieurs siècles, puisqu'elle n'a été complètement achevée qu'au XVIIIe siècle. La cathédrale fut très abîmée pendant la guerre de 1870, mais après l'entrée des Allemands dans la ville, les travaux de restauration furent immédiatement commencés. De 1908 à 1926 il y eut davantage de restaurations coûteuses, parce qu'on avait constaté que les fondations de l'époque gothique menaçaient de fléchir sous le poids de la masse et des années.

constater: se rendre compte de; prendre connaissance de

Pour protéger la cathédrale contre les dangers menaçants de la seconde guerre mondiale, on transporta les vitraux et les gobelins[3] en Dordogne. Les portails, la chaire, le baptistère, le pilier[4] des anges furent protégés par des sacs de sable. On mit en sûreté le mécanisme de l'horloge astronomique.

la chaire: l'estrade d'où parle un prédicateur, un professeur, un conférencier

une horloge: machine qui marque les heures

hisser: faire monter

Le 19 juin 1940 les Allemands hissaient le drapeau à croix gammée sur la cathédrale et tout culte y fut interdit,[5] mais le 23 novembre 1944, à l'immense joie de toute la population, le drapeau tricolore remplaçait victorieusement le drapeau allemand. Près de l'horloge astronomique fut placée, en avril 1947, et inaugurée par le général de Gaulle une inscription commémorant la glorieuse part des soldats américains à la libération de l'Alsace.

On ignore quand la première horloge astronomique, qui au XIVe siècle a dû être un chef-d'œuvre merveilleux, a cessé de fonctionner. Ses mouvements étaient depuis longtemps arrêtés, lorsqu'en 1547 un magistrat décida de la faire remplacer par une autre et de faire ériger celle-ci vis-à-vis de l'ancienne, à l'endroit que l'horloge occupe aujourd'hui. L'ouvrage fut terminé en 1574 et n'a cessé ses mouvements qu'en 1789.

ériger: construire

[1] **le grès:** une roche sédimentaire formée de grains de quartz réunis par un ciment siliceux ou calcaire, utilisée pour la construction.
[2] **un joyau:** un bijou.
[3] **les gobelins:** les tapisseries faites dans la fabrique célèbre des "Gobelins".
[4] **le pilier:** support vertical.
[5] **tout culte y fut interdit:** toutes les cérémonies religieuses furent défendues.

En 1836 le conseil municipal de Strasbourg décida la restauration du curieux monument et le travail, commencé en 1838, fut terminé en 1842. C'est un beau travail du XIXe siècle; le mécanisme est tout nouveau. Les pièces anciennes sont déposées à l'Oeuvre de Notre-Dame (un musée). Par une comparaison avec les pièces nouvelles, on peut juger à la fois des progrès de la science et du talent de l'artiste moderne.

L'horloge comprend un calendrier perpétuel avec toutes les fêtes mobiles, réglé automatiquement pour les années bissextiles. Elle indique les mouvements des planètes, les phases de la lune, les éclipses, le tout calculé avec une précision surprenante.

année bissextile: qui compte 366 jours au lieu de 365; arrive tous les 4 ans

Des statuettes animées défilent pour sonner les heures. Au premier coup de midi, on peut voir la Mort apparaître sur le cadran; c'est elle qui sonne les douze coups, tandis que les douze apôtres défilent devant le Christ qui lève la main pour les bénir et, pendant ce temps, un coq, dont les mouvements et la voix imitent la nature, bat des ailes et fait entendre trois fois son chant.

le cadran: surface de l'horloge portant les chiffres des heures
apôtre *m.*: chacun des disciples de Jésus-Christ
bénir: appeler la protection du ciel

Depuis plusieurs siècles cette horloge attire les curieux émerveillés. Tous les jours, à midi, surtout pendant la saison d'été, la place devant la grille de l'horloge est envahie par une foule de visiteurs qui désirent voir passer les apôtres et entendre chanter le coq.

émerveillé: plein d'admiration

Questions

1. Sur combien de siècles la construction de la cathédrale de Strasbourg s'étendit-elle?
2. Comment protégea-t-on la cathédrale pendant la seconde guerre mondiale?
3. Citez deux époques pendant lesquelles la ville de Strasbourg fut sous la domination des Allemands.
4. Qu'est-ce que des milliers de touristes vont voir chaque année dans la cathédrale de Strasbourg?
5. Racontez un peu l'histoire de cette merveille.
6. Qu'est-ce que le général de Gaulle a placé près de l'horloge astronomique.
7. Décrivez ce qu'on voit à midi quand l'horloge astronomique fonctionne.
8. Où se trouvent les anciens travaux?

Les murs de pierre rose de la cathédrale de Strasbourg se dressent au-dessus de la capitale de l'Alsace. Il fallut cinq siècles pour construire cette église monumentale. *(Bulloz)*

L'Horloge

A l' œuvre on connaît l'artisan

DANS BEAUCOUP d'églises du nord et de l'est de la France, les horloges possèdent des carillons, assemblages de cloches se déclenchant[1] aux heures et aux demi-heures pour accompagner de façon agréable et sonore les coups marquant les heures. Ces carillons ont été vraiment une science très prisée au Moyen Age, de même que les mécanismes compliqués qui animaient des personnages suivant l'heure et le jour indiqués sur le cadran. Comme nous l'avons déjà dit, la plus célèbre de ces horloges est celle de la cathédrale de Strasbourg.

Dans l'histoire suivante vous verrez comment une certaine horloge se revêtait d'un aspect macabre.

L'HORLOGE
Par Jean Richepin

AVEC SA voix grave et un peu fêlée,[2] au timbre mélancolique, dans l'air calme du soir qu'il déchirait d'un brusque sanglot, le premier coup de sept heures tinta au clocheton de l'hôtel de ville.

un sanglot: mouvement de la gorge précédant une crise bruyante de larmes

tinter: sonner légèrement; résonner

tel des: comme; semblables à des

Tels des soldats à l'exercice, et dont le geste automatique se déclenche sur un commandement, tous les promeneurs du Mail[3] firent halte, mirent la dextre[4] à leur gousset, tirèrent de ce gousset une montre, regardèrent l'heure au cadran de cette montre, remirent la montre dans leur gousset en hochant la tête tristement, et levèrent les bras au ciel.

Puis, d'une voix au timbre mélancolique comme celui de la cloche, presque avec des sanglots comme ceux qui continuaient à déchirer l'air calme du soir, ils se dirent les uns aux autres, en groupes éplorés:[5]

—Moi, je marque sept heures moins cinq.

—Moi, sept heures cinq.

[1] **se déclencher:** se mettre en mouvement.
[2] **un son fêlé:** déformé à cause d'une cassure dans la cloche.
[3] **le Mail:** promenade publique, garnie d'arbres et de bancs.
[4] **la dextre:** la main droite.
[5] **éploré:** triste; désolé.

—Moi, sept heures deux.

—Moi, sept heures moins trois.

—Moi, sept heures moins une minute.

—Moi, sept heures et une demi-minute.

Mais aucun, absolument aucun, ne marquait sept heures juste.

Et comme, à ce moment, apparaissait sur le Mail, se dirigeant vers l'église des Génovéfains, un vieil homme, tous les regards fusillèrent ce vieil homme de reproches qui, pour être silencieux, n'en étaient pas moins indignés, quelques-uns allant jusqu'à lui manifester non seulement de l'indignation, mais du mépris, et certains, même, une véritable horreur.

Ce vieil homme ne présentait pourtant rien, ni dans son allure,[6] ni dans sa physionomie, qui semblat pouvoir inspirer une antipathie aussi violente, aussi peu déguisée, aussi unanimement vengeresse.

Il était vêtu de la façon la plus décente, et qui dénotait le plus respectable des bourgeois. Ses souliers étaient gros, mais bien cirés. Son pantalon, un peu trop court, n'avait point de franges. Sa redingote,[7] un peu trop longue, n'en donnait que plus de majesté à sa haute taille. L'âge, d'ailleurs, n'avait pas courbé cette haute taille, que le vieil homme redressait avec cette fierté spéciale, apanage[8] d'une conscience droite.

Son visage, entièrement rasé, pâle sous de longs cheveux blancs, ne se contentait pas de respirer, comme on dit, l'honnêteté. Il la transpirait, positivement. Et les deux gouttes les plus lumineuses de cette vénérable transpiration, c'étaient les deux yeux du vieil homme, deux yeux de pur diamant, où resplendissaient à la fois l'exaltation d'un mystique, la candeur d'un enfant, la sérénité d'un patriarche et la vaillance d'un héros.

Quelles raisons secrètes pouvaient donc avoir tous les promeneurs du Mail, et, par leur muet truchement,[9] toute la ville, de manifester à ce vieil homme tant d'indignation, tant de mépris, voire[10] de l'horreur?

C'est ce qu'on va commencer à comprendre un peu, ou du moins à subodorer,[11] quand on saura que ce vieil homme était l'unique horloger de la petite ville, que toutes les horloges, pendules et montres de la petite ville étaient réglées par lui, qu'il les avait toujours fait marcher toutes admirablement pendant plus de trente années, et qu'à présent il les négligeait.

Mais pourquoi les négligeait-il à présent? Par quelle brèche[12] avait fui son honorabilité professionnelle en déroute? Comment en un plomb vil cet or pur s'était-il changé? Ah! voilà! C'est toute une histoire! Écoutez plutôt les réflexions des gens!

—Tenez, il va encore passer la nuit à l'église des Génovéfains.

---

[6] **l'allure** *f.*: le mantien; l'attitude.
[7] **une redingote**: veste longue, longtemps considérée comme vêtement de cérémonie.
[8] **un apanage**: possession particulière à quelqu'un.
[9] **le truchement**: intermédiaire; procédé; moyen.
[10] **voire**: et même; jusqu'à.
[11] **subodorer**: deviner.
[12] **une brèche**: une fuite; un passage; une fente

fusiller du regard: lancer de durs regards

le mépris: sentiment de manque d'estime

unanimement: avec ensemble; de la part de tout le monde
vengeur: éprouvant le besoin de punir
ciré: propre et brillant
la frange: fils dépassant les bords de vêtements usés ou mal entretenus
courber: plier; fléchir
sa haute taille: sa hauteur
entièrement rasé: tous les poils du visage coupés très proprement, très ras

la vaillance: l'ardeur; le courage

le plomb: métal lourd, de peu de valeur si on le compare à l'or

—Il en a pour jusqu'à demain matin avec sa folie.

—Alors, naturellement, pendant le jour, il n'en peut plus.

—Et il rhabille[13] les montres à la va-comme-je-te-pousse.[14]

—Et il dort sur les pendules, au lieu d'y veiller comme jadis.

—Même l'horloge de l'hôtel de ville, il ne s'en occupe point.

—Il n'a plus de soins que pour sa vieille détraquée de là-bas.

—Et à quoi bon, je vous le demande? Il est fou, archifou.[15]

—Bien sûr, puisque les plus malins y ont perdu leur latin.[16]

—Et il y perdra, lui, plus que son latin, je vous en réponds.

—D'abord, sa clientèle, n'est-ce pas? Ainsi, moi . . .

—Moi pareillement,[17] parbleu! Qu'il vienne seulement s'établir ici un autre horloger, et on verra bien, à la fin des fins.[18]

—Il en viendra un à la Saint-Jean. On me l'a affirmé.

—Tant pis pour le père Bringard! Il crèvera de faim.

—A moins qu'auparavant il ne soit assommé par sa vieille . . .

—Ça pourra bien lui arriver aussi. Il y a du danger, là-bas.

—Oh! non seulement du danger à cause des machines, vous savez!

—Oui, oui, je sais, à cause des légendes encore plus.

—Parfaitement. Est-ce vrai? N'est-ce pas vrai? Toujours est-il que nos pères n'étaient pas plus bêtes que nous, hein? Eh bien! ils croyaient, eux, et fermement, qu'on ne peut pas y toucher sans que ça vous porte malheur.

—N'empêche que voilà encore le vieux toqué[19] qui va courir le guilledou[20] toute la nuit avec sa damnée sorcière de vieille gueuse[21] d'horloge.

Car c'est d'une horloge qu'il s'agit. A l'église des Génovéfains est une antique horloge, de celles que fabriquaient au moyen âge de patients ouvriers, y consacrant leur existence entière, y multipliant les rouages,[22] les poulies, les poids, les contre-poids,[23] afin qu'aux heures de l'Angélus on y entendît chanter d'interminables et gais carillons, tandis que du cadran, ouvert comme un tabernacle, sortait Mme la Sainte-Vierge, à qui l'ange Gabriel faisait la révérence, et devant qui défilaient en lente procession Messeigneurs les saints apôtres, six à l'Angélus du matin, six à l'Angélus du soir, et les douze à l'Angélus du midi.

Or, elle était, et depuis des ans et des ans, autrement dire depuis toujours, elle était détraquée, l'antique horloge de l'église des Génovéfains. Et il y avait,

la pendule: l'horloge, mais mot réservé aux horloges d'intérieur des maisons

détraquée: qui est dérangée; qui n'est plus en bon état de marche

tant pis: cela ne nous inquiète pas
assommé: battu ou tué à l'aide d'un objet lourd

tandis que: alors que; au même moment

or: donc

---

[13] **il rhabille les montres:** il répare les montres.

[14] **à la va-comme-je-te-pousse:** sans y prendre grand soin; avec laisser-aller.

[15] **archifou:** complètement privé de raison.

[16] **puisque les plus malins y ont perdu leur latin:** puisque les plus habiles, les plus savants n'y ont rien compris.

[17] **pareillement:** comme; aussi.

[18] **à la fin des fins:** en conclusion; après tout.

[19] **le toqué:** à la raison ébranlée; à demi fou.

[20] **courir le guilledou:** expression familière pour s'amuser; se débaucher dans les lieux de mauvaise renommée.

[21] **un(e) gueux(se):** coquin, homme de peu valeur.

[22] **les rouages** *m.*: les ressorts; les diverses roues d'une machine.

[23] **les poids** *m.*; **les contrepoids** *m.*: corps pesants pendus aux chaînes d'une horloge.

en effet, là-dessus, des légendes: comme quoi le maître horloger qui l'avait construite n'en était venu à bout qu'avec l'aide du diable; comme quoi, après un certain temps révolu, le diable avait arrêté l'horloge; comme quoi le secret en était perdu pour toujours, et que malheur arrivait à quiconque voulait retrouver ce secret; et une ribambelle[24] d'histoires brodées[25] à ce propos par l'imagination populaire.

Certes, au jour d'aujourd'hui, on n'y croyait plus guère, à ces légendes et à ces histoires. Quelques-uns encore en parlaient, plutôt pour en rire. Mais le père Bringard, lui, n'en riait point. Et, à force d'y penser, après trente années de longues méditations, il avait fini par y croire.

Il croyait notamment ceci: que l'âme du maître horloger de jadis était captive du diable depuis que l'horloge ne marchait plus, et que cette pauvre âme serait délivrée quand, de nouveau, l'horloge marcherait.

Et, beaucoup grâce à cette charitable espérance, un peu aussi par orgueil de bon horloger, il s'était attelé[26] à la besogne[27] de raccommoder l'horloge, y mettant toute son ingéniosité patiente et toute sa foi.

Aux très rares amis qui lui restaient, et qui avaient pitié de sa folie, et qui essayaient de l'en guérir, il répondait avec assurance:

—J'y arriverai. J'ai déjà fait ceci, et cela. Encore un poids à trouver, exact, d'un métal particulier, et l'horloge marchera, vous verrez bien.

Cependant, il y employait tout son temps et ses nuits désormais, et négligeait toutes les horloges, pendules et montres de la ville, et devenait un objet d'indignation, de mépris, voire d'horreur, mais n'en avait cure, et redoublait d'efforts vers sa chimère,[28] voulant l'atteindre avant de mourir, et pensant chaque jour davantage être sur le point d'y atteindre, et, parmi les groupes hostiles, passait en répétant comme un refrain:

—Cette nuit j'aurai fini, sûrement. Ce sera pour demain, à midi. Demain, à midi, l'horloge marchera. Demain, à midi. Demain, à midi.

Et les jours se succédaient sans que marchât l'horloge. Et maintenant, les galopins suivaient le père Bringard dans les rues, en glapissant[29]:

—Hou! Hou! L'as-tu fait marcher, la Berlue[30]? Demain, à midi! Demain, à midi!

Et pourtant, voilà qu'un beau jour, à midi, du beffroi[31] des Génovéfains s'envola le carillon, ding, ding, don, chantant sa joyeuse chanson, tandis que du cadran de l'horloge, ouvert comme un tabernacle, sortait Mme la Sainte-Vierge, à qui l'ange Gabriel faisait la révérence, et devant qui défilaient

venir: à bout de: réussir; terminer

de nouveau: encore (après une interruption)
grâce à: à l'aide de
l'orgueil: la fierté; l'amour-propre
raccommoder: mettre à nouveau en bon état; réparer

désormais: depuis ce moment

s'envoler: partir dans l'air; dans l'espace

[24] **une ribambelle:** un grand nombre.
[25] **brodées:** ici, exagérées; ornées d'ajouts de détails inventés.
[26] **s'atteler:** se mettre à la tâche; vouloir réussir.
[27] **la besogne:** le travail.
[28] **une chimère:** un rêve; un espoir impossible à réaliser.
[29] **en glapissant:** en poussant des cris désagréables.
[30] **la Berlue:** le fou; l'homme qui a perdu son bon sens.
[31] **le beffroi:** la tour du clocher.

en lente procession Messeigneurs les douze apôtres.

Miracle! Miracle! On courait par toute la ville. On cherchait le père Bringard pour lui faire ovation. On criait que c'était la gloire du pays. On s'extasiait devant l'horloge ressuscitée. Des mécréants[32] en pleuraient de joie.

Mais le père Bringard n'entendait plus rien, ne voyait plus rien. A l'une des chaînes de l'horloge, en guise de poids, délivrant l'âme du maître ouvrier de jadis, faisant enfin marcher sa chérie, le vieil homme s'était pendu.

Questions

1. Comment tinta le premier coup de sept heures?
2. Que firent à ce moment-là les promeneurs?
3. Quels sentiments les gens manifestèrent-ils envers le vieil horloger?
4. Quel mot décrit particulièrement le caractère du vieil homme?
5. Qu'avait-il fait pendant trente ans?
6. Où va-t-il passer la nuit?
7. Pourquoi va-t-il perdre sa clientèle?
8. Comment les ouvriers du Moyan Age fabriquaient-ils les horloges?
9. Que voyait-on défiler devant les cadrans de ces horloges aux heures de l'Angélus?
10. A quelle légende le père Bringard, le vieil horloger, croyait-il?
11. Que répétait-il sans cesse?
12. Qu'arriva-t-il un jour à midi?
13. Qu'est devenu le vieil horloger?

---

[32] **un mécréant:** celui qui n'a pas de foi religieuse, qui ne croit pas en Dieu.

La "Douce France" en conflit

5

L'histoire de France est l'histoire d'une nation et de sa lutte pour la survivance. Pendant une centaine d'années, de 1337 à 1453, la France fut engagée dans une lutte pour son existence, pour sa libération de la condition humiliante de vassale de l'Angleterre. La fin victorieuse de ce conflit est un des accomplissements les plus passionnants de toute l'histoire de la France.

La guerre de Cent Ans fut un désastre pour les Français et pour leur économie. *(Giraudon)*

La Guerre de Cent Ans

🦋 *Un peu d'aide fait grand bien*

PHILIPPE IV, appelé le Bel, roi de France de 1285 à 1314 et petit-fils de saint Louis, fut le dernier roi fort de la lignée[1] capétienne. Il avait trois fils qui ne laissèrent que des filles et à cause de cette loi qui refusait aux femmes le droit d'hériter de la couronne de France, la royauté passa à une lignée cadette. Philippe de Valois, neveu de Philippe le Bel devint roi de France en 1328.

le cadet: qui vient après le frère ou la sœur plus âgé

De la dynastie capétienne, la France hérita un grand nombre de ses caractéristiques permanentes: sa cohésion territoriale, sa tendance à être absorbée par ses affaires propres et à négliger les affaires du monde extérieur, son choix de Paris comme capitale, l'hommage au roi, qui devait se transformer plus tard en hommage à la patrie et en amour de la Liberté.

la patrie: le pays où l'on est né

Peu de temps après le début du règne des Valois, qui n'avaient ni le caractère religieux ni la sagesse politique des Capet, une longue guerre commença pendant laquelle la nation française fut en lutte contre les Anglais. Cette guerre, appelée la guerre de Cent Ans, commença parce que Edouard III, roi d'Angleterre et petit-fils de Philippe le Bel par sa mère, prétendit au trône de France. Par la suite, pendant cent ans la nation française lutta pour échapper à la condition de vassale de l'Angleterre.

échapper: éviter quelque chose de désagréable

Cette époque (1340–1453) fut marquée par de nombreuses défaites des armées françaises, mal organisées et mal commandées par les rois de la nouvelle dynastie et par leurs généraux. La France fut envahie, ravagée et démembrée. Pour aggraver la guerre avec l'étranger, il y avait aussi des désordres civils. La misère était si grande dans les campagnes que des paysans se révoltèrent. Les pauvres, écrasés d'impôts, voyaient souvent les soldats ou les brigands enlever ou détruire leurs récoltes. La famine et la peste décimaient la population. A Paris on vit des essais de révolution et des révoltes sanglantes.

impôts *m.*: contributions exigées pour assurer le fonctionnement de l'Etat; taxes

la récolte: les produits de la terre

En 1422 Charles VI, fou depuis 1392, mourut. Henri VI d'Angleterre se fit proclamer roi de France, tandis que Charles VII, descendant légitime des Valois, s'était réfugié dans la petite ville de Bourges.

[1] **lignée** *f.*: race, suite de personnes descendant du même ancêtre.

La situation n'aurait pu être pire, mais l'aide vint d'une source très inattendue, une aide si efficace que les Anglais abandonnèrent leurs essais de vaincre la France et la quittèrent pour toujours.

pire: plus mauvais
inattendu: qui surprend; qui arrive sans qu'on l'ait prévu
efficace: qui réussit ce qu'on espère de lui

Questions

1. Qui étaient les Valois?
2. Qui fut le premier roi de cette lignée?
3. Quelle guerre commença peu de temps après le début du règne des Valois?
4. Pourquoi cette guerre commença-t-elle?
5. Contre qui les Français luttèrent-ils dans cette guerre?
6. Décrivez la situation en France vers la fin de cette guerre.

Philippe le bel fut un roi puissant. Il fit venir les papes à Avignon, convoqua la première réunion des états généraux et supprima l'ordre puissant des Templiers. *(Giraudon)*

Jeanne d'Arc

🦋 *A chaque saint sa chandelle*

A L'ÉPOQUE dont nous parlons, Charles VI de France était fou, son fils Louis était mort, et son fils Charles n'était ni sacré ni même reconnu par les Français. Henri VI d'Angleterre avait été proclamé roi de France par les Anglais. C'est dans ces heures critiques pour la France que Jeanne d'Arc apparut sur la scène, à l'âge de seize ans.

Pendant trois ans, cette paysanne qui ne savait ni lire ni écrire avait été pressée, par des voix et des visions de saints, de sauver la France. Elle décida enfin qu'il était de son devoir de quitter son village natal, d'aller à la rencontre de Charles qui, pour elle, était toujours le roi, d'obtenir de lui une armée, de faire lever le siège[1] d'Orléans, et finalement de faire sacrer le roi Charles à Reims.

Malgré bien des obstacles qui semblaient insurmontables, elle réussit à rencontrer Charles à Chinon, le reconnaissant entre tous les seigneurs parmi lesquels il se trouvait, et à obtenir une armée. Comment y parvint-elle?[2] C'était une femme inspirée, agissant toujours pour suivre, pensait-elle, la volonté de Dieu.

La libération d'Orléans fut un grand succès pour Jeanne d'Arc. Elle put alors mener le roi à travers le territoire gardé par les Anglais, de la vallée de la Loire jusqu'à Reims. A Reims, les Anglais ne lui opposèrent plus de résistance, et Charles fut immédiatement sacré après son entrée dans la ville. Jeanne se trouvait debout fièrement à ses côtés.

Au lieu de rentrer chez elle après avoir accompli sa mission, Jeanne voulut ensuite prendre Paris; elle n'y réussit pas. Plus tard, en 1431, elle fut faite prisonnière et Jean de Luxembourg la vendit aux Anglais avec les résultats que tout le monde connaît: elle fut condamnée à être brûlée. L'exécution eut lieu le mercredi 30 mai 1431, à neuf heures du matin, sur la place du Vieux-Marché de Rouen. Charles VII, alors vraiment roi de France, ne fit rien pour la sauver ni pour lui prouver sa reconnaissance.

sacré: en religion, ce qui inspire un respect profond, une vénération; un roi est sacré au cours de la cérémonie religieuse solonnelle du couronnement

un seigneur: homme important dans un pays par sa fortune, sa noblesse, son autorité

parmi: au milieu de; avec

agir: réaliser une action; faire quelque chose

la reconnaissance: sentiment de gratitude

[1] **lever le siège d'une ville:** cesser de l'attaquer; retirer les troupes.
[2] **comment y parvint-elle:** par quel moyen réussit-elle.

L'injustice du sort réservé à Jeanne d'Arc était si criante que, trois ans après que la France fut débarrassée de l'invasion anglaise en 1453, un tribunal institué par le pape annula la condamnation. Mais ce n'est qu'en 1920, cinq cents ans après sa mort, qu'on fit d'elle une sainte.

Que laissa Jeanne d'Arc à la nation bien-aimée pour laquelle elle souffrit le martyre? Elle lui légua de grandes leçons: ne jamais désespérer pendant les grandes calamités nationales et rester certain que Dieu, stimulant l'héroïsme du peuple, peut délivrer le pays du désastre. Enfin, elle laissa une France devenue vraiment une nation.

Que vous croyiez ou non que Jeanne d'Arc entendit des voix et eut la vision de saints, peu importe. Ce qui est incontestable c'est qu'une jeune paysanne fut si soutenue par sa foi qu'elle parvint à sauver son pays. Sans ambition personnelle et sans se laisser impressionner, elle rencontra les grands de la nation et les persuada d'agir. Et vous vous rendez compte sans peine qu'elle y parvint magnifiquement.

Les écrivains n'ont pas cessé d'écrire sur Jeanne d'Arc, la Pucelle d'Orléans ainsi qu'on l'a surnommée, tant ce qu'elle accomplit fut fascinant.

Dans un livre, *Jeanne d'Arc par elle-même et par ses témoins*, composé presque entièrement de documents historiques, l'auteur, Régine Pernoud, a tenté de répondre aux questions: Qui était Jeanne d'Arc? D'où venait-elle? Quels furent sa vie et ses exploits? C'est la première fois qu'un écrivain a recherché et compilé si complètement les documents de cette vie pour laquelle l'intérêt ne semble jamais diminuer.

Voici deux courts extraits de ces documents.

JEANNE D'ARC PAR ELLE-MÊME ET PAR SES TÉMOINS
par Régine Pernoud
DE L'INTRODUCTION

"MARDI, DIXIÈME jour de mai, fut rapporté et dit à Paris publiquement que dimanche dernier passé, les gens du dauphin, en grand nombre, après plusieurs assauts continuellement entretenus[1] par force d'armes, étaient entrés dedans la bastide[2] que tenait Guillaume Glasdal et autres capitaines et gens d'armes anglais de par[3] le roi, avec la tour de l'issue du pont d'Orléans par-delà la Loire, et que ce jour les autres capitaines et gens d'armes tenant le siège et les bastides par-deçà la Loire devant la ville d'Orléans étaient partis d'icelles bastides[4] et avaient levé leur siège pour aller conforter le dit Glasdal et ses compagnons et pour combattre les ennemis qui avaient en leur compagnie une pucelle seule ayant bannière entre les dits ennemis, si comme on disait."

Cette mention est portée sur un de ces Registres du Parlement de Paris qui forment, de nos jours, une des collections les plus impressionnantes

[1] **entretenus:** continus; sans arrêts.
[2] **la bastide:** ville fortifiée.
[3] **de par:** par l'ordre de.
[4] **d'icelles bastides:** de ces bastides-là.

----

le sort: le destin
une injustice criante: une injustice évidente, incontestable et choquante

impressionner: produire une émotion; troubler

par delà: de l'autre côté de; plus loin de nous que
par deçà: de ce côté-ci; entre nous et le point en question; ici, entre la Loire et nous

conservées aux Archives Nationales (plus de douze mille registres de parchemin formant la série X. I A et dont les plus anciens remontent au milieu du XIIIᵉ siècle). A la date où elle fut écrite, le mardi 10 mai 1429, le greffier[5] du Parlement était Clément de Fauquembergue,—scribe exact et consciencieux qui avait pris l'habitude d'inscrire, en plus des affaires de justice, plaidoiries,[6] procès, etc., qu'il avait pour mission d'enregistrer, les principales nouvelles du jour, si bien que la série des registres tenus par lui forment une sorte de journal officiel pour son temps.

DU PROCÈS DE CONDAMNATION

Jeudi 22 février, 1431

Voici le second interrogatoire et c'est maître Jean Beaupère qui est délégué pour questionner Jeanne.

L'interrogatoire, mené par Jean Beaupère, porte surtout sur les voix de Jeanne et sur le récit des événements qui se déroulèrent à Vaucouleurs. Cela après que Cauchon[7] a vainement tenté d'obtenir de l'accusée un serment plus complet que celui qu'elle avait fait la veille.

serment *m.*: affirmation solennelle

"JEAN BEAUPÈRE: Allez-vous dire la vérité?

JEANNE: Vous pourrez bien me demander telle chose à propos de laquelle je vous répondrai la vérité et d'une autre je ne répondrai pas. Si vous étiez bien informé de moi, vous devriez vouloir que je sois hors[7] de vos mains. Je n'ai rien fait si ce n'est par révélation."

Samedi 24 février

Ce jour-là, Jean Beaupère l'interroge, notamment sur ses voix:

"JEAN BEAUPÈRE: Depuis quelle heure n'avez-vous pas bu ou mangé?

JEANNE: Depuis hier après-midi.

J.B.: Depuis quand avez-vous entendu votre voix?

JEANNE: Je l'ai entendue hier et aujourd'hui.

J.B.: A quelle heure l'avez-vous entendue?

JEANNE: Je l'ai entendue trois fois, l'une au matin, l'une à l'heure de vêpres et la troisième fois lorsqu'on sonnait pour 'l'Ave Maria' du soir. Et encore je l'ai entendue plus souvent que je ne le dis.

J.B.: Que faisiez-vous hier matin quand la voix est venue à vous?

JEANNE: Je dormais et la voix m'a réveillée.

J.B.: La voix vous a-t-elle réveillée en vous touchant le bras?

JEANNE: J'ai été éveillée par la voix sans toucher.

J.B.: La voix était-elle dans votre chambre?

JEANNE: Non, que je sache, mais elle était dans le château.

J.B.: Avez-vous remercié cette voix et vous êtes-vous mise à genoux?

[5] **le greffier**: secrétaire qui assurait l'authenticité des actes ministériels ou des actes de justice.

[6] **plaidoiries** *f.*: composition, exposé des raisons et prétentions des plaideurs; exposé par l'avocat du raisonnement qui justifie sa défense.

[7] **Cauchon**: c'est l'ecclésiastique qui présida au jugement de Jeanne.

[8] **hors**: libéré.

JEANNE: Je l'ai remerciée en me dressant et en m'asseyant sur mon lit et j'ai joint les mains et après cela je lui ai demandé d'avoir secours. La voix m'a dit que je réponde hardiment[9]. . . (se tournant vers l'evêque) vous dites que vous êtes mon juge, avisez-vous bien de ce que vous faites, car, en vérité, je suis envoyée de par Dieu et vous vous mettez en grand danger.

J.B.: Cette voix a-t-elle parfois changé sa délibération?

JEANNE: Jamais je ne l'ai trouvée en deux paroles contraires . . .

J.B.: Cette voix que vous dites vous apparaître, est-ce un ange ou vient-elle de Dieu immédiatement, ou bien est-ce la voix de quelque saint ou sainte?

JEANNE: Cette voix vient de par Dieu et je crois que je ne vous dis pas pleinement ce que je sais; et j'ai plus grande peur de faire faute en disant quelque chose qui déplaise à ces voix que je n'en ai de vous répondre . . .

J.B.: Croyez-vous que cela déplaise à Dieu qu'on dise la vérité?

JEANNE: Les voix m'ont dit que je dise quelque chose au roi et non à vous. Cette nuit même, elles m'ont dit beaucoup de choses pour le bien de mon roi, que je voudrais que mon roi sache à présent, dussé-je ne pas boire de vin jusqu'à Pâques, car lui en serait plus joyeux au dîner . . .

J.B.: Ne pourriez-vous faire en sorte auprès de cette voix qu'elle veuille vous obéir et porter message à votre roi?

JEANNE: Je ne sais si la voix voudrait obéir, à moins que ce ne soit la volonté de Dieu et que Dieu y consentit . . . N'était la grâce de Dieu, je ne saurais rien faire . . .

J.B.: Cette voix à laquelle vous demandez conseil, a-t-elle un visage et des yeux?

JEANNE: Vous n'aurez pas cela encore. Le dicton des petits enfants est que parfois des hommes sont pendus pour avoir dit la vérité.

J.B.: Savez-vous si vous êtes en la grâce de Dieu?

JEANNE: Si je n'y suis, Dieu m'y mette, et si j'y suis, Dieu m'y garde. Je serais la plus dolente[10] de tout le monde si je savais n'être pas en la grâce de Dieu; et si j'étais en péché,[11] je crois que la voix ne viendrait pas à moi, et je voudrais que chacun l'entende aussi bien que moi."

Pâques *m.* : fête religieuse annuelle de l'Eglise chrétienne, en mémoire de la résurrection de Jésus-Christ

Questions

1. Selon les voix qu'elle entendait, quel était le devoir de Jeanne d'Arc?
2. A quel âge quitta-t-elle son village natal?
3. Citez un grand succès de Jeanne.
4. Quelle mission très importante accomplit-elle?
5. Que fit Charles VII pour la sauver?
6. Quand a-t-on fait une sainte d'elle?
7. Qu'est-ce que la France apprit de cette courageuse jeune fille?
8. Quel est le vrai miracle de Jeanne d'Arc?

[9] **hardiment:** sans crainte; franchement.
[10] **dolente:** triste.
[11] **être en péché:** vivre d'une façon contraire à la morale enseignée par l'Eglise.

L'Alouette

l'alouette *f.*: petit oiseau des champs; nom que l'on a donné parfois à Jeanne d'Arc

Tu peux allumer à ta chandelle la chandelle d'un autre

JEAN ANOUILH est un des auteurs les plus récents qui ait immortalisé Jeanne d'Arc dans un drame. Dans cet extrait Jeanne vient de persuader Charles, le dauphin, d'annoncer à monseigneur l'Archevêque et à monsieur de La Trémouille, général de l'armée, qu'il va confier le commandement de son armée à Jeanne. Ils entrent.

L'ALOUETTE
par Jean Anouilh

L'ARCHEVEQUE: Vous nous avez fait appeler, Altesse?

CHARLES: (*soudain, après un dernier regard à Jeanne*) Oui, j'ai pris une décision, Monseigneur. Une décision qui vous concerne aussi, Monsieur de La Trémouille. Je donne le commandement de mon armée royale à la Pucelle[1] ici présente. (se mettant à crier brusquement) Si vous n'êtes pas d'accord, Monsieur de La Trémouille, je vous prie de me rendre votre épée. Vous êtes arrêté!

(*La Trémouille et l'Archevêque s'arrêtent, pétrifiés.*)

JEANNE: (*battant des mains*) Bravo, petit Charles! Tu vois comme c'était simple! Regarde leurs têtes! . . . Non, mais regarde leurs têtes! . . . Ils meurent de peur!

(*Elle éclate de rire; Charles est pris de fou rire lui aussi tandis qu'ils se tapent tous deux sur les cuisses, sans pouvoir s'arrêter, devant l'Archevêque et La Trémouille transformés en statues de sel.*)

JEANNE: (*tombant soudain à genoux, et en criant*) Merci, mon Dieu!

CHARLES: (*leur criant, en s'agenouillant aussi*) A genoux, Monsieur de La Trémouille, à genoux! Et vous Archevêque, donnez-nous votre bénédiction, et plus vite que ça! Nous n'avons plus une minute à perdre! . . . Maintenant que nous avons eu tous bien peur, il faut que nous filions à Orléans!

s'agenouiller: plier les genoux en avant jusqu'à s'y poser, s'y appuyer

(*La Trémouille s'est agenouillé, abruti[2] sous le coup. L'Archevêque, ahuri,[3] leur donne machinalement sa bénédiction.*)

[1] **la Pucelle**: autre surnom de Jeanne d'Arc, faisant allusion à sa jeunesse et à sa pureté.
[2] **abruti**: stupide; ou anéanti par un événement grave.
[3] **ahuri**: qui est stupide; qui a perdu la tête.

(*C'est maintenant le comte de Warwick*[4] *qui prend la parole. Il est très jeune, charmant, très élégant, très racé.*[5] *Il est Anglais et l'ennemi de Jeanne. Au commencement de la pièce il avait dit: "Nous sommes tous là? Bon. Alors le procès, tout de suite. Plus vite elle sera jugée et brûlée, mieux cela sera. Pour tout le monde." Maintenant, il éclate de rire et s'avance avec Cauchon.*)

(*Les nécessités de la représentation ont obligé le metteur en scène,*[6] *à Paris, à faire ici un entr'acte. Le rideau tombe sur le tableau vivant de la bénédiction; quand il se relève sur la seconde partie de la pièce, l'Archevêque est toujours en train de bénir Charles et Jeanne, mais tous les autres acteurs sont revenus sur scène autour d'eux et Warwick enchaîne.*[7])

WARWICK: Evidemment, dans la réalité cela ne s'est pas exactement passé comme ça. Il y a eu Conseil, on a longuement discuté le pour et le contre, et décidé finalement de se servir de Jeanne comme d'une sorte de porte-drapeau pour répondre au vœu populaire. Une gentille petite mascotte, en somme, bien faite pour séduire les gens simples et les décider à se faire tuer. Nous, nous avions beau donner avant chaque assaut triple ration de gin à nos hommes, cela ne leur faisait pas du tout le même effet. Et nous avons commencé à être battus de ce jour-là, contre toutes les lois de la stratégie. On a dit qu'il n'y avait pas de miracle de Jeanne, qu'autour d'Orléans notre réseau de bastilles[8] isolées était absurde et qu'il suffisait d'attaquer—comme elle aurait simplement décidé l'état-major Armagnac à le faire. C'est faux. Sir John Talbot n'était pas un imbécile, et il connaissait son métier, il l'a prouvé avant cette malheureuse affaire et depuis. Son réseau fortifié était théoriquement inattaquable. Non, ce qu'il y a eu en plus, ayons l'élégance d'en convenir[9]—c'est l'impondérable. Dieu si vous y tenez, Seigneur Évêque—ce que les états-majors ne prévoient jamais . . . C'est cette petite alouette chantant dans le ciel de France, au-dessus de la tête de leurs fantassins . . . Personnellement, Monseigneur, j'aime beaucoup la France. C'est pourquoi je ne me consolerais jamais, si nous la perdions. Ces deux

le vœu: le souhait; le désir

séduire: charmer

avoir beau faire quelque chose: malgré qu'on fasse quelque chose

si vous y tenez: si vous le voulez vraiment

prévoir: savoir d'avance par supposition, par raisonnement

au-dessus: plus haut que

les fantassins *m.*: soldats allant à pied

---

[4] C'est lui qui eut la direction du procès de Jeanne d'Arc.
[5] racé: distingué; élégant; de bonne famille.
[6] le metteur en scène: celui qui règle les mouvements, l'évolution des acteurs au cours d'une représentation.
[7] enchaîner: continuer; ici, la conversation.
[8] un réseau de bastilles: suite de places fortifiées, plus ou moins rapprochées, autour d'une ville assiégée, par exemple.
[9] convenir: ici, admettre, avouer qu'il est vrai que.

notes claires, ce chant joyeux et absurde d'une petite alouette immobile dans le soleil pendant qu'on lui tire dessus, c'est tout elle[10] [la France]. (*Il ajoute :*)

Enfin ce qu'elle a de mieux en elle . . . Car elle a aussi sa bonne mesure d'imbéciles, d'incapables et de crapules;[11] mais de temps en temps, il y a une alouette dans son ciel qui les efface. J'aime bien la France.

Questions

1. Quelles nouvelles Charles annonce-t-il à monseigneur l'archevêque et à monsieur de la Trémouille?
2. Comment Warwick explique-t-il à Cauchon que le Conseil a décidé de se servir de Jeanne?
3. Que firent les Anglais pour faire mieux se battre leurs soldats?
4. Comment Warwick décrit-il Jeanne?
5. Selon Warwick, qu'est-ce qu'il y a de mieux en France?

[10] **c'est tout elle:** c'est vraiment son caractère (la France).
[11] **une crapule:** homme malhonnête; un vaurien.

Des Rois   6
et de
la culture

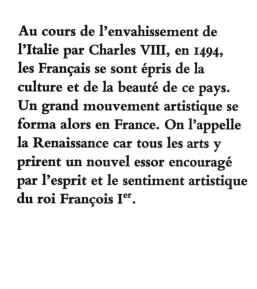

Au cours de l'envahissement de
l'Italie par Charles VIII, en 1494,
les Français se sont épris de la
culture et de la beauté de ce pays.
Un grand mouvement artistique se
forma alors en France. On l'appelle
la Renaissance car tous les arts y
prirent un nouvel essor encouragé
par l'esprit et le sentiment artistique
du roi François Ier.

Louis XI

Qui cesse d'être ami ne l'a jamais été

LOUIS XI, roi de France de 1461 à 1480, était un homme très laid. Il avait le visage maigre, le nez très long et le regard perçant. C'était un homme rusé, qui arrivait souvent à tromper ses ennemis. Parfois, au lieu de les faire mourir, il les enfermait dans une cage de fer si petite qu'il n'était possible ni de s'y coucher, ni de s'y tenir debout. Malgré son méchant caractère, ce fut un roi qui rendit de grands services à la France, car il travailla à l'unification du pays.

maigre : trop mince; contraire de gros

perçant : aigu; qui semble pénétrer et non seulement voir superficiellement

se tenir debout : ne prendre appui que sur les pieds; le corps droit

Parce qu'il aimait la vie simple, Louis XI s'habillait toujours en bourgeois. Il n'avait pas du tout l'air d'un roi dans ses vêtements de gros drap gris.

un bourgeois : homme de classe moyenne

Un jour, accompagné de cinq ou six personnes, il entra dans Abbeville. Les habitants accoururent, espérant voir un spectacle magnifique. Ils furent complètement déçus en voyant le roi et ils s'exlamèrent: "Seigneur Dieu! Est-ce un roi de France? Tout l'ensemble ne vaut pas dix écus, cheval et vêtements."

accourir : venir en courant, en grande vitesse

déçu (décevoir) : désappointé; n'ayant pas eu ce qu'on souhaitait

Louis XI détestait les grandes cérémonies et évitait la société des seigneurs illustres, vivant presque seul dans son château, à Plessis-les-Tours, en Touraine. Comme compagnons habituels, il préférait son barbier et son astrologue.

un astrologue : homme qui assure qu'il peut prédire les événements en observant les astres

Un jour l'astrologue eut le malheur de faire une prédiction qui déplut au roi. Celui-ci résolut de le faire mourir. Il dit à ses gens de le jeter par la fenêtre à un signal donné. Puis il envoya chercher le malheureux.

Lorsque l'astrologue arriva, il fit une révérence. Sa Majesté se mit à lui parler d'un ton ironique: "Vous qui êtes si sage, vous qui savez la destinée des autres, dites-moi quelle est la vôtre? Combien de temps avez-vous encore à vivre?"

Louis XI fut un des rares rois de France qui n'entrèrent jamais en guerre contre les Anglais. *(Bibl. Nat. Paris)*

Sachant combien le roi était superstitieux, l'astrologue donna une réponse qui montra une grande présence d'esprit: "Sire, je mourrai une semaine avant Votre Majesté." **sachant (savoir):** connaissant (connaître)

Effrayé, le roi voulut à tout prix retarder la mort de l'astrologue. Il dit à tout le monde de prendre le plus grand soin de cet homme.

Questions

1. Décrivez l'apparence de Louis XI.
2. Citez quelques-uns des traits de son caractère.
3. Comment punissait-il ses ennemis?
4. Pourquoi fut-il un bon roi?
5. Comment habitait-il?
6. Qu'est-ce qu'un astrologue?
7. Pourquoi Louis XI voulut-il faire mourir son astrologue?
8. Quelle question lui pose-t-il avant de le condamner à mort?
9. Comment l'astrologue montre-t-il qu'il comprend très bien la nature humaine et, en particulier, celle de Louis XI?
10. Pourquoi Lous XI ne fait-il pas mourir son astrologue?

La Découverte de l'Italie

✑ *Le soleil sans qui les choses ne seraient que ce qu'elles sont*

LA FRANCE se modifie ou évolue graduellement. Un esprit créateur marque la transition entre le Moyen Age et la Renaissance. Un nouveau goût se développe pour l'érudition et l'art. On étudie pour comprendre la pensée de l'Antiquité et la forme donnée à cette pensée. L'esprit et l'art des anciens, les Grecs et les Latins, semblaient naître une seconde fois. Cette période que nous appelons la Renaissance naquit vraiment à la suite des guerres d'Italie.

un goût: une attirance; un discernement de beau

En 1494 Charles VIII (1483–1498) mena une armée dans Rome. L'Italie était beaucoup plus avancée que la France intellectuellement et artistiquement. Michelet, historien français (1798–1874), nous raconte d'une façon très vivante l'impression d'étonnement faite sur les Français qui en étaient encore à la civilisation du Moyen Age.

mener: conduire

l'étonnement *m.*: la surprise

LA DÉCOUVERTE DE L'ITALIE
par Jules Michelet

LA DÉCOUVERTE de l'Italie avait tourné la tête aux nôtres; ils n'étaient pas assez forts pour résister au charme.

Le mot propre est: "découverte." Les compagnons de Charles VIII ne furent pas moins étonnés que ceux de Christophe Colomb.

le mot propre: le mot qui convient; qui est à propos

Excepté les Provençaux, que le commerce et la guerre y avaient souvent menés, les Français ne soupçonnaient pas cette terre ni ce peuple, ce pays de beauté, où l'art ajoutant tant de siècles à une si heureuse nature, semblait avoir réalisé le paradis de la terre.

soupçonner: deviner; se faire d'avance une opinion

Le contraste était si fort avec la barbarie du Nord que les conquérants étaient éblouis, presque intimidés, de la nouveauté des objets. Devant ces tableaux, ces églises de marbre, ces vignes délicieuses peuplées de statues, devant ces vivantes statues, ces belles filles couronnées de fleurs qui venaient, les palmes en main, leur apporter les clefs des villes, ils restaient muets de stupeur. Puis leur joie éclatait dans une vivacité bruyante.

bruyant: faisant beaucoup de bruit

Les Provençaux, qui avaient fait les expéditions de Naples, y avaient été ou par mer ou par le détour de la Romagne et des Abruzzes. Aucune armée n'avait, comme celle de Charles VIII, suivi la voie sacrée, l'initiation progressive qui, de Gênes ou de Milan, par Lucques, Florence et Sienne, conduit le voyageur à Rome. La haute et suprême beauté de l'Italie est dans cette forme générale et ce "crescendo" de merveilles, des Alpes à l'Etna. Entré, non sans saisissement, par la porte des neiges éternelles, vous trouvez un premier repos, plein de grandeur, dans la gracieuse majesté de la plaine lombarde, cette splendide corbeille de moissons,[1] de fruits et de fleurs. Puis la Toscane, les collines si bien dessinées de Florence, donnent un sentiment exquis d'élégance, que la solennité tragique de Rome change en horreur sacrée... Est-ce tout? Un paradis plus doux vous attend à Naples, une émotion nouvelle, où l'âme se relève à la hauteur des Alpes devant le colosse fumant de Sicile.

un saisissement: un étonnement très fort et soudain

Tout se résume dans la femme, qui est toute la nature. Les yeux noirs d'Italie, généralement plus forts que doux, tragiques et sans enfance (même dans le plus jeune âge), exercèrent sur les hommes du Nord une fascination invincible. Cette rencontre première de deux races se précipitant l'une vers l'autre fut tout aussi aveugle que le contact avide de deux éléments chimiques qui se combinent fatalement. Mais, passé la violence première, la supériorité du Midi éclata: partout où les Français firent un peu de séjour, ils tombèrent inévitablement sous le joug des Italiennes, qui en firent ce qu'elles voulaient...

exercer: faire

Le Midi: la région du Sud
éclater: se manifester avec force
le joug: l'influence; la servitude

Rare et singulier phénomène! la France arriérée en tout (sauf un point, le matériel de la guerre), la France était moins avancée pour les arts de la paix qu'au XIVᵉ siècle. L'Italie, au contraire, profondément mûrie par ses souffrances mêmes, ses factions, ses révolutions, était déjà en plein XVIᵉ siècle, même au delà, par ses prophètes (Vinci et Michel-Ange). Cette barbarie étourdiment heurte[2] un matin cette haute civilisation; c'est le choc de deux mondes, mais bien plus, de deux âges qui semblaient si loin l'un de l'autre; le choc et l'étincelle; et de cette étincelle, la colonne de feu qu'on appela la Renaissance.

mûri: parvenu à la maturité, à la maîtrise

étourdiment: sans réflexion

l'étincelle: parcelle de feu projetée hors du feu; au point de vue intellectuel ou moral, résultat du choc de deux idées, de deux pensées

Questions

1. Qu'est-ce qui marque la transition entre le Moyen Age et la Renaissance?
2. Qu'est-ce qui semble se développer alors?
3. En quoi l'Italie est-elle plus avancée que la France à cette époque?
4. Qui nous décrit l'impression faite sur les Français par la civilisation avancée de l'Italie?
5. Quelle impression fit la découverte de l'Italie sur les soldats de Charles VIII?

[1] **la corbeille de moissons:** une terre très riche, donnant de superbes récoltes.
[2] **heurter:** choquer; cogner; prendre contact rudement.

Charles VIII rêvait de reconquérir Jérusalem, mais il n'alla jamais plus loin que Naples. *(Giraudon)*

6. Qui parmi les Français avaient déjà vu l'Italie?
7. Qu'est-ce qui en Italie éblouit les conquérants?
8. Comment l'auteur appelle-t-il le voyage de Gênes à Rome?
9. Où se trouve une "splendide corbeille de moissons"?
10. Comment Michelet décrit-il Rome?
11. Comment décrit-il la rencontre première des deux races?
12. Comment décrit-il la femme de l'Italie?
13. En quoi la France était-elle alors en avance sur l'Italie?
14. Comment l'auteur appela-t-il la Renaissance?

La Cour de François Ier

A quelque chose malheur est bon

FRANÇOIS Ier (1494–1547), qui devint roi en 1515, était un prince cultivé, un homme qui aimait les plaisirs et la vie gaie. En outre, c'était un ami des lettres et des arts. Il aimait la beauté sous toutes ses formes.

Pendant son règne, il continua une lutte, déjà commencée par ses prédécesseurs, pour conquérir le royaume de Naples en Italie. Ces expéditions militaires ne furent pas couronnées de succès, mais elles eurent des conséquences très profondes pour la France.

François Ier fut ébloui par l'éclat et le raffinement de la civilisation italienne. Il invita beaucoup de peintres, de sculpteurs et d'architectes italiens à venir

ébloui: plein d'admiration
l'éclat: le brillant

Questions
1. Décrivez François Ier.
2. Comment aida-t-il l'expansion de la Renaissance en France?
3. Quel château fit-il bâtir?

Chambord, chef-d'oeuvre de la Renaissance. *(Bulloz)*

François Ier, protecteur des arts et des lettres. *(Bibl. Nat. Paris)*

avec lui en France. Il fit bâtir un beau château à Fontainebleau, non loin de Paris, où il aimait donner des fêtes magnifiques. La plupart des fameux châteaux de la Loire: Amboise, Blois, Chambord, Chenonceaux et Azay-le-Rideau furent construits sous son règne.

Sa cour fut la première cour brillante de la France. Les seigneurs et les grandes dames étaient toujours parés, toujours en fête. En donnant aux femmes une place spéciale, en éveillant chez tous le souci d'être magnifiquement vêtu et en multipliant les assemblées, François Ier a, pour ainsi dire, vivifié ce cadre et lui a donné ce caractère de grandeur, de richesse et d'élégance dont l'apogée[1] a été atteinte au temps de Louis XIV.

paré: embelli par des ornements
le souci: le désir; le besoin

vivifier: donner de la vie, de l'activité

4. Qu'est-ce qu'il aimait y faire?
5. Citez d'autres châteaux construits pendant son règne.
6. Décrivez sa cour.

[1] **l'apogée:** le plus haut degré; le maximum.

Chenonceaux, le seul "pont-château" existant en France. *(Bulloz)*

Commencé au Moyen Age, le palais du Louvre fut reconstruit pendant la Renaissance et, au fil des siècles, il devint le plus grand palais du monde. *(Bulloz)*

Le Palais et le musée du Louvre

LE LOUVRE, monument français bien connu dans le monde entier, a subi aussi l'influence de la Renaissance. André Humbert nous trace les grandes lignes de son histoire qui est un peu le résumé de l'histoire de la France, et celle de ses rois.

Le Louvre est un des plus beaux palais du monde et le plus vaste des édifices parisiens. S'étendant le long de la rive droite de la Seine, il occupe une superficie d'environ 250000 mètres carrés et doit sa célébrité tout autant[1] à ses beautés architecturales et aux souvenirs historiques qu'il évoque qu'aux chefs-d'œuvre qu'il renferme.

une superficie: la surface, l'étendue occupée par

d'environ: d'à peu près; approximativement

mètre carré: surface quadrangulaire dont chacun des 4 côtés mesure 1 mètre

C'est durant les dernières années du XIIe siècle et les premières années du XIIIe siècle que le roi Philippe Auguste (1165–1223) fit construire un château fort à cet emplacement. Il donnait alors à sa ville de Paris une nouvelle ceinture de fortifications, avant de partir pour la Croisade (avec Richard Cœur de Lion), et ce château devait en former la principale muraille[2] sur la rive droite de la Seine. L'édifice avait la forme approximative d'un carré; les murs étaient flanqués de tours[3] et, au centre de la cour, s'élevait un énorme donjon qui était à la fois résidence royale, symbole des droits royaux, trésorerie et prison d'état.

Un siècle et demi plus tard, sous Charles V (1337–1380), le Louvre cessa d'être une simple forteresse pour se transformer peu à peu en château de plaisance. Charles V le fit surélever, percer de fenêtres et orner de statues. Il installa sa bibliothèque dans une des tours, y accumula des œuvres d'art ouvrit un jardin avec des portiques[4] et des pavillons de bois. Mais bientôt survinrent les guerres civiles et l'invasion anglaise, et le duc de Bedford s'empara de la bibliothèque royale. Puis, au XVe siècle, le Louvre fut délaissé par les rois de France qui lui préféraient les châteaux de la Loire.

surélever: rendre plus haut

s'emparer: prendre sans autorisation, par force

En 1527, François Ier (1494–1547) exprima sa volonté de résider au Louvre. Il s'empressa de faire démolir le vieux castel pour le remplacer par un

s'empresser: se dépêcher; ne pas perdre de temps pour

---

[1] **tout autant:** également.
[2] **une muraille:** un mur généralement assez haut et solide, épais.
[3] **flanqué de tours:** garni de constructions plus hautes, de forme généralement arrondies pour la défense.
[4] **portiques** *m.*: galerie contre une maison ou dehors ou sur une cour intérieure ou un jardin.

édifice conçu dans le style de l'architecture nouvelle et décoré selon le nouveau goût de la Renaissance. Pierre Lescot et Jean Goujon furent les deux principaux artisans d'une entreprise qui devait s'étendre sur plus de cent ans.

Peu après la mort de François, son successeur Henri II (1519–1559) ordonna à Pierre Lescot de modifier les plans; il paraît que ce roi trouvait le Louvre trop petit et avait résolu de le quadrupler!

Avec Catherine de Médicis, sa femme, qui s'était fait construire dans l'intervalle le palais des Tuileries, il lui vint l'idée, en 1566, de faire bâtir une longue galerie qui relierait les deux palais le long de la Seine. Les travaux commencèrent, mais furent interrompus par de tragiques événements: les guerres religieuses.

Quand Henri IV (1553–1610) eut enfin pacifié son royaume, il fit compléter la galerie commencée sous Catherine de Médicis et il rêvait de poursuivre le grand dessein d'Henri II; mais, le 14 mai 1610, le fanatique Ravaillac mit une fin brutale à ces rêves.

Louis XIV (1638–1715) fit tout d'abord beaucoup pour activer l'achèvement des vastes plans du Louvre. Ses ministres, Mazarin puis Colbert, consacrèrent des crédits importants à l'entreprise et engagèrent les plus grands talents artistiques de l'époque. Pendant que les travaux se poursuivaient et que le Louvre devenait peu à peu une merveille, Louis XIV y tenait sa cour, y recevait les ambassadeurs et y accordait ses faveurs royales à un comédien de génie, Molière, qui venait jouer ses comédies dans une des cours du palais. Mais en 1678, la volonté fastueuse du grand monarque lui fit décider de réinstaller sa cour et tous ses services à Versailles. Le Louvre fut abandonné aux académies, aux artistes et à certains privilégiés.

Sous Louis XV (1710–1774), le marquis de Marigny, directeur général des bâtiments royaux, conçut l'idée d'installer dans la Grande Galerie un musée où le public pourrait admirer les collections royales. Les difficultés financières empêchèrent la réalisation de ce beau projet à ce moment-là. mais la création d'un musée d'art au Louvre fut décidée par la nouvelle République, en 1793. Cependant, l'honneur d'avoir terminé la construction des édifices du Palais revient à l'empereur Napoléon III (1808–1873).

Un décret constituant le "Muséum de la République" fut adopté le 27 juillet 1793. Après quelques mois consacrés à organiser le Palais du Louvre pour le transformer en musée et à rassembler les trésors dispersés dans toutes les résidences royales, le Musée du Louvre fut prêt, le 8 novembre 1793, à recevoir le public de la France et du monde entier.

C'est à François Ier que remonte l'origine de la collection royale qui devait un jour constituer le trésor actuel du musée du Louvre. Les grands artistes italiens, Le Primatice (Primaticcio) et Andrea del Sarto, furent chargés, en effet, de recueillir pour ce roi de France les œuvres d'art les plus précieuses de l'antiquité, et de reproduire en bronze les plus beaux exemplaires de la statuaire antique.

concevoir: réaliser un projet d'avance, en pensée

fastueuse: visiblement luxueuse et magnifique

un décret: une décision du gouvernement

recueillir: rechercher certaines choses pour les rassembler

Il y a aujourd'hui un trésor immense, de valeur incalculable, à la disposition entière et libre du monde entier.

Voilà donc, dans ses grands traits,[5] et avec mille lacunes,[6] l'histoire de l'édifice connu sous le nom du palais du Louvre, aujourd'hui appelé le Musée du Louvre.

Questions

1. Où se trouve le Louvre, à Paris?
2. A quoi doit-il sa célébrité?
3. Qui fit construire le premier château à cet emplacement et quand?
4. Décrivez cet édifice.
5. Qu'est-ce qu'y fit Charles V et quand?
6. Qu'est-ce qu'y fit le duc de Bedford?
7. Pendant quel siècle les rois de France abandonnèrent-ils le Louvre?
8. Quels étaient les plans de François Ier pour le Louvre.
9. Quels étaient les plans d'Henri II?
10. Qu'est-ce qui interrompit le travail commencé sous Henri II.
11. Pourquoi Henri IV ne compléta-t-il pas le grand dessein d'Henri II et de Catherine?

[5] **à grands traits:** sommairement; à grandes lignes sans détails.
[6] **lacunes** *f.*: choses qui manquent.

Le musée du Louvre. On reconnaît, au fond de cette salle, une statue célèbre: la Vénus de Milo. *(Bulloz)*

La Réforme 7 et les Guerres religieuses

La Renaissance apporta en France la beauté, la culture et un réveil de la curiosité intellectuelle. Mais vint alors la Réforme qui causa des conflits incroyables et sanguinaires. Pendant trente ans les protestants et les catholiques se battirent pour la suprématie de leur culte. Les guerres de Religion se calmèrent grâce au noble geste de Henri IV qui conçut l'édit de Nantes, édit qui imposa la tolérance religieuse à la France. La révocation de cet édit par Louis XIV donna un coup mortel au protestantisme en France qu'on connaît de nos jours comme un pays catholique.

Catherine de Médicis

L'Occasion fait le larron

UN MOUVEMENT se répandit sur toute l'Europe au moment de la Renaissance, ce fut la Réforme. Luther, puis Calvin dénoncèrent la corruption de l'Eglise catholique. Ils voulurent échapper à l'autorité du pape. Les sermons passionnés de Calvin lui valurent beaucoup de partisans, appelés en France les "huguenots." Deux religions se développèrent en France, qui ne pouvaient s'épanouir amicalement côte à côte. Ainsi commencèrent trente années de persécutions, de massacres, de guerres civiles qui appauvrirent[1] la France, une France dont François Ier et ses prédécesseurs avaient achevé la stabilité.

> **échapper:** s'évader; fuir; sortir
>
> **s'épanouir:** se développer
> **côte à côte:** ensemble

La personne qui souffrit le plus, tout au long de ces années de luttes pour la suprématie d'une religion sur l'autre, fut Catherine de Médicis. Catherine était la femme d'Henri II, fils de François Ier. Descendante des Médicis d'Italie, c'était une femme intelligente, cultivée, gracieuse, bien que n'étant pas vraiment belle. Elle aimait son mari qui la traitait toujours avec courtoisie mais ne l'aimait pas. Après la mort de son mari, elle porta toujours le deuil. Elle aimait pourtant le luxe et en apporta beaucoup en France.

> **le deuil:** la douleur causée par la mort de quelqu'un; signes extérieurs de cette douleur, dans l'habillement en particulier

François II succéda à son père et mourut à l'âge de dix-sept ans, après un règne de dix-sept mois. Charles IX lui succéda à l'âge de dix ans et, à ce moment, en tant que régente, Catherine prit le contrôle du gouvernement que sa sagacité italienne lui fit conserver trente ans, jusqu'à sa mort en 1589. Charles régna quatorze ans et mourut en 1574. Henri III, le fils favori de Catherine, commença son règne à l'âge de vingt-quatre ans; il fut assassiné en 1589, après un règne de quinze ans.

> **en tant que:** en qualité de

Les guerres religieuses étaient en réalité des guerres politiques, surtout celles qui opposèrent les Guise et les Bourbon. Catherine, une femme tenant essentiellement à la paix et à l'équité, tenta par de nombreux édits de tolérance d'assurer la paix. Une fois, parce qu'elle tremblait pour sa vie et celle de Charles, elle donna l'ordre de massacrer les Huguenots. Ce massacre est connu sous le nom de "massacre de la Saint-Barthélemy" parce qu'il eut lieu ce jour-là, le 24 août 1572, le lendemain des fêtes du mariage d'Henri de

> **équité** *f.*: la justice

---

[1] **appauvrir:** rendre pauvre.

DOREM EXTINCTA VIVERE ... TESTANTVR FLAMMA

Catherine de Médicis essaya de rétablir la paix entre catholiques et protestants, mais sans succès. Finalement, elle décida le massacre de la Saint-Barthélemy. *(Giraudon)*

Navarre avec Marguerite, sœur de Charles IX. C'est une des taches les plus noires dans l'histoire de la France.

Henri III fut le dernier des princes de Valois. Il mourut la même année que sa mère. Son successeur fut Henri IV, roi de Navarre. Il trouva une France déchirée par la guerre, mais il fut assez fort pour réassurer la paix. Il est bon de remarquer que les moyens employés par Henri IV furent les mêmes que ceux que Catherine avait elle-même appliqués sans succès.

L'histoire, en général, a été sévère pour Catherine de Médicis. Elle vécut dans une époque troublée par le fanatisme de factions religieuses rivales. Quoi qu'elle fît, elle était critiquée violemment par l'une ou l'autre de ces factions. Les récits de ce temps sont pleins d'accusations plus ou moins véhémentes sur son comportement.[2]

Elle n'était pourtant pas si mauvaise et elle ne manquait pas de qualités. Le colonel G. F. Young lui rend justice dans son livre *The Medici*[3] (aux pages 378–498 notamment et surtout aux pages 497–498 vous trouverez qu'elle apparaît sous un jour beaucoup plus sympathique). Quand vous lirez dans *La reine Margot* de Dumas que Catherine a empoisonné Jeanne d'Albret, la mère de Henri IV, soyez sceptique, car selon G. F. Young, c'est une calomnie.

Quand à Henri IV, on l'aima et il reçut le surnom de "Grand." Ce grand successeur de Catherine l'a jugée avec plus d'indulgence que l'histoire. Il a dit à propos de Catherine : "Je vous le demande, qu'eût pu faire une pauvre femme ayant, de par la mort de son mari, cinq petits enfants sur les bras, et deux familles de France qui ne songeaient qu'à s'emparer de la Couronne, la nôtre (les Bourbon) et celle des Guise ? Ne fallait-il pas qu'elle jouât d'étranges personnages pour tromper les uns et les autres, tout en s'occupant comme elle l'a fait de ses enfants, qui ont successivement régné sous la sage conduite d'une femme si avisée[4] ! Je m'étonne qu'elle n'ait encore fait pis."

Questions

1. Qui étaient les Huguenots ?
2. De quel mouvement furent-ils les partisans ?
3. Quelles conséquences ce mouvement a-t-il eu en France ?
4. Qui était Catherine de Médicis ?
5. Décrivez-la.
6. Que portait-elle toujours après la mort de son mari ?
7. Qui succéda à Henri II ? Et après lui ?
8. Dites quel événement eut lieu le lendemain des fêtes du mariage de la fille de Catherine.
9. Quelles guerres avaient déchiré la France quand Henri de Navarre parvint au trône ?
10. Comment l'histoire a-t-elle jugé Catherine de Médicis ?

[2] **comportement** *m.* : manière de se conduire.
[3] New York, 1933.
[4] **avisé** : sage ; plein de bon sens, d'adresse.

Le Massacre de la Saint-Barthélemy

Le vin est tiré, il faut le boire

CHARLES IX, deuxième fils de Catherine de Médicis et de Henri II, roi de France à dix ans sous la régence de sa mère, régna en tout quatorze ans, mourant en 1574. Pendant son règne, il tenta d'accommoder ce qu'on appelle aujourd'hui les guerres de Religion, mais qui étaient en réalité des guerres civiles et politiques.

tenter de: essayer
accommoder: concilier; régler

Une solution choisie fut le "mariage mixte," sans dispense du pape, de sa sœur Marguerite de Valois, catholique, avec Henri de Bourbon, protestant. C'était le point capital de sa politique. Il força même le consentement de sa sœur. A Notre-Dame elle hésitait encore, et l'on raconte que le roi, d'un geste brusque, la força d'incliner la tête pour dire oui. C'est dans ce mariage, pourtant destiné à être le symbole de la réconciliation des Français, qu'est l'origine de la Saint-Barthélemy.

Un second choix, à l'avis de sa mère qui força la main de son fils, était de frapper le parti protestant à la tête: l'ordre fut donné le jour de la Saint-Barthélemy, le 24 août 1572, de massacrer les protestants. Charles eut peine à sauver son beau-frère.

La Saint-Barthélemy fut moins l'effet du fanatisme que la conséquence de la politique: survivre ou mourir. Il faut reconnaître que l'horreur de la Saint-Barthélemy, répandue par l'histoire, n'a été que modérément ressentie par les contemporains. Charles IX et sa mère, si troublés au moment de prendre leur résolution n'étaient pas sans inquiétude après. Mais on cherche en vain la trace d'une grande réprobation de l'Europe.

répandue: propagée; portée au loin
ressentie: éprouvée; connue par expérience
réprobation *f.*: blâme très sévère

La mort de Charles IX en 1574 rappela en France son frère, Henri III, qui venait d'être élu roi de Pologne. Henri III continua la guerre contre les protestants et Henri de Navarre. Après une insurrection à Paris contre la royauté dans laquelle il fut presque détrôné, il fit assassiner ses adversaires, le duc de Guise et son frère, le cardinal de Guise. C'est alors qu'il appela à son secours le roi de Navarre, se réconcilia avec lui pour venir assiéger Paris et le reconnut pour son successeur (Henri IV). Il mourut en 1589, assassiné par un moine fanatique, Jacques Clément.

élu: choisi

Charles IX était un roi de caractère
faible. Il s'inclinait souvent devant
la volonté de sa mère, Catherine
de Médicis. *(Alinari)*

Voltaire, qui rêva de donner à la France un grand poème épique, choisit comme héros Henri IV. Cette épopée, *La Henriade*, se compose de dix chants et rappelle en plusieurs façons *l'Enéide* de Virgile. Au premier chant, Henri III assiège Paris avec Henri de Navarre. Il envoie celui-ci en Angleterre pour demander des secours à Elisabeth. Au chant II Henri de Navarre raconte à Elisabeth les guerres de religion et la Saint-Barthélemy.

LE MASSACRE DE LA SAINT-BARTHÉLEMY
par Voltaire

LE SIGNAL est donné sans tumulte et sans bruit;
C'était à la faveur des ombres de la nuit.
De ce mois malheureux l'inégale courrière[1]
Semblait cacher d'effroi sa tremblante lumière:　　　　*effroi m.:* terreur
Coligny[2] languissait[3] dans les bras du repos,
Et le sommeil trompeur lui versait ses pavots.[4]
Soudain de mille cris le bruit épouvantable
Vient arracher ses sens à ce calme agréable:　　　　*arracher:* enlever avec force
Il se lève, il regarde, il voit de tous côtes　　　　*les sens m.:* ici, la faculté
Courir des assassins à pas précipités;　　　　d'éprouver des sensations
Il voit briller partout les flambeaux et les armes,
Ses serviteurs sanglants dans la flamme étouffés,　　　　*étouffer:* faire perdre la
Les meurtriers en foule au carnage échauffés,[5]　　　　respiration
Criant à haute voix "Qu'on n'épargne personne;　　　　*les meurtriers m.:* les assassins
C'est Dieu, c'est Médicis, c'est le roi qui l'ordonne!"　　　　*carnage m.:* massacre
Il entend retentir le nom de Coligny;
Il aperçoit de loin le jeune Téligny,
Téligny dont l'amour a mérité sa fille,
L'espoir de son parti, l'honneur de sa famille,
Qui sanglant, déchiré, trainé par des soldats,
Lui demandait vengeance, et lui tendait les bras.
Le héros malheureux, sans armes, sans défense,
Voyant qu'il faut périr, et périr sans vengeance,
Voulut mourir du moins comme il avait vécu,
Avec toute sa gloire et toute sa vertu.
Déjà des assassins la nombreuse cohorte
Du salon qui l'enferme allait briser la porte;
Il leur ouvre lui-même, et se montre à leurs yeux
Avec cet œil serein, ce front majestueux,
Tel que dans les combats, maître de son courage,
Tranquille il arrêtait ou pressait le carnage.

[1] **l'inégale courrière** *f.*: la lune, appelée aussi en poésie la courrière des nuits.
[2] **Coligny**: chef du parti des protestants.
[3] **languir**: s'abandonner passivement.
[4] **verser des pavots**: façon poétique de dire "endormir".
[5] **échauffés**: excités.

A cet air vénérable, à cet auguste aspect,
Les meurtriers surpris sont saisis de respect;
Une force inconnue a suspendu leur rage.
"Compagnons, leur dit-il, achevez votre ouvrage,
Et de mon sang glacé souillez[6] ces cheveux blancs
Que le sort des combats respecta quarante ans;
Frappez, ne craignez rien, Coligny vous pardonne;
Ma vie est peu de chose, et je vous l'abandonne . . .
J'eusse aimé mieux la perdre en combattant pour vous . . ."
Ces tigres à ces mots tombent à ses genoux:
L'un saisi d'épouvante, abandonne ses armes:
L'autre embrasse ses pieds, qu'il trempe de ses larmes;
Et de ses assassins ce grand homme entouré
Semblait un roi puissant par son peuple adoré . . .
Besme,[7] qui dans la cour attendait sa victime,
Monte, accourt, indigné qu'on diffère son crime.

différer: remettre à plus tard

Des assassins trop lents il veut hâter les coups;
Aux pieds de ce héros il les voit trembler tous.
A cet objet touchant lui seul est inflexible:
Lui seul, à la pitié toujours inaccessible,
Aurait cru faire un crime et trahir Médicis,
Si du moindre remords il se sentait surpris.
A travers les soldats il court d'un pas rapide;
Coligny l'attendait d'un visage intrépide;
Et bientôt dans le flanc ce monstre furieux
Lui plonge son épée, en détournant les yeux,
De peur que d'un coup d'œil cet auguste visage
Ne fît trembler son bras et glaçât son courage.
Du plus grand des Français tel fut le triste sort.
On l'insulte, on l'outrage encore après sa mort;
Son corps percé de coups, privé de sépulture,
Des oiseaux dévorants fut l'indigne pâture;[8]
Et l'on porta sa tête aux pieds de Médicis,
Conquête digne d'elle et digne de son fils.
Médicis la reçut avec indifférence,
Sans paraître jouir du fruit de sa vengeance,
Sans remords, sans plaisir, maîtresse de ses sens,
Et comme accoutumée à de pareils présents.

la sépulture: le lieu où les corps des morts ou des défunts sont ensevelis

[6] **souillez**: déshonorez.
[7] **Besme**: c'était un Bohémien, domestique de la maison des Guise, et qui était détesté des protestants à cause de ses cruautés; il fut tué lui-même par les protestants en 1575.
[8] **pâture** *f.*: nourriture sur laquelle on se jette (en général pour les animaux).

Questions

1. A quel âge Charles IX devint-il roi de France? En quelle année?
2. Qu'essaya-t-il de concilier pendant son règne?
3. Qu'étaient vraiment les guerres de Religion?
4. Quel était le point capital de sa politique?
5. Quelle décision sa mère et lui prirent-ils le 24 août 1572 et pourquoi?
6. Quand mourut-il?
7. Qui lui succéda?
8. Qu'est-ce que *La Henriade*?
9. Pourquoi Voltaire l'a-t-il écrite?
10. Qui va en Angleterre et pourquoi?
11. Que raconte-t-il à Elisabeth?
12. Comment Henri IV succéda-t-il à Henri III?
13. Décrivez comment l'amiral Coligny reçut les assassins.
14. Quelle fut leur réaction?
15. Qui était Téligny?
16. Qui fut responsable de la mort de Coligny?
17. Pourquoi Henri de Navarre devrait-il être en grave danger cette nuit-là?

Henri IV (le Grand)

Qui sert bien son pays n'a pas besoin d'aïeux

CATHERINE DE MÉDICIS mourut le 5 janvier 1589, à l'âge de soixante-dix ans. Henri III fut assassiné par un fanatique le 1er août de la même année.

Ce fut un moment de singulier désarroi que ce matin du 1er août 1589, lorsque la mort d'Henri III mit tout le monde en présence du fait inéluctable[1]: la France avait un nouveau roi et ce roi était protestant.

le désarroi: le grand désordre inquiétant; l'incertitude

Henri IV était le petit-fils de Marguerite d'Angoulême, Valois et Navarre, la sœur de François Ier. Il était le fils de Jeanne d'Albret et d'Antoine de Bourbon. Il fut élevé en protestant et en soldat; il était de tempérament énergique et voulait être roi de France.

Et il fut, dit un historien français, "le plus intelligent des rois français." D'abord par la conquête, qui lui demanda à peu près cinq ans, il arriva à pacifier le royaume. Cela représenta la moitié de sa tâche. L'autre moitié fut consacrée à la reconstruction d'une France que les guerres religieuses avaient laissée presque aussi ravagée qu'après la guerre de Cent Ans, au siècle précédent.

consacrée: dédiée à; occupée par

Henri se convertit au catholicisme, mais il défendit les droits des huguenots et, le 13 avril 1598, il faisait publier l'édit qui allait porter dans l'histoire le nom fameux d'édit de Nantes. En quatre-vingt-quinze articles généraux et cinquante-six particuliers, Henri IV décidait que les protestants jouiraient d'une pleine et entière liberté de conscience.

jouir: profiter

Dans son programme de reconstruction, Henri fut aidé par monsieur de Rosny, duc de Sully. Sully réussit à équilibrer le budget. Puis, leurs finances assainies,[2] Henri et Sully se préoccupèrent d'améliorer le sort du peuple. Il ne faut pas exagérer ce qu'ils ont accompli pour l'agriculture, le commerce, les travaux publics. Leur plus grand mérite fut de faire cesser les guerres, ce qui permit au peuple de travailler tranquillement.

améliorer: rendre meilleur
le sort: la destinée

A l'âge de cinquante-six ans, Henri fut malheureusement assassiné par un détraqué[3] fanatique qui agit seul, sans aucune complicité.

---

[1] **inéluctable:** qu'on ne peut éviter.
[2] **assaini:** ayant retrouvé la santé.
[3] **un détraqué:** un fou.

Aucun roi de France n'a été autant regretté. On se rendait compte alors de ce qu'avait été ce prince qui fut le plus charmant, le plus spirituel et le plus français des anciens rois. On reparlait de son affabilité souriante, sa douceur, sa politesse parfaite; les gentilshommes se remémoraient sa familiarité joviale, dénuée de protocole,⁴ pleine de bonne humeur et de camaraderie, son entrain,⁵ sa gaieté. Et en même temps, tous se remémoraient combien il avait su être roi, maître de lui et des autres, sachant jouer le grand seigneur à ses heures, s'il lui plaisait, et porter la couronne de France avec la dignité fière convenant a⁶ un grand royaume. Il avait vraiment été un roi. Il avait donné la paix au royaume après trente ans de guerre civile et lui avait enseigné ce que c'était que la tolérance.

Durant la Révolution française (1789–1793) tous les rois français qui lui succédèrent furent condamnés, mais Henri IV resta souverain dans le cœur du peuple. Et après sa mort, on l'appela "Henri le Grand".

Questions
1. En quelle année le règne des Valois cessa-t-il?
2. Pourquoi le matin du premier août 1589 fut-il un moment de grande incertitude dans l'histoire de la France?
3. Qu'à dit d'Henri de Navarre un historien français?
4. Quel a été l'édit le plus important d'Henri IV?
5. De quoi s'agit-il?
6. Quelles tâches demandèrent de lui toute son intelligence?
7. Qui l'aida dans ces tâches?
8. Pourquoi l'appelle-t-on Henri le Grand?

⁴ **dénué de protocole:** avec simplicité; sans protocole.
⁵ **son entrain:** son ardeur à vivre.
⁶ **convenant à:** s'accordant avec, digne de.

Henri IV le grand, à l'époque où il n'était que roi de Navarre. *(Bibl. Nat. Paris)*

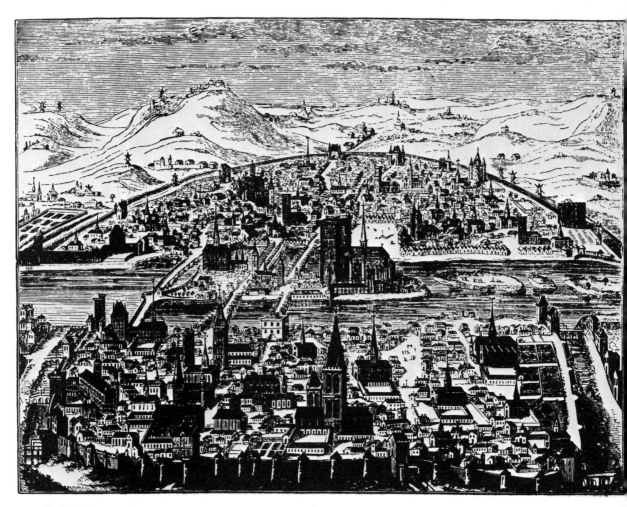

Paris à l'époque d'Henri IV.

La Reine Margot

🎗 *Reine, je n'ai pas de trône; femme je n'ai pas de mari*

DANS LES deux premiers chapitres de son roman, *La Reine Margot,*
Alexandre Dumas décrit la grande fête au Louvre où la cour célébrait les
noces de Henri IV (Henri de Navarre) et de Marguerite de Valois. Nous y
comprenons un peu la situation politique réelle, masquée par la gaieté de la
fête brillante.

LA REINE MARGOT
par Alexandre Dumas père

CHAPITRE I
LE LATIN DE M. DE GUISE

LE LUNDI, dix-huitième jour du mois d'août 1572, il y avait grande fête au
Louvre.

Les fenêtres de la vieille demeure royale, ordinairement si sombres,
étaient ardemment éclairées; les places et les rues attenantes,[1] habituellement
si solitaires dès que neuf heures sonnaient à Saint-Germain-l'Auxerrois,
étaient, quoiqu'il fût minuit, encombrées de populaire.[2]

Tout ce concours[3] menaçant, pressé, bruyant, ressemblait, dans l'obscurité,
à une mer sombre et houleuse[4] dont chaque îlot faisait une vague grondante;
cette mer, épandue[5] sur le quai, où elle se dégorgeait[6] par la rue des Fossés-
Saint-Germain et par la rue de l'Astruce, venait battre de son flux[7] le pied
des murs du Louvre et de son reflux[7] la base de l'hôtel de Bourbon, qui
s'élevait en face.

ardemment: avec ardeur, avec
éclat

encombrées: pleines de
bruyant: qui fait du bruit; qui
émet beaucoup de sons plutôt
désagréables
grondante: sourdement bruyante,
d'une façon prolongée

[1] **attenante:** les plus voisines, qui touchent l'endroit dont on parle.
[2] **populaire:** mot le plus souvent employé comme adjectif; ici, le populaire signifie la foule
des gens du peuple.
[3] **ce concours:** cet ensemble de gens.
[4] **houleuse:** agitée, comme les vagues de la mer.
[5] **épandue:** étendue; étalée.
[6] **se dégorger:** s'écouler; se perdre en se répandant.
[7] **flux et reflux:** mouvements de la mer d'abord vers la côte, puis vers le large, alternativement.

Il y avait, malgré la fête royale, et même peut-être à cause de la fête royale, quelque chose de menaçant dans ce peuple; car il ne se doutait pas que cette solennité, à laquelle il assistait comme spectateur, n'était que le prélude d'une autre remise à huitaine, et à laquelle il serait convié et s'ébattrait[8] de tout son cœur.

La cour célébrait les noces de madame Marguerite de Valois, fille du roi Henri II et sœur du roi Charles IX, avec Henri de Bourbon, roi de Navarre. En effet, le matin même, le cardinal de Bourbon avait uni les deux époux avec le cérémonial usité pour les noces des filles de France, sur un théâtre dressé à la porte de Notre-Dame.

Ce mariage avait étonné tout le monde et avait fort donné à songer[9] à quelques-uns qui voyaient plus clair que les autres; on comprenait peu le rapprochement de deux partis aussi haineux que l'étaient à cette heure le parti protestant et le parti catholique: on se demandait comment le jeune prince de Condé pardonnerait au duc d'Anjou, frère du roi, la mort de son père assassiné à Jarnac par Montesquiou. On se demandait comment le jeune duc de Guise pardonnerait à l'amiral de Coligny la mort du sien assassiné à Orléans par Poltrot de Mère. Il y a plus: Jeanne de Navarre, la courageuse épouse du faible Antoine de Bourbon, qui avait amené son fils Henri aux royales fiançailles qui l'attendaient, était morte il y avait deux mois à peine, et de singuliers bruits s'étaient répandus sur cette mort subite. Partout on disait tout bas, et en quelques lieux tout haut, qu'un secret terrible avait été surpris par elle, et que Catherine de Médicis, craignant la révélation de ce secret, l'avait empoisonnée avec des gants de senteur[10] qui avaient été confectionnés par un nommé Réné, Florentin fort habile dans ces sortes de matières. Ce bruit s'était d'autant plus répandu et confirmé, qu'après la mort de cette grande reine, sur la demande de son fils, deux médecins, desquels était le fameux Ambroise Paré, avaient été autorisés à ouvrir et à étudier le corps, mais non le cerveau. Or, comme c'était par l'odorat qu'avait été empoisonnée Jeanne de Navarre, c'était le cerveau, seule partie du corps exclue de l'autopsie, qui devait offrir les traces du crime. Nous disons crime, car personne ne doutait qu'un crime n'eût été commis.

Ce n'était pas tout: le roi Charles, particulièrement, avait mis à ce mariage, qui non seulement rétablissait la paix dans son royaume, mais encore attirait à Paris les principaux huguenots de France, une persistance qui ressemblait à de l'entêtement. Comme les deux fiancés appartenaient, l'un à la religion catholique, l'autre à la religion réformée, on avait été obligé de s'adresser pour la dispense à Grégoire XIII, qui tenait alors le siège de Rome. La dispense tardait, et ce retard inquiétait fort la feue[11] reine de Navarre; elle avait un jour exprimé à Charles IX ses craintes que cette dispense n'arrivât point, ce à quoi le roi avait répondu:

---

[8] **s'ébattre**: s'amuser; se divertir en s'agitant en sautant ou en dansant.
[9] **donner à songer**: provoquer de l'inquiétude.
[10] **senteur** *f.*: parfum.
[11] **feu -e** *adj.*: mort, défunt récemment.

Margin glosses:

se douter de: soupçonner; pressentir sans certitude

remise à huitaine: qui aura lieu une semaine plus tard

convié: invité

les noces *f.*: célébration d'un mariage

le rapprochement: la réconciliation

haineux: méchamment hostile

les fiançailles *f.*: promesse de mariage annoncée officiellement

singuliers: étonnants

bruits *m.*: rumeurs

subite: soudain; inattendue

habile: adroit; capable; qui sait très bien faire

entêtement: obstination

—N'ayez souci,[12] ma bonne tante, je vous honore plus que le pape, et aime plus ma sœur que je ne le crains. Je ne suis pas huguenot, mais je ne suis pas sot non plus, et si monsieur le pape fait trop la bête, je prendrai moi-même Margot par la main, et je la mènerai épouser votre fils en plein prêche.[13]

sot: privé de jugement, d'intelligence

Ces paroles s'étaient répandues du Louvre dans la ville, et, tout en réjouissant fort les huguenots, avaient considérablement donné à penser aux catholiques, qui se demandaient tout bas si le roi les trahissait réellement, ou bien ne jouait pas quelque comédie qui aurait un beau matin ou un beau soir son dénoûment[14] inattendu.

C'était vis-à-vis de l'amiral de Coligny surtout, qui depuis cinq ou six ans faisait une guerre acharnée[15] au roi, que la conduite de Charles IX paraissait inexplicable: après avoir mis sa tête à prix à cent cinquante mille écus d'or, le roi ne jurait plus que par lui,[16] l'appelant son père et déclarant tout haut qu'il allait confier désormais à lui seul la conduite de la guerre; c'est au point que Catherine de Médicis elle-même, qui jusqu'alors avait réglé les actions, les volontés et jusqu'aux désirs du jeune prince, paraissait commencer à s'inquiéter tout de bon,[17] et ce n'était pas sans sujet, car, dans un moment d'épanchement,[18] Charles IX avait dit à l'amiral à propos de la guerre de Flandre:

vis-à-vis: en face

—Mon père, il y a encore une chose en ceci à laquelle il faut bien prendre garde: c'est que la reine mère, qui veut mettre le nez partout comme vous savez, ne connaisse rien de cette entreprise; que nous la tenions si secrète qu'elle n'y voie goutte, car, brouillonne[19] comme je la connais, elle nous gâterait tout.

gâter: abîmer; créer des difficultés

Or, tout sage et expérimenté qu'il était, Coligny n'avait pu tenir secrète une si entière confiance; et quoiqu'il fût arrivé à Paris avec de grands soupçons, quoique à son départ de Châtillon une paysanne se fût jetée à ses pieds, en criant: "Oh! Monsieur, notre bon maître, n'allez pas à Paris, car si vous y allez vous mourrez, vous et tous ceux qui iront avec vous;" ces soupçons s'étaient peu à peu éteints dans son cœur et dans celui de Téligny, son gendre, auquel le roi de son côté faisait de grandes amitiés, l'appelant son frère comme il appelait l'amiral son père, et le tutoyant, ainsi qu'il faisait pour ses meilleurs amis.

éteindre: faire cesser; annuler

gendre *m.*: pour les parents, le mari d'une fille

Les huguenots, à part quelques esprits chagrins et défiants, étaient donc entièrement rassurés: la mort de la reine de Navarre passait pour avoir été causée par une pleurésie, et les vastes salles du Louvre s'étaient emplies de tous ces braves protestants auxquels le mariage de leur jeune chef Henri promettait un retour de fortune bien inespéré. L'amiral de Coligny, La

à part: sauf; excepté

emplies: rendues pleines; encombrées

[12] **n'ayez souci:** ne vous inquiétez pas.

[13] **en plein prêche:** en plein milieu d'une cérémonie religieuse, pendant le sermon.

[14] **dénoûment** *m.*: la fin (s'écrit aujourd'hui dénouement).

[15] **acharnée:** avec une animosité obstinée.

[16] **jurer par quelqu'un:** proclamer une confiance absolue en quelqu'un.

[17] **tout de bon:** vraiment; réellement.

[18] **épanchement** *m.*: communication à quelqu'un de pensées, de sentiments intimes.

[19] **brouillonne:** qui met du désordre; qui apporte de la confusion.

Rochefoucault, le prince de Condé fils, Téligny, enfin tous les principaux du parti, triomphaient de voir tout-puissants au Louvre et si bien venus à Paris ceux-là même que trois mois auparavant le roi Charles et la reine Catherine voulaient faire pendre à des potences[20] plus hautes que celles des assassins. Il n'y avait que le maréchal de Montmorency que l'on cherchait vainement parmi tous ses frères, car aucune promesse n'avait pu le séduire, aucun semblant n'avait pu le tromper, et il restait retiré en son château de l'Isle-Adam, donnant pour excuse de sa retraite la douleur que lui causait encore la mort de son père, le connétable[21] Anne de Montmorency, tué d'un coup de pistolet par Robert Stuart, à la bataille de Saint-Denis. Mais comme cet événement était arrivé depuis plus de trois ans et que la sensibilité était une vertu assez peu à la mode à cette époque, on n'avait cru de ce deuil prolongé outre mesure[22] que ce qu'on avait bien voulu en croire.

Au reste, tout donnait tort au maréchal de Montmorency; le roi, la reine, le duc d'Anjou et le duc d'Alençon faisaient à merveille les honneurs de la royale fête.

Le duc d'Anjou recevait des huguenots eux-mêmes des compliments bien mérités sur les deux batailles de Jarnac et de Moncontour, qu'il avait gagnées avant d'avoir atteint l'âge de dix-huit ans, plus précoce en cela que n'avaient été César et Alexandre, auxquels on le comparait en donnant bien entendu, l'infériorité aux vainqueurs d'Issus et de Pharsale; le duc d'Alençon regardait tout cela de son côté caressant et faux; la reine Catherine rayonnait de joie et, toute confite[23] en gracieusetés, complimentait le prince Henri de Condé sur son récent mariage avec Marie de Clèves; enfin MM. de Guise eux-mêmes souriaient aux formidables ennemis de leur maison, et le duc de Mayenne discourait avec M. de Tavannes et l'amiral sur la prochaine guerre qu'il était plus que jamais question de déclarer à Philippe II.

Au milieu de ces groupes allait et venait, la tête légèrement inclinée et l'oreille ouverte à tous les propos, un jeune homme de dix-neuf ans, à l'œil fin, aux cheveux noirs coupés très courts, aux sourcils épais, au nez recourbé comme un bec d'aigle, au sourire narquois, à la moustache et à la barbe naissantes. Ce jeune homme, qui ne s'était fait remarquer encore qu'au combat d'Arnay-le-Duc où il avait bravement payé de sa personne, et qui recevait compliments sur compliments, était l'élève bien-aimé de Coligny et le héros du jour; trois mois auparavant, c'est-à-dire à l'époque où sa mère vivait encore, on l'avait appelé le prince de Béarn; on l'appelait maintenant le roi de Navarre, en attendant qu'on l'appelât Henri IV.

De temps en temps un nuage sombre et rapide passait sur son front; sans doute il se rappelait qu'il y avait deux mois à peine que sa mère était morte, et moins que personne il doutait qu'elle fût morte empoisonnée. Mais le

[20] **potences** *f.*: appareil, échafaudage où est accrochée la corde qui sert à l'exécution des condamnés à la pendaison.
[21] **le connétable**: au Moyen Age, commandant suprême de l'armée royale.
[22] **outre mesure**: avec excès.
[23] **confite en**: imprégnée de; imbue de.

nuage était passager et disparaissait comme une ombre flottante; car ceux qui lui parlaient, ceux qui le félicitaient, ceux qui le coudoyaient, étaient ceux-là mêmes qui avaient assassiné la courageuse Jeanne d'Albret.

A quelques pas du roi de Navarre, presque aussi pensif, presque aussi soucieux que le premier affectait d'être joyeux et ouvert, le jeune duc de Guise causait avec Téligny. Plus heureux que le Béarnais, à vingt-deux ans sa renommée avait presque atteint celle de son père, le grand François de Guise. C'était un élégant seigneur, de haute taille, au regard fier et orgueilleux, et doué de cette majesté naturelle qui faisait dire, quand il passait, que près de lui les autres princes paraissaient peuple. Tout jeune qu'il était, les catholiques voyaient en lui le chef de leur parti, comme les huguenots voyaient le leur dans ce jeune Henri de Navarre dont nous venons de tracer le portrait. Il avait d'abord porté le titre de prince de Joinville, et avait fait, au siège d'Orléans, ses premières armes sous son père, qui était mort dans ses bras en lui désignant l'amiral Coligny pour son assassin. Alors le jeune duc, comme Annibal, avait fait un serment solennel: c'était de venger la mort de son père sur l'amiral et sur sa famille, et de poursuivre ceux de sa religion sans trêve[24] ni relâche,[25] ayant promis à Dieu d'être son ange exterminateur sur terre jusqu'au jour où le dernier hérétique serait exterminé. Ce n'était donc pas sans un profond étonnement qu'on voyait ce prince, ordinairement si fidèle à sa parole, tendre la main à ceux qu'il avait juré de tenir pour ses éternels ennemis et causer familièrement avec le gendre de celui dont il avait promis la mort à son père mourant.

Mais, nous l'avons dit, cette soirée était celle des étonnements.

En effet, avec cette connaissance de l'avenir qui manque heureusement aux hommes, avec cette faculté de lire dans les cœurs qui n'appartient malheureusement qu'à Dieu, l'observateur privilégié auquel il eût été donné d'assister à cette fête, eût joui certainement du plus curieux spectacle que fournissent les annales de la triste comédie humaine.

Mais cet observateur qui manquait aux galeries intérieures du Louvre, continuait dans la rue à regarder de ses yeux flamboyants et à gronder de sa voix menaçante: cet observateur c'était le peuple, qui, avec son instinct merveilleusement aiguisé[26] par la haine, suivait de loin les ombres de ses ennemis implacables et traduisait leurs impressions aussi nettement que peut le faire le curieux devant les fenêtres d'une salle de bal hermétiquement fermée. La musique enivre et règle le danseur, tandis que le curieux voit le mouvement seul et rit de ce pantin[27] qui s'agite sans raison, car le curieux, lui, n'entend pas la musique.

La musique qui enivrait les huguenots, c'était la voix de leur orgueil.

[24] **sans trêve:** sans interruption.
[25] **sans relâche:** sans affaiblissement.
[26] **aiguisé:** rendu plus intense.
[27] **pantin** *m.*: jouet (marionnette) représentant un personnage qu'on anime au moyen de ficelles, ou, homme qui semble gesticuler sans raison comme le jouet.

Ces lueurs qui passaient aux yeux des Parisiens au milieu de la nuit, c'étaient les éclairs de leur haine qui illuminaient l'avenir.

Et cependant tout continuait d'être riant à l'intérieur, et même un murmure plus doux et plus flatteur que jamais courait en ce moment par tout le Louvre; c'est que la jeune fiancée, après être allée déposer sa toilette d'apparat,[28] son manteau traînant[29] et son long voile, venait de rentrer dans la salle de bal, accompagnée de la belle duchesse de Nevers, sa meilleure amie, et menée par son frère Charles IX, qui la présentait aux principaux de ses hôtes.

Cette fiancée, c'était la fille de Henri II, c'était la perle de la couronne de France, c'était Marguerite de Valois, que, dans sa familière tendresse pour elle, le roi Charles IX n'appelait jamais que "ma sœur Margot."

Certes jamais accueil, si flatteur qu'il fût, n'avait été mieux mérité que celui qu'on faisait en ce moment à la nouvelle reine de Navarre. Marguerite à cette époque avait vingt ans à peine, et déjà elle était l'objet des louanges de tous les poètes, qui la comparaient les uns à l'Aurore, les autres à Cythérée. C'était en effet la beauté sans rivale de cette cour où Catherine de Médicis avait réuni, pour en faire ses sirènes, les plus belles femmes qu'elle avait pu trouver. Elle avait les cheveux noirs, le teint brillant, l'œil voluptueux et voilé de longs cils, la bouche vermeille et fine, le cou élégant, la taille riche et souple, et, perdu, dans une mule de satin, un pied d'enfant. Les Français, qui la possédaient, étaient fiers de voir éclore[30] sur leur sol une si magnifique fleur, et les étrangers qui passaient par la France s'en retournaient éblouis de sa beauté s'ils l'avaient vue seulement, étourdis de sa science s'ils avaient causé avec elle. C'est que Marguerite était non seulement la plus belle, mais encore la plus lettrée des femmes de son temps, et l'on citait le mot d'un savant italien qui lui avait été présenté, et qui, après avoir causé avec elle une heure en italien, en espagnol, en latin et en grec, l'avait quittée en disant dans son enthousiasme: "Voir la cour sans voir Marguerite de Valois, c'est ne voir ni la France ni la cour."

Aussi les harangues[31] ne manquaient pas au roi Charles IX et à la reine de Navarre; on sait combien les huguenots étaient harangueurs. Force[32] allusions au passé, force demandes pour l'avenir furent adroitement glissées au roi au milieu de ces harangues; mais à toutes ces allusions, il répondait avec ses lèvres pâles et son sourire rusé:

—En donnant ma sœur Margot à Henri de Navarre, je donne ma sœur à tous les protestants du royaume.

Mot qui rassurait les uns et faisait sourire les autres, car il avait réellement deux sens: l'un paternel, et dont en bonne conscience Charles IX ne voulait

---

lueur *f.*: lumière; clarté
éclair *m.*: vive lumière de courte durée comme les décharges électriques pendant l'orage

accueil *m.*: façons dont on reçoit quelqu'un
louanges *f.*: éloges; opinions flatteuses

voilé: comme ombré par un voile (tissu très fin)
cils *m.*: poils épais garnissant le bord des paupières
ébloui: plein d'admiration; étonnée
étourdi: stupéfait d'admiration

glissé: ici, amené adroitement, comme par hasard, dans la conversation

---

[28] **sa toilette d'apparat:** ici, son costume de noces.
[29] **son manteau traînant:** ici, son manteau de cérémonie très long, formant une traîne (souvent portée par des pages).
[30] **éclore:** naître; commencer à paraître et se développer comme les fleurs.
[31] **les harangues** *f.*: discours.
[32] **force:** ici, beaucoup; force allusions, beaucoup d'allusions.

pas surcharger sa pensée; l'autre injurieux pour l'épousée, pour son mari et pour celui-là même qui le disait, car il rappelait quelques sourds scandales dont la chronique de la cour avait déjà trouvé moyen de souiller[33] la robe nuptiale de Marguerite de Valois.

Cependant M. de Guise causait, comme nous l'avons dit, avec Téligny; mais il ne donnait pas à l'entretien une attention si soutenue qu'il ne se détournât parfois pour lancer un regard sur le groupe de dames au centre duquel resplendissait la reine de Navarre. Si le regard de la princesse rencontrait alors celui du jeune duc, un nuage semblait obscurcir ce front charmant autour duquel des étoiles de diamants formaient une tremblante auréole, et quelque vague dessein perçait dans son attitude impatiente et agitée.

soutenu: sans faiblesse, sans distraction

La princesse Claude, sœur aînée de Marguerite, qui depuis quelques années déjà avait épousé le duc de Lorraine, avait remarqué cette inquiétude, et elle s'approchait d'elle pour lui en demander la cause, lorsque chacun s'écartant devant la reine mère, qui s'avançait appuyée au bras du jeune prince de Condé, la princesse se trouva refoulée loin de sa sœur. Il y eut alors un mouvement général dont le duc de Guise profita pour se rapprocher de madame de Nevers, sa belle-sœur, et par conséquent de Marguerite. Madame de Lorraine, qui n'avait pas perdu la jeune reine des yeux, vit alors, au lieu de ce nuage qu'elle avait remarqué sur son front, une flamme ardente passer sur ses joues. Cependant le duc s'approchait toujours, et quand il ne fut plus qu'à deux pas de Marguerite, celle-ci, qui semblait plutôt le sentir que le voir, se retourna en faisant un effort violent pour donner à son visage le calme et l'insouciance; alors le duc salua respectueusement, et, tout en s'inclinant devant elle, murmura à demi voix:

—*Ipse attuli.*

Ce qui voulait dire:

—Je l'ai apporté, ou apporté moi-même.

Marguerite rendit sa révérence au jeune duc, et, en se relevant, laissa tomber cette réponse:

—*Noctu pro more.*

Ce qui signifiait:

—Cette nuit comme d'habitude.

Ces douces paroles, absorbées par l'énorme collet[34] goudronné de la princesse comme par l'enroulement d'un porte-voix, ne furent entendues que de la personne à laquelle on les adressait; mais si court qu'eût été le dialogue, sans doute il embrassait tout ce que les deux jeunes gens avaient à se dire, car après cet échange de deux mots contre trois, ils se séparèrent, Marguerite le front plus rêveur, et le duc le front plus radieux qu'avant qu'ils se fussent rapprochés. Cette petite scène avait eu lieu sans que l'homme le plus intéressé à la remarquer eût paru y faire la moindre attention, car, de son côté, le roi de Navarre n'avait d'yeux que pour une seule personne qui

---

[33] **souiller**: salir; porter atteinte à la réputation; avilir.
[34] **collet** *m.*: sorte de col plissé et volumineux autour du cou.

rassemblait autour d'elle une cour presque aussi nombreuse que Marguerite de Valois; cette personne était la belle madame de Sauve.

Charlotte de Beaune-Semblançay, petite-fille du malheureux Semblançay et femme de Simon de Fizes, baron de Sauve, était une des dames d'atours[35] de Catherine de Médicis, et l'une des plus redoutables auxiliaires de cette reine, qui versait à ses ennemis le philtre de l'amour quand elle n'osait leur verser le poison florentin; petite, blonde, tour à tour pétillante[36] de vivacité ou languissante de mélancolie, toujours prête à l'amour et à l'intrigue, les deux grandes affaires qui, depuis cinquante ans, occupaient la cour des trois rois qui s'étaient succédés; femme dans toute l'acception du mot et dans tout le charme de la chose, depuis l'œil bleu languissant ou brillant de flammes jusqu'aux petits pieds mutins[37] et cambrés[38] dans leurs mules de velours, madame de Sauve s'était, depuis quelques mois déjà, emparée de toutes les facultés du roi de Navarre, qui débutait alors dans la carrière amoureuse comme dans la carrière politique; si bien que Marguerite de Navarre, beauté magnifique et royale, n'avait plus même trouvé l'admiration au fond du cœur de son époux; et chose étrange et qui étonnait tout le monde, même de la part de cette âme pleine de ténèbres et de mystères, c'est que Catherine de Médicis, tout en poursuivant son projet d'union entre sa fille et le roi de Navarre, n'avait pas discontinué de favoriser presque ouvertement les amours de celui-ci avec madame de Sauve. Mais malgré cette aide puissante et en dépit des mœurs faciles de l'époque, la belle Charlotte avait résisté jusque-là; et de cette résistance inconnue, incroyable, inouïe,[39] plus encore que de la beauté et de l'esprit de celle qui résistait, était née dans le cœur du Béarnais une passion qui, ne pouvant se satisfaire, s'était repliée sur elle-même et avait dévoré dans le cœur du jeune roi la timidité, l'orgueil et jusqu'à cette insouciance, moitié philosophique, moitié paresseuse, qui faisait le fond de son caractère.

Madame de Sauve venait d'entrer depuis quelques minutes seulement dans la salle de bal: soit dépit,[40] soit douleur, elle avait résolu d'abord de ne point assister au triomphe de sa rivale, et, sous le prétexte d'une indisposition, elle avait laissé son mari, secrétaire d'État depuis cinq ans, venir seul au Louvre. Mais en apercevant le baron de Sauve sans sa femme, Catherine de Médicis s'était informée des causes qui tenaient sa bien-aimée Charlotte éloignée; et, apprenant que ce n'était qu'une légère indisposition, elle lui avait écrit quelques mots d'appel, auxquels la jeune femme s'était empressée[41] d'obéir. Henri, tout attristé qu'il avait été d'abord de son absence, avait cependant respiré plus librement lorsqu'il avait vu M. de Sauve entrer seul; mais au

redoutable: fort à craindre

ténèbres *f.*: obscurité profonde

paresseux: qui n'aime pas travailler

soit: ou bien; marquant une alternative, ou bien ceci, ou bien cela

---

[35] **une dame d'atours:** dame d'honneur plus spécialement chargée de s'occuper des toilettes de la reine.
[36] **pétillante:** ayant un esprit vif et plein de feu.
[37] **mutins:** malicieux.
[38] **cambré:** qui est courbé en arc.
[39] **inouïe:** extraordinaire; inexplicable.
[40] **dépit** *m.*: ressentiment; déception.
[41] **empressée:** hâtée.

moment où, ne s'attendant aucunement à cette apparition, il allait en soupirant se rapprocher de l'aimable créature qu'il était condamné, sinon à aimer,
du moins à traiter en épouse, il avait vu au bout de la galerie surgir madame
de Sauve; alors il était demeuré cloué[42] à sa place, les yeux fixés sur cette
Circé qui l'enchaînait à elle comme un lien magique, et, au lieu de continuer
sa marche vers sa femme, par un mouvement d'hésitation qui tenait bien
plus à l'étonnement qu'à la crainte, il s'avança vers madame de Sauve.

De leur côté les courtisans, voyant que le roi de Navarre dont on connaissait déjà le cœur inflammable, se rapprochait de la belle Charlotte,
n'eurent point le courage de s'opposer à leur réunion; ils s'éloignèrent
complaisamment, de sorte qu'au même instant où Marguerite de Valois et
M. de Guise échangeaient les quelques mots latins que nous avons rapportés,
Henri, arrivé près de madame de Sauve, entamait[43] avec elle en français
fort intelligible, quoique saupoudré[44] d'accent gascon, une conversation
beaucoup moins mystérieuse.

de sorte que: de manière que

—Ah! ma mie! lui dit-il, vous voilà donc revenue au moment ou l'on
m'avait dit que vous étiez malade et où j'avais perdu l'espérance de vous voir?

—Votre Majesté, répondit madame de Sauve, aurait-elle la prétention de
me faire croire que cette espérance lui avait beaucoup coûté à perdre?

—Sang-diou! je le crois bien, reprit le Béarnais; ne savez-vous point que
vous êtes mon soleil pendant le jour et mon étoile pendant la nuit? En vérité
je me croyais dans l'obscurité la plus profonde, lorsque vous avez paru tout à
l'heure et avez soudain tout éclairé.

—C'est un mauvais tour que je vous joue alors, Monseigneur.

—Que voulez-vous dire, ma mie? demanda Henri.

—Je veux dire que lorsqu'on est maître de la plus belle femme de France,
la seule chose qu'on doive désirer, c'est que la lumière disparaisse pour faire
place à l'obscurité, car c'est dans l'obscurité que nous attend le bonheur.

—Ce bonheur, mauvaise, vous savez bien qu'il est aux mains d'une seule
personne, et que cette personne se rit et se joue du pauvre Henri.

—Oh! reprit la baronne, j'aurais cru, au contraire, moi, que c'était cette
personne qui était le jouet et la risée[45] du roi de Navarre.

Henri fut effrayé de cette attitude hostile, et cependant il réfléchit qu'elle
trahissait le dépit, et que le dépit n'est que le masque de l'amour.

—En vérité, dit-il, chère Charlotte, vous me faites là un injuste reproche,
et je ne comprends pas qu'une si jolie bouche soit en même temps si cruelle.
Croyez-vous donc que ce soit moi qui me marie? Eh! non, ventre-saint-gris!
ce n'est pas moi!

—C'est moi, peut-être! reprit aigrement la baronne, si jamais peut
paraître aigre la voix de la femme qui nous aime et qui nous reproche de ne
pas l'aimer.

[42] cloué: immobilisé.
[43] entamer: commencer.
[44] saupoudré: orné çà et là.
[45] la risée: un objet de moquerie.

—Avec vos beaux yeux n'avez-vous pas vu plus loin, baronne? Non, non, ce n'est pas Henri de Navarre qui épouse Marguerite de Valois.

—Et qui est-ce donc alors?

—Eh, sang-diou! c'est la religion réformée qui épouse le pape, voilà tout.

—Nenni, nenni, Monseigneur, et je ne me laisse pas prendre à vos jeux d'esprit, moi: Votre Majesté aime madame Marguerite, et je ne vous en fais pas un reproche, Dieu m'en garde! elle est assez belle pour être aimée.

Henri réfléchit un instant, et tandis qu'il réfléchissait, un fin sourire retroussa[46] le coin de ses lèvres.

—Baronne, dit-il, vous me cherchez querelle, ce me semble, et cependant vous n'en avez pas le droit; qu'avez-vous fait, voyons! pour m'empêcher d'épouser madame Marguerite? Rien; au contraire, vous m'avez toujours désespéré.

—Et bien m'en pris,[47] Monseigneur! répondit madame de Sauve.

—Comment cela?

—Sans doute, puisque aujourd'hui vous en épousez une autre.

—Ah! je l'épouse parce que vous ne m'aimez pas.

—Si je vous eusse aimé, sire, il me faudrait donc mourir dans une heure!

—Dans une heure! Que voulez-vous dire, et de quelle mort seriez-vous morte?

—De jalousie . . . car dans une heure la reine de Navarre renverra ses femmes, et Votre Majesté ses gentilshommes.

—Est-ce là véritablement la pensée qui vous préoccupe, ma mie?

—Je ne dis pas cela. Je dis que, si je vous aimais, elle me préoccuperait horriblement.

—Eh bien! s'écria Henri au comble de la joie d'entendre cet aveu, le premier qu'il eût reçu, si le roi de Navarre ne renvoyait pas ses gentilshommes ce soir?

au comble de: au plus haut degré

aveu *m.*: déclaration

—Sire, dit madame de Sauve, regardant le roi avec un étonnement qui cette fois n'était pas joué, vous dites là des choses impossibles et surtout incroyables.

—Pour que vous les croyiez, que faut-il donc faire?

—Il faudrait m'en donner la preuve, et cette preuve, vous ne pouvez me la donner.

—Si fait, baronne, si fait. Par saint Henri! je vous la donnerai, au contraire, s'écria le roi en dévorant la jeune femme d'un regard embrasé d'amour.

—O Votre Majesté! murmura la belle Charlotte en baissant la voix et les yeux . . . Je ne comprends pas . . . Non, non! il est impossible que vous échappiez au bonheur qui vous attend.

—Il y a quatre Henri dans cette salle, mon adorée! reprit le roi: Henri de France, Henri de Condé, Henri de Guise; mais il n'y a qu'un Henri de Navarre.

---

[46] **retrousser:** relever.
[47] **bien m'en pris:** j'ai eu raison d'agir ainsi.

—Eh bien?

—Eh bien! si vous avez ce Henri de Navarre près de vous toute cette nuit.

—Toute cette nuit?

—Oui; serez-vous certaine qu'il ne sera pas près d'une autre?

—Ah! si vous faites cela, sire! s'écria à son tour la dame de Sauve.

—Foi de gentilhomme, je le ferai.

Madame de Sauve leva ses grands yeux humides de voluptueuses promesses et sourit au roi, dont le cœur s'emplit d'une joie enivrante.

—Voyons, reprit Henri, en ce cas, que direz-vous?

—Oh! en ce cas, répondit Charlotte, en ce cas je dirai que je suis véritablement aimée de Votre Majesté.

—Ventre-saint-gris! vous le direz donc, car cela est, baronne.

—Mais comment faire? murmura madame de Sauve.

—Oh! par Dieu! baronne, il n'est point que vous n'ayez autour de vous quelque camérière, quelque suivante, quelque fille dont vous soyez sûre?

—Oh! j'ai Dariole, qui m'est si dévouée qu'elle se ferait couper en morceaux pour moi: un véritable trésor.

—Sang-diou! baronne, dites à cette fille que je ferai sa fortune quand je serai roi de France, comme me le prédisent les astrologues.

Charlotte sourit; car dès cette époque la réputation gasconne du Béarnais était déjà établie à l'endroit de ses promesses.

—Eh bien! dit-elle, que désirez-vous de Dariole?

—Bien peu de chose pour elle, tout pour moi.

—Enfin?

—Votre appartement est au-dessus du mien.

—Oui.

—Qu'elle attende derrière la porte. Je frapperai doucement trois coups; elle ouvrira, et vous aurez la preuve que je vous ai offerte.

Madame de Sauve garda le silence pendant quelques secondes; puis, comme si elle eût regardé autour d'elle pour n'être pas entendue, elle fixa un instant la vue sur le groupe où se tenait la reine mère; mais si court que fût cet instant, il suffit pour que Catherine et sa dame d'atours échangeassent chacune un regard.

—Oh! si je voulais, dit madame de Sauve avec un accent de sirène qui eût fait fondre la cire dans les oreilles d'Ulysse, si je voulais prendre Votre Majesté en mensonge.

fondre: amener un solide à l'état liquide
la cire: substance molle et jaunâtre sécrétée par les abeilles.

—Essayez, ma mie, essayez . . .

—Ah! ma foi! j'avoue que j'en combats l'envie.

—Laissez-vous vaincre: les femmes ne sont jamais si fortes qu'après leur défaite.

—Sire, je retiens votre promesse pour Dariole le jour où vous serez roi de France.

Henri jeta un cri de joie.

C'était juste au moment où ce cri s'échappait de la bouche du Béarnais que la reine de Navarre répondait au duc de Guise:

Noctu pro more: Cette nuit comme d'habitude.

Alors Henri s'éloigna de madame de Sauve aussi heureux que l'était le duc de Guise en s'éloignant lui-même de Marguerite de Valois.

Une heure après cette double scène que nous venons de raconter, le roi Charles et la reine mère se retirèrent dans leurs appartements; presque aussitôt les salles commencèrent à se dépeupler, les galeries laissèrent voir la base de leurs colonnes de marbre. L'amiral et le prince de Condé furent reconduits par quatre cents gentilshommes huguenots au milieu de la foule qui grondait sur leur passage. Puis Henri de Guise, avec les seigneurs lorrains et les catholiques, sortirent à leur tour, escortés des cris de joie et des applaudissements du peuple.

Quant à Marguerite de Valois, à Henri de Navarre et à madame de Sauve, on sait qu'ils demeuraient au Louvre même.

Questions

1. Quelle grande fête eut lieu au Louvre le 18 août 1572?
2. Où avait eu lieu la cérémonie des noces?
3. Quels deux partis ce mariage rapprocha-t-il?
4. Quel sentiment existait-il entre ces deux partis?
5. Qui était Jeanne de Navarre?
6. Comment dit-on qu'elle mourut? Et quand?
7. Pourquoi la conduite de Charles vis-à-vis de l'amiral Coligny paraissait-elle inexplicable?
8. Pourquoi comparait-on le duc d'Anjou à César et à Alexandre?
9. Décrivez le futur Henri IV. Comment s'appelle-t-il au temps de son mariage.
10. Décrivez le jeune duc de Guise.
11. Que faisait-il de très étonnant au Louvre?
12. Comment Charles IX appelle-t-il toujours Marguerite de Valois?
13. Décrivez Marguerite.
14. Citez un mot d'un savant italien au sujet de Marguerite.
15. Quel était le nom de la sœur de Marguerite?
16. Expliquez la double scène que l'auteur a racontée.

CHAPITRE II

LA CHAMBRE DE LA REINE DE NAVARRE

Le Duc de Guise reconduisit sa belle-sœur, la duchesse de Nevers, en son hôtel qui était situé rue du Chaume, en face de la rue de Brac, et, après l'avoir remise à ses femmes, passa dans son appartement pour changer de costume, prendre un manteau de nuit et s'armer d'un de ces poignards[1] courts et aigus qu'on appelait une foi de gentilhomme, lesquels se portaient sans l'épée; mais au moment où il le prenait sur la table où il était déposé, il aperçut un petit billet serré entre la lame et le fourreau.[2]

Il l'ouvrit et lut ce qui suit:

"J'espère bien que M. de Guise ne retournera pas cette nuit au Louvre, ou, s'il y retourne, qu'il prendra au moins la précaution de s'armer d'une bonne cotte de mailles et d'une bonne épée."

—Ah! ah! dit le duc en se retournant vers son valet de chambre, voici un singulier avertissement, maître Robin. Maintenant faites-moi le plaisir de me dire quelles sont les personnes qui ont pénétré ici pendant mon absence.

—Une seule, Monseigneur.

—Laquelle?

—M. Du Gast.

—Ah! ah! En effet, il me semblait bien reconnaître l'écriture. Et tu es sûr que Du Gast est venu, tu l'as vu?

—J'ai fait plus, Monseigneur, je lui ai parlé.

—Bon; alors je suivrai le conseil. Ma jaquette et mon épée.

Le valet de chambre, habitué à ces mutations de costumes, apporta l'une et l'autre. Le duc alors revêtit sa jaquette, qui était en chaînons de mailles si souples que la trame[3] d'acier n'était guère plus épaisse que du velours: puis il passa par-dessus son jacques[4], des chausses[5] et un pourpoint[6] gris et argent, qui étaient ses couleurs favorites, tira de longues bottes qui montaient jusqu'au milieu de ses cuisses, se coiffa d'un toquet de velours noir sans plume ni pierreries, s'enveloppa d'un manteau de couleur sombre, passa un poignard à sa ceinture, et mettant son épée aux mains d'un page, seule escorte dont il voulût se faire accompagner, il prit le chemin du Louvre.

Comme il posait le pied sur le seuil de l'hôtel, le veilleur de Saint-Germain-l'Auxerrois venait d'annoncer une heure du matin.

Si avancée que fût la nuit et si peu sûres que fussent les rues à cette époque, aucun accident n'arriva à l'aventureux prince par le chemin, et il arriva sain et sauf devant la masse colossale du vieux Louvre, dont toutes les lumières

---

serré: placé très juste (coincé), difficile à dégager

lame *f.*: fer d'une épée, d'un couteau; ici, du poignard

avertissement *m.*: appel à l'attention, à la prudence de quelqu'un

mutations *f.*: changements

acier *m.*: fer rendu plus ou moins dur par un alliage plus ou moins important de carbone

sain et sauf: sans avoir éprouvé aucun dommage

---

[1] **poignard** *m.*: petite arme; sorte de petite épée très courte et coupante.
[2] **fourreau** *m.*: ce qui enveloppe la lame.
[3] **trame** *f.*: ensemble des fils d'un tissu dans un sens (transversal) entrecroisés avec ceux de la chaîne (sens longitudinal).
[4] **jacques** *m.*: blouse épaisse portée par les hommes au-dessus de leur cotte de mailles ou de leur armure.
[5] **les chausses** *f.*: sorte de culotte bouffante faisant partie du costume masculin de cette époque.
[6] **le pourpoint**: veste masculine de l'époque serrée à la taille.

s'étaient successivement éteintes, et qui se dressait à cette heure formidable de silence et d'obscurité.

En avant du château royal s'étendait un fossé profond, sur lequel donnaient la plupart des chambres des princes logés au palais. L'appartement de Marguerite était situé au premier étage.

Mais ce premier étage, accessible s'il n'y eût point eu de fossé, se trouvait, grâce au retranchement,[7] élevé de près de trente pieds, et, par conséquent, hors de l'atteinte[8] des amants et des voleurs, ce qui n'empêcha point M. le duc de Guise de descendre résolument dans le fossé.

Au même instant, on entendit le bruit d'une fenêtre du rez-de-chaussée qui s'ouvrait. Cette fenêtre était grillée; mais une main parut, souleva un des barreaux descellé[9] d'avance, et laissa pendre, par cette ouverture, un lacet[10] de soie.

—Est-ce vous, Gillonne? demanda le duc à voix basse.

—Oui, Monseigneur, répondit une voix de femme d'un accent plus bas encore.

—Et Marguerite?

—Elle vous attend.

—Bien.

A ces mots le duc fit signe à son page, qui, ouvrant son manteau, déroula une petite échelle de corde. Le prince attacha l'une des extrémités de l'échelle au lacet qui pendait. Gillonne tira l'échelle à elle, l'assujettit[11] solidement; et le prince, après avoir bouclé son épée à son ccinturon, commença l'escalade,[12] qu'il acheva sans accident. Derrière lui, le barreau reprit sa place, la fenêtre se referma, et le page, après avoir vu entrer paisiblement son seigneur dans le Louvre, aux fenêtres duquel il l'avait accompagné vingt fois de la même façon, s'alla coucher, enveloppé dans son manteau, sur l'herbe du fossé et à l'ombre de la muraille.

Il faisait une nuit sombre, et quelques gouttes d'eau tombaient tièdes et larges des nuages chargés de soufre et d'électricité.

Le duc de Guise suivit sa conductrice, qui n'était rien moins que la fille de Jacques de Matignon maréchal de France; c'était la confidente toute particulière de Marguerite, qui n'avait aucun secret pour elle, et l'on prétendait qu'au nombre des mystères qu'enfermait son incorruptible fidélité il y en avait de si terribles que c'étaient ceux-là qui la forçaient de garder les autres.

Aucune lumière n'était demeurée ni dans les chambres basses ni dans les corridors; de temps en temps seulement un éclair livide illuminait les appartements sombres d'un reflet bleuâtre qui disparaissait aussitôt.

un fossé: cavité profonde creusée en longueur et remplie d'eau autour d'un bâtiment pour le défendre (autrefois); ou pour l'écoulement des eaux

barre f.: petite pièce allongée de bois ou de métal servant de soutien ou d'obstacle, de fermeture

barreau m.: petite barre

tiède: ni chaud ni froid; entre les deux

---

[7] le retranchement: ici, fondation qui borde le fossé et surélève le bâtiment.
[8] hors de l'atteinte: non accessible à.
[9] descellé: sorti du trou dans lequel il était fixé par une matière durcie (ciment).
[10] lacet m.: cordon mince et plat.
[11] assujettir: fixer fortement, fermement.
[12] l'escalade f.: la montée pour atteindre un sommet.

Le duc, toujours guidé par sa conductrice qui le tenait par la main, atteignit enfin un escalier en spirale pratiqué[13] dans l'épaisseur d'un mur et qui s'ouvrait par une porte secrète et invisible dans l'antichambre de l'appartement de Marguerite.

L'antichambre, comme les autres salles du bas, était dans la plus profonde obscurité.

Arrivés dans cette antichambre, Gillonne s'arrêta.

—Avez-vous apporté ce que désire la reine? demanda-t-elle à voix basse.

—Oui, répondit le duc de Guise; mais je ne le remettrai qu'à Sa Majesté elle-même.

—Venez donc et sans perdre un instant! dit alors au milieu de l'obscurité une voix qui fit tressaillir le duc, car il la reconnut pour celle de Marguerite.

tressaillir: éprouver une agitation vive et passagère

Et en même temps une portière de velours violet fleurdelisé[14] d'or se soulevant, le duc distingua dans l'ombre la reine elle-même, qui, impatiente, était venue au-devant de lui.

—Me voici, Madame, dit alors le duc.

Et il passa rapidement de l'autre côté de la portière qui retomba derrière lui.

Alors ce fut, à son tour, à Marguerite de Valois de servir de guide au prince dans cet appartement, d'ailleurs bien connu de lui, tandis que Gillonne, restée à la porte, avait, en portant le doigt à sa bouche, rassuré sa royale maîtresse.

Comme si elle eût compris les jalouses inquiétudes du duc, Marguerite le conduisit jusque dans sa chambre à coucher; là elle s'arrêta.

—Eh bien, lui dit-elle, êtes-vous content, duc?

—Content, Madame? demanda celui-ci, et de quoi, je vous prie?

—De cette preuve que je vous donne, reprit Marguerite avec un léger accent de dépit, que j'appartiens à un homme qui, le soir de son mariage, la nuit même de ses noces, fait assez peu de cas de moi pour n'être pas même venu me remercier de l'honneur que je lui ai fait non pas en le choisissant, mais en l'acceptant pour époux.

—Oh! Madame, dit tristement le duc, rassurez-vous, il viendra, surtout si vous le désirez.

—Et c'est vous qui dites cela, Henri, s'écria Marguerite, vous qui, entre tous, savez le contraire de ce que vous dites! Si j'avais le désir que vous me supposez, vous eussé-je donc prié de venir au Louvre?

—Vous m'avez prié de venir au Louvre, Marguerite, parce que vous avez le désir d'éteindre tout vestige de notre passé, et que ce passé vivait non seulement dans mon cœur, mais dans ce coffre d'argent que je vous rapporte.

—Henri, voulez-vous que je vous dise une chose? reprit Marguerite en regardant fixement le duc, c'est que vous ne me faites plus l'effet d'un prince, mais d'un écolier! Moi nier que je vous ai aimé! moi vouloir éteindre une flamme qui mourra peut-être, mais dont le reflet ne mourra pas! Car les

---

[13] **pratiqué:** construit; établi; aménagé.
[14] **fleurdelisé:** orné, semé de fleurs de lis, emblèmes de la royauté en France.

amours des personnes de mon rang illuminent et souvent dévorent toute l'époque qui leur est contemporaine. Non, non, mon duc! Vous pouvez garder les lettres de votre Marguerite et le coffre qu'elle vous a donné. De ces lettres que contient le coffre elle ne vous en demande qu'une seule, et encore parce que cette lettre est aussi dangereuse pour vous que pour elle.

—Tout est à vous, dit le duc; choisissez donc là-dedans celle que vous voudrez anéantir.

Marguerite fouilla vivement dans le coffre ouvert, et d'une main fré-missante prit l'une après l'autre une douzaine de lettres dont elle se contenta de regarder les adresses, comme si à l'inspection de ces seules adresses sa mémoire lui rappelait ce que contenaient ces lettres; mais arrivée au bout de l'examen elle regarda le duc, et, toute pâlissante:

—Monsieur, dit-elle, celle que je cherche n'est pas là. L'auriez-vous perdue, par hasard? car, quant à l'avoir livrée . . .

—Et quelle lettre cherchez-vous, Madame?

—Celle dans laquelle je vous disais de vous marier sans retard.

—Pour excuser votre infidélité?

Marguerite haussa les épaules.

—Non, mais pour vous sauver la vie. Celle où je vous disais que le roi, voyant notre amour et les efforts que je faisais pour rompre votre future union avec l'infante de Portugal, avait fait venir son frère le bâtard d'An-goulême et lui avait dit en lui montrant deux épées: "De celle-ci tue Henri de Guise ce soir, ou de celle-là je te tuerai demain." Cette lettre, où est-elle?

—La voici, dit le duc de Guise en la tirant de sa poitrine.

Marguerite la lui arracha presque des mains, l'ouvrit avidement, s'assura que c'était bien celle qu'elle réclamait, poussa une exclamation de joie et l'approcha de la bougie. La flamme se communiqua aussitôt de la mèche[15] au papier, qui en un instant fut consumé; puis, comme si Marguerite eût craint qu'on put aller chercher l'imprudent avis jusque dans les cendres, elle les écrasa sous son pied.

Le duc de Guise, pendant toute cette fiévreuse action, avait suivi des yeux sa maîtresse.

—Eh bien! Marguerite, dit-il quand elle eut fini, êtes-vous contente maintenant?

—Oui; car, maintenant que vous avez épousé la princesse de Porcian, mon frère me pardonnera votre amour; tandis qu'il ne m'eût pas pardonné la révélation d'un secret comme celui que, dans ma faiblesse pour vous, je n'ai pas eu la puissance de vous cacher.

—C'est vrai, dit le duc de Guise; dans ce temps-là vous m'aimiez.

—Et je vous aime encore, Henri, autant et plus que jamais.

—Vous?

—Oui, moi; car jamais plus qu'aujourd'hui je n'eus besoin d'un ami sincère et dévoué. Reine, je n'ai pas de trône; femme, je n'ai pas de mari.

[15] **la mèche:** cordon d'une lampe ou d'une bougie qu'on allume.

anéantir: détruire entièrement
fouiller: chercher soigneusement à l'intérieur de quelque chose
frémissant: agité d'un tremblement

Le jeune prince secoua tristement la tête.

—Mais quand je vous dis, quand je vous répète, Henri, que mon mari, non seulement ne m'aime pas, mais qu'il me hait, mais qu'il me méprise; d'ailleurs, il me semble que votre présence dans la chambre où il devrait être fait bien preuve de cette haine et de ce mépris.

—Il n'est pas encore tard, Madame, et il a fallu au roi de Navarre le temps de congédier[16] ses gentilshommes, et, s'il n'est pas venu, il ne tardera pas à venir.

—Et moi je vous dis, s'écria Marguerite avec un dépit croissant, moi je vous dis qu'il ne viendra pas.

—Madame, s'écria Gillonne en ouvrant la porte et en soulevant la portière, Madame, le roi de Navarre sort de son appartement.

—Oh! je le savais bien, moi, qu'il viendrait! s'écria le duc de Guise.

—Henri, dit Marguerite d'une voix brève et en saisissant la main du duc, Henri, vous allez voir si je suis une femme de parole, et si l'on peut compter sur ce que j'ai promis une fois. Henri, entrez dans ce cabinet.

—Madame, laissez-moi partir s'il en est temps encore, car songez qu'à la première marque d'amour qu'il vous donne je sors de ce cabinet, et alors malheur à lui!

—Vous êtes fou! entrez, entrez, vous dis-je, je réponds de tout.

Et elle poussa le duc dans le cabinet.

Il était temps. La porte était à peine fermée derrière le prince que le roi de Navarre, escorté de deux pages qui portaient huit flambeaux de cire jaune sur deux candélabres, apparut souriant sur le seuil de la chambre.

Marguerite cacha son trouble en faisant une profonde révérence.

—Vous n'êtes pas encore au lit, Madame? demanda le Béarnais avec sa physionomie ouverte et joyeuse; m'attendiez-vous, par hasard?

—Non, Monsieur, répondit Marguerite, car hier encore vous m'avez dit que vous saviez bien que notre mariage était une alliance politique, et que vous ne me contraindriez[17] jamais.

—A la bonne heure; mais ce n'est point une raison pour ne pas causer quelque peu ensemble. Gillonne, fermez la porte et laissez-nous.

Marguerite, qui était assise, se leva, et étendit la main comme pour ordonner aux pages de rester.

—Faut-il que j'appelle vos femmes? demanda le roi. Je le ferai si tel est votre désir, quoique je vous avoue que, pour les choses que j'ai à vous dire j'aimerais mieux que nous fussions en tête-à-tête.

Et le roi de Navarre s'avança vers le cabinet.

—Non! s'écria Marguerite en s'élançant au-devant de lui avec impétuosité; non, c'est inutile, et je suis prête à vous entendre.

Le Béarnais savait ce qu'il voulait savoir; il jeta un regard rapide et profond vers le cabinet, comme s'il eût voulu, malgré la portière qui le

[16] **congédier :** renvoyer; donner ordre de se retirer.
[17] **contraindre :** obliger quelqu'un par force à faire une chose.

La Reine Margot 151

haïr : détester

mépriser : juger une personne indigne d'estime

croissant (croître) : augmentant (augmenter)

voilait,[18] pénétrer dans ses plus sombres profondeurs; puis, ramenant ses regards sur sa belle épousée pâle de terreur:

—En ce cas, Madame, dit-il d'une voix parfaitement calme, causons donc un instant.

—Comme il plaira à Votre Majesté, dit la jeune femme en retombant plutôt qu'elle ne s'assît sur le siège que lui indiquait son mari.

Le Béarnais se plaça près d'elle.

—Madame, continua-t-il, quoi qu'en aient dit bien des gens, notre mariage est, je le pense, un bon mariage. Je suis bien à vous, et vous êtes bien à moi.

—Mais . . . dit Marguerite effrayée.

—Nous devons en conséquence, continua le roi de Navarre sans paraître remarquer l'hésitation de Marguerite, agir l'un avec l'autre comme de bons alliés, puisque nous nous sommes aujourd'hui juré alliance devant Dieu. N'est-ce pas votre avis?

—Sans doute, Monsieur.

—Je sais, Madame, combien votre pénétration est grande, je sais combien le terrain de la cour est semé de dangereux abîmes, or, je suis jeune, et, quoique je n'aie jamais fait de mal à personne, j'ai bon nombre d'ennemis. Dans quel camp, Madame, dois-je ranger celle qui porte mon nom et qui m'a juré affection au pied de l'autel?

abîme *m.*: gouffre, précipice très profond

—Oh! Monsieur, pourriez-vous penser . . .

—Je ne pense rien, Madame, j'espère, et je veux m'assurer que mon espérance est fondée. Il est certain que notre mariage n'est qu'un prétexte ou qu'un piège.

Marguerite tressaillit, car peut-être aussi cette pensée s'était-elle présentée à son esprit.

piège *m.*: artifice dont on se sert pour tromper quelqu'un et le mettre en danger

—Maintenant, lequel des deux? continua Henri de Navarre. Le roi me hait, le duc d'Anjou me hait, le duc d'Alençon me hait, Catherine de Médicis haïssait trop ma mère pour ne point me haïr.

—Oh! Monsieur, que dites-vous?

—La vérité, Madame, reprit le roi, et je voudrais, afin qu'on ne crût pas que je suis dupe de l'assassinat de M. de Mouy et de l'empoisonnement de ma mère, je voudrais qu'il y eût ici quelqu'un qui pût m'entendre.

—Oh! Monsieur, dit vivement Marguerite, et de l'air le plus calme et le plus souriant qu'elle pût prendre, vous savez bien qu'il n'y a ici que vous et moi.

—Et voilà justement ce qui fait que je m'abandonne, voilà ce qui fait que j'ose vous dire que je ne suis dupe ni des caresses que me fait la maison de France, ni de celles que me fait la maison de Lorraine.

—Sire! sire! s'écria Marguerite.

—Eh bien! qu'y a-t-il, ma mie? demanda Henri souriant à son tour.

—Il y a, Monsieur, que de pareils discours sont bien dangereux.

—Non pas quand on est en tête-à-tête, reprit le roi. Je vous disais donc . . .

[18] **voiler:** couvrir.

Marguerite était visiblement au supplice; elle eût voulu arrêter chaque parole sur les lèvres du Béarnais; mais Henri continua avec son apparente bonhomie:[19]

—Je vous disais donc que j'étais menacé de tous côtés, menacé par le roi, menacé par le duc d'Alençon, menacé par le duc d'Anjou, menacé par la reine mère, menacé par le duc de Guise, par le duc de Mayenne, par le cardinal de Lorraine, menacé par tout le monde, enfin. On sent cela instinctivement; vous le savez, Madame. Eh bien! contre toutes ces menaces qui ne peuvent tarder de devenir des attaques, je puis me défendre avec votre secours; car vous êtes aimée, vous, de toutes les personnes qui me détestent.

—Moi! dit Marguerite.

—Oui, vous, reprit Henri de Navarre avec une bonhomie parfaite; oui, vous êtes aimée du roi Charles, vous êtes aimée, il appuya sur le mot, du duc d'Alençon; vous êtes aimée de la reine Catherine; enfin, vous êtes aimée du duc de Guise.

—Monsieur . . . murmure Marguerite.

—Eh bien! qu'y a-t-il donc d'étonnant que tout le monde vous aime? ceux que je viens de vous nommer sont vos frères ou vos parents. Aimer ses parents et ses frères, c'est vivre selon le cœur de Dieu.

—Mais enfin, reprit Marguerite oppressée, où voulez-vous en venir, Monsieur?

—J'en veux venir à ce que je vous ai dit: c'est que si vous vous faites, je ne dirai pas mon amie, mais mon alliée, je puis tout braver; tandis qu'au contraire, si vous vous faites mon ennemie, je suis perdu.

—Oh! votre ennemie, jamais, Monsieur! s'écria Marguerite.

—Mais mon amie, jamais non plus?

—Peut-être.

—Et mon alliée?

—Certainement.

Et Marguerite se retourna et tendis la main au roi.

Henri la prit, la baisa galamment, et la gardant dans les siennes bien plus dans un désir d'investigation que par un sentiment de tendresse:

—Eh bien! je vous crois, Madame, dit-il, et vous accepte pour alliée. Ainsi donc on nous a mariés sans que nous nous connussions, sans que nous nous aimassions; on nous a mariés sans nous consulter, nous qu'on mariait. Nous ne nous devons donc rien comme mari et femme. Vous voyez, Madame, que je vais au-devant de vos vœux, et que je vous confirme ce soir ce que je vous disais hier. Mais nous, nous nous allions librement, sans que personne nous y force; nous, nous nous allions comme deux cœurs loyaux qui se doivent protection mutuelle et s'allient; c'est bien comme cela que vous l'entendez?

—Oui, Monsieur, dit Marguerite en essayant de retirer sa main.

—Eh bien! continua le Béarnais les yeux toujours fixés sur la porte du cabinet, comme la première preuve d'une alliance franche est la confiance la

[19] **bonhomie** *f.*: bonté du cœur unie à la simplicité des manières.

plus absolue, je vais, Madame, vous raconter dans ses détails les plus secrets le plan que j'ai formé à l'effet de combattre victorieusement toutes ces inimitiés.

—Monsieur . . . murmura Marguerite en tournant à son tour et malgré elle les yeux vers le cabinet, tandis que le Béarnais, voyant sa ruse réussir, souriait dans sa barbe.

—Voici donc ce que je vais faire, continua-t-il sans paraître remarquer le trouble de la jeune femme; je vais. . . .

—Monsieur, s'écria Marguerite en se levant vivement et en saisissant le roi par le bras, permettez que je respire; l'émotion . . . la chaleur . . . j'étouffe.

En effet, Marguerite était pâle et tremblante comme si elle allait se laisser choir[20] sur le tapis.

Henri marcha droit à une fenêtre située à bonne distance et l'ouvrit. Cette fenêtre donnait sur la rivière.

Marguerite le suivit.

—Silence! silence! sire! par pitié pour vous, murmura-t-elle.

—Eh! Madame, fit le Béarnais en souriant à sa manière, ne m'avez-vous pas dit que nous étions seuls?

—Oui, Monsieur; mais n'avez-vous pas entendu dire qu'à l'aide d'une sarbacane,[21] introduite à travers un plafond ou à travers un mur, on peut tout entendre?

—Bien, Madame, bien, dit vivement et tout bas le Béarnais. Vous ne m'aimez pas, c'est vrai; mais vous êtes une honnête femme.

—Que voulez-vous dire, Monsieur?

—Je veux dire que si vous étiez capable de me trahir, vous m'eussiez laissé continuer puisque je me trahissais tout seul. Vous m'avez arrêté. Je sais maintenant que quelqu'un est caché ici; que vous êtes une épouse infidèle, mais une fidèle alliée, et dans ce moment-ci, ajouta le Béarnais en souriant, j'ai plus besoin, je l'avoue, de fidélité en politique qu'en amour . . .

—Sire . . . murmura Marguerite confuse.   **confuse:** gênée; honteuse

—Bon, bon, nous parlerons de tout cela plus tard, dit Henri, quand nous nous connaîtrons mieux.

Puis, haussant la voix: **haussant la voix:** parlant plus fort

—Eh bien! continua-t-il, respirez-vous plus librement à cette heure. Madame?

—Oui, sire, oui, murmura Marguerite.

—En ce cas, reprit le Béarnais, je ne veux pas vous importuner[22] plus longtemps. Je vous devais mes respects et quelques avances de bonne amitié; veuillez les accepter comme je vous les offre, de tout mon cœur. Reposez-vous donc et bonne nuit.

Marguerite leva sur son mari un œil brillant de reconnaissance et à son tour lui tendit la main.

---

[20] **choir:** tomber.
[21] **sarbacane** *f.*: long tuyau, tube ou canal.
[22] **importuner:** ennuyer; lasser.

—C'est convenu, dit-elle.

—Alliance politique, franche et loyale? demanda Henri.

—Franche et loyale, répondit la reine.

Alors le Béarnais marcha vers la porte, attirant du regard Marguerite comme fascinée. Puis, lorsque la portière fut retombée entre eux et la chambre à coucher:

—Merci Marguerite, dit vivement Henri à voix basse, merci! Vous êtes une vraie fille de France. Je pars tranquille. A défaut de[23] votre amour, votre amitié ne me fera pas défaut. Je compte sur vous, comme de votre côté vous pouvez compter sur moi. Adieu, Madame.

Et Henri baisa la main de sa femme en la pressant doucement; puis, d'un pas agile, il retourna chez lui en se disant tout bas dans le corridor:

—Qui diable est chez elle? Est-ce le roi, est-ce le duc d'Anjou, est-ce le duc d'Alençon, est-ce le duc de Guise, est-ce un frère, est-ce un amant, est-ce l'un et l'autre? En vérité, je suis presque fâché d'avoir demandé maintenant ce rendez-vous à la baronne; mais puisque je lui ai engagé ma parole et que Dariole m'attend . . . n'importe; elle perdra un peu, j'en ai peur, à ce que j'aie passé par la chambre à coucher de ma femme pour aller chez elle, car, ventre-saint-gris! cette Margot, comme l'appelle mon beau-frère Charles IX est une adorable créature.

Et d'un pas dans lequel se trahissait une légère hésitation Henri de Navarre monta l'escalier qui conduisait à l'appartement de madame de Sauve.

Marguerite l'avait suivi des yeux jusqu'à ce qu'il eût disparu, et alors elle était rentrée dans sa chambre. Elle trouva le duc à la porte du cabinet: cette vue lui inspira presque un remords.

De son côté le duc était grave, et son sourcil froncé dénonçait une amère préoccupation.

—Marguerite est neutre aujourd'hui, dit-il, Marguerite sera hostile dans huit jours.

—Ah! vous avez écouté? dit Marguerite.

—Que vouliez-vous que je fisse dans ce cabinet?

—Et vous trouvez que je me suis conduite autrement que devait se conduire la reine de Navarre?

—Non, mais autrement que devait se conduire la maîtresse du duc de Guise.

—Monsieur, répondit la reine, je puis ne pas aimer mon mari, mais personne n'a le droit d'exiger de moi que je le trahisse. De bonne foi, trahiriez-vous les secrets de la princesse de Porcian, votre femme?

—Allons, allons, Madame, dit le duc en secouant la tête, c'est bien. Je vois que vous ne m'aimez plus comme aux jours où vous me racontiez ce que tramait[24] le roi contre moi et les miens.

froncer le sourcil ou avoir le sourcil froncé: rider le front; signe d'inquiétude ou de mécontentement

amer: triste; douloureux

[23] à défaut de: en l'absence de.
[24] tramer: comploter secrètement; tendre secrètement des pièges.

—Le roi était le fort et vous étiez les faibles. Henri est le faible et vous êtes les forts. Je joue toujours le même rôle, vous le voyez bien.

—Seulement vous passez d'un camp à l'autre.

—C'est un droit que j'ai acquis, Monsieur, en vous sauvant la vie.

—Bien, Madame; et comme quand on se sépare on se rend entre amants tout ce qu'on s'est donné, je vous sauverai la vie à mon tour, si l'occasion s'en présente, et nous serons quittes.

Et sur ce le duc s'inclina et sortit sans que Marguerite fît un geste pour le retenir.

Dans l'antichambre il trouva Gillonne, qui le conduisit jusqu'à la fenêtre du rez-de-chausée, et dans les fossés son page avec lequel il retourna à l'hôtel de Guise.

Pendant ce temps, Marguerite, rêveuse, alla se placer à sa fenêtre.

—Quelle nuit de noces! murmura-t-elle; l'époux me fuit et l'amant me quitte!

En ce moment passa de l'autre côté du fossé, venant de la Tour de Bois et remontant vers le moulin de la Monnaie, un écolier, le poing sur la hanche et chantant:

> Pourquoi doncques, quand je veux
> Ou mordre tes beaux cheveux,
> Ou baiser ta bouche aimée,
> Ou toucher à ton beau sein,
> Contrefais-tu la nonnain[25]
> Dedans un cloître enfermée?
>
> Pour qui gardes-tu tes yeux
> Et ton sein délicieux,
> Ton front, ta lèvre jumelle?[26]
> En veux-tu baiser Pluton,[27]
> Là-bas, après que Caron[28]
> T'aura mise en sa nacelle?[29]
>
> Après ton dernier trépas,[30]
> Belle, tu n'auras là-bas
> Qu'une bouchette blêmie;[31]
> Et quand, mort, je te verrai,
> Aux ombres je n'avourai
> Que jadis tu fus ma mie.

la hanche: région élargie au-dessous de la taille, de chaque côté du corps

mordre: attraper entre les dents en serrant

[25] **la nonnain:** jeune religieuse novice.
[26] **jumelle:** ici, l'un de deux objets semblables.
[27] **Pluton:** roi des Enfers et dieu des Morts (mythologie latine).
[28] **Caron:** le conducteur de la barque sur le Styx qui passait les âmes des morts aux Enfers (mythologie).
[29] **nacelle** *f.*: petite barque.
[30] **trépas** *m.*: la mort.
[31] **blêmie:** pâlie; décolorée.

Doncques, tandis que tu vis,
Change, maîtresse, d'avis
Et ne m'épargne ta bouche;
Car au jour où tu mourras,
Lors tu te repentiras
De m'avoir été farouche.[32]

Marguerite écouta cette chanson en souriant avec mélancolie; puis, lorsque la voix de l'écolier se fut perdue dans le lointain, elle referma la fenêtre et appela Gillonne pour l'aider à se mettre au lit.

Questions
1. Décrivez l'arrivée de Henri de Guise dans la chambre de Marguerite.
2. A son arrivée que veut-elle qu'il lui donne tout de suite et pourquoi?
3. Que fait Henri de Guise quand Henri de Navarre arrive dans la chambre de sa femme?
4. Comment le roi découvre-t-il que quelqu'un est caché dans la chambre?
5. Pourquoi Henri de Navarre veut-il parler avec sa femme?
6. Comment Marguerite l'empêche-t-elle de se trahir?
7. Que dit-il qu'il lui devait?
8. Pourquoi le roi regrette-t-il un peu son rendez-vous avec Mme de Sauve?
9. Quelle promesse le duc fait-il à Marguerite en la quittant?
10. Que fait-elle avant de se coucher?

[32] **farouche:** peu sociable; repoussant les avances de quelqu'un.

Louis XIV   8
et son temps

A partir de la Renaissance et du
règne de François Ier, la richesse
culturelle de la France progresse et
atteint son apogée pendant le
règne de Louis XIV. Ce roi connu
sous le nom de "Roi-Soleil"
symbolise l'élégance et l'éclat de la
culture française qui influença toute
l'Europe pendant plus d'un demi-
siècle.

Le Cardinal de Richelieu

Bien faire et laisser dire

LOUIS XIII, fils de Henri IV, n'avait que dix ans à la mort de son père en 1610. Il régna d'abord sous la régence bien incapable de sa mère, Marie de Médicis. Après plusieurs années troublées, Louis donna le pouvoir au cardinal de Richelieu, considéré aujourd'hui comme un des plus grands hommes d'Etat qu'ait eu la France.

Richelieu était un noble qui réussit à obtenir les bonnes grâces de Marie de Médicis, et nommé cardinal par le pape, il devint en 1624 premier ministre, poste qu'il garda jusqu'à sa mort en 1642. C'était un homme de constitution et de santé délicates, mais qui possédait une grande intelligence et une volonté de fer. Sans amis, il était impitoyable envers ses ennemis. Quoique ses méthodes fussent dures et discutables, il fut toujours inspiré par une très haute idée de ses devoirs et de ses responsabilités et par un patriotisme très élevé.

Son administration intérieure se signale par d'utiles réformes dans les finances, l'armée et la législation. Peut-être plus que tout autre, Richelieu affermit l'absolutisme royal. On peut dire aussi de lui qu'il a semé les graines de la Révolution française.

Il a été un grand protecteur des lettres, des sciences, et des arts. Il a fondé l'Académie française, une institution qui a pour but d'encourager la littérature et de préserver la pureté de la langue. Elle est composée de quarante membres choisis parmi les écrivains les plus distingués de la France, appelés les "Quarante Immortels."

Questions
1. Qui fut la mère de Louis XIII? Et son père?
2. Décrivez le cardinal de Richelieu.
3. Comment le considère-t-on aujourd'hui?
4. Par quoi fut-il toujours inspiré?
5. Quelle sorte de gouvernement affermit-il?
6. Qu'a-t-il fondé qu'on trouve encore aujourd'hui sous une forme peu différente?

Louis XIV, Mazarin et la Fronde

LE RÈGNE de Louis XIV est sorti de la Fronde. Après la mort du cardinal de Richelieu, les nobles essayèrent de regagner les privilèges et les pouvoirs qu'ils avaient perdus, et une guerre civile et misérable en résulta, appelée "la Fronde,"[1] qui eut lieu pendant la minorité de Louis XIV.

La guerre comporta deux phases: la première dite "Vieille Fronde" qui dura de 1648 à 1649; la seconde dite "Jeune Fronde" pendant laquelle Condé, Beaufort et Mme de Longueville, avec l'appui secret de l'Espagne. engagèrent une véritable campagne contre les troupes royales que Turenne commandait. Celle-ci dura de 1649 à 1653, mais ce qui sauva la monarchie, ce fut l'absence d'une idée commune chez les séditieux. On était en 1652, le moment le plus critique de la Fronde, mais le bon sens, par l'organe d'un tiers parti, revint. Les bourgeois parisiens ne tardèrent pas à sentir que ce désordre ne valait rien pour les affaires. Paris devint plus sage, Louis XIV et sa mère, ayant pris fuite, rentrèrent dans un Paris en état de misère. Misère telle que les missions de saint Vincent de Paul parcouraient le royaume pour porter secours aux affamés et aux malades.

Le jeune roi n'oublia jamais son humiliation. Comme il mûrit, une pensée mûrit aussi: il ne reste qu'une solution, le gouvernement personnel du roi. Mazarin, le ministre après Richelieu, a compris la pensée de son grand prédécesseur et l'a continuée. Italien de naissance, il a réussi dans des conditions difficiles et a été plus constamment Français que bien des Français.

mûrir: se développer; devenir expérimenté avec le temps

En 1661, lorsque Mazarin meurt et que la véritable majorité du roi commence, tout semble annoncer un grand règne. Il y avait cependant du désordre. Si les puissances féodales avaient été abaissées, par contre les puissances d'argent avaient grandi. Pour conserver les progrès réalisés, le roi dût gouverner lui-même, et Louis XIV s'est montré à la hauteur de ses tâches. Il a bien appris la leçon de la Fronde.

abaisser: humilier; ici, réduire la puissance

Questions

1. Pourquoi la guerre civile appelée "la Fronde" n'a-t-elle pas réussi?
2. Quelle leçon le jeune Louis XIV apprit-il de cette guerre?

[1] L'origine de ce mot vient du jeu de la "fronde" auquel les enfants s'amusaient à cette époque à Paris. (One throws stones with a sling—à la David.)

Louis XIV, protecteur des sciences et des lettres

Louis XIV règne le plus longtemps de tous les monarques de France (de 1643 à 1715). Dans sa célèbre lettre à milord Hervey, alors garde des Sceaux[1] d'Angleterre (écrite en 1740), Voltaire (1694–1778), un des écrivains les plus distingués du XVIIIe siècle, nous dit ce que le "Roi-Soleil" fit pour les savants, les écrivains, les artistes, les voyageurs même, et nous aide à comprendre pourquoi il y a un "siècle de Louis XIV," c'est-à-dire une époque de lumière, où les lettres et les arts, protégés par un souverain fastueux, connurent une exceptionnelle prospérité.

LA LETTRE A MILORD HERVEY
par Voltaire

Louis XIV songeait à tout; il protégeait les Académies et distinguait ceux qui se signalaient.[2] Il ne prodiguait[3] point ses faveurs à un genre de mérite à l'exclusion des autres, comme tant de princes qui favorisent non ce qui est bon, mais ce qui leur plaît; la physique et l'étude de l'Antiquité attirèrent son attention. Elle ne se ralentit[4] pas même dans les guerres qu'il soutenait contre l'Europe; car en bâtissant trois cents citadelles, en faisant marcher quatre cent mille soldats, il faisait élever l'Observatoire et tracer une méridienne d'un bout du royaume à l'autre, ouvrage unique dans le monde. Il faisait imprimer dans son palais les traductions des bons auteurs grecs et latins; il envoyait des géomètres et des physiciens au fond de l'Afrique et de l'Amérique chercher de nouvelles connaissances. Songez milord, que, sans le voyage et les expériences de ceux qu'il envoya à Cayenne en 1672, et sans les mesures de M. Picard, jamais Newton n'eût fait ses découvertes sur l'attraction. Regardez, je vous prie, un Cassini et un Huygens, qui renoncent tous deux à leur patrie, qu'ils honorent, pour venir en France jouir de l'estime

imprimer: copier des textes avec des machines, à l'aide de caractères encrés

[1] **Garde des Sceaux:** ministre de la justice.
[2] **se signaler:** se distinguer des autres; se faire remarquer.
[3] **prodiguer:** dépenser avec profusion; donner sans compter.
[4] **ralentir:** rendre plus lent; diminuer.

Seconde Journée
Theatre fait dans la mesme allée, sur lequel la Comédie, et le Ballet
de la Princesse d'Elide furent representéz.

A Versailles en été, on jouait des pièces de théâtre dans le parc. Très souvent, on donnait des comédies de Molière agrémentées de la musique de Lulli. *(Bibl. Nat. Paris)*

et des bienfaits de Louis XIV. Et pensez-vous que les Anglais même ne lui aient pas d'obligation! Dites-moi, je vous prie, dans quelle cour Charles II puisa[5] tant de politesse et tant de goût? Les bons auteurs de Louis XIV n'ont-ils pas été vos modèles? N'est-ce pas d'eux que votre sage Addison, l'homme de votre nation qui avait goût le plus sûr, a tiré souvent ses excellentes critiques? L'évêque Burnet avoue que ce goût, acquis en France par les courtisans de Charles II, réforma chez vous jusqu'à la chaire,[6] malgré la différence de nos religions. Tant la saine raison a partout d'empire! Dites-moi si les bons livres de ce temps n'ont pas servi à l'éducation de tous les princes de l'empire. Dans quelles cours de l'Allemagne n'a-t-on pas vu de théâtres français? Quel prince ne tâchait pas d'imiter Louis XIV. Quelle nation ne suivait pas alors les modes de la France?

Enfin la langue française, milord, est devenue presque la langue universelle. A qui en est-on redevable?[7] Etait-elle aussi étendue du temps de Henri IV? Non, sans doute; on ne connaissait que l'italien et l'espagnol. Ce sont nos excellents écrivains qui ont fait ce changement. Mais qui a protégé, employé, encouragé ces excellents écrivains? C'était M. Colbert, me direz-vous; je l'avoue, et je prétends bien que le ministre doit partager la gloire du maître. Mais qu'eût fait un Colbert sous un autre prince? sous votre roi Guillaume qui n'aimait rien, sous le roi d'Espagne Charles II, sous tant d'autres souverains?

Croiriez-vous bien, milord, que Louis XIV a réformé le goût de sa cour en plus d'un genre? il choisit Lulli pour son musicien, et ôta le privilège à Cambert, parce que Cambert était un homme médiocre, et Lulli un homme supérieur. Il savait distinguer l'esprit du génie; il donnait à Quinault les sujets de ses opéras; il dirigeait les peintures de Lebrun; il soutenait Boileau, Racine et Molière contre leurs ennemis; il encourageait les arts utiles comme les beaux-arts et toujours en connaissance de cause; il prêtait de l'argent à Van Robais pour établir ses manufactures; il avançait des millions à la Compagnie des Indes, qu'il avait formée; il donnait des pensions aux savants et aux braves officiers. Non seulement il s'est fait de grandes choses sous son règne, mais c'est lui qui les faisait. Souffrez donc, milord, que je tâche d'élever à sa gloire un monument que je consacre encore plus à l'utilité du genre humain.

Questions
1. Combien de temps Louis XIV régna-t-il?
2. Qui était milord Hervey?
3. Selon Voltaire, quels sont les accomplissements de Louis XIV?

[5] **puiser:** prendre; emprunter; s'inspirer; ici, prendre modèle.
[6] **la chaire:** ici, symbole des prédicateurs religieux.
[7] **à qui est-on redevable:** à qui doit-on; à qui doit-on être reconnaissant de.

Le Lever de Louis XIV

HIPPOLYTE TAINE (1828–1893), historien célèbre, nous montre comment commençait la journée du grand monarque. On peut en voyant le grand palais de Versailles, encore aussi magnifique qu'autrefois, se rappeler cette scène de Louis XIV et de ses courtisans.

LE LEVER DE LOUIS XIV
par Hippolyte Taine

LE MATIN, à l'heure qu'il a marquée d'avance, le premier valet de chambre l'éveille: cinq séries de personnes entrent tour à tour pour lui rendre leurs devoirs, et quoique très vastes, il y a des jours où les salons d'attente peuvent à peine contenir la foule des courtisans.

D'abord on introduit "l'entrée familière," enfants de France, princes et princesses du sang, outre cela le premier médecin, le premier chirurgien et **outre:** en plus de autres personnages utiles.

Puis on fait passer la "grande entrée"; elle comprend le grand chambellan,[1] le grand maître et le maître de la garde-robe,[2] les premiers gentilshommes de la chambre, les ducs d'Orléans et de Penthièvre, quelques autres seigneurs très favorisés, les dames d'honneur et d'atours de la reine, de Mesdames et des autres princesses, sans compter les barbiers, tailleurs et valets de plusieurs sortes. Cependant on verse au roi de l'esprit-de-vin[3] sur les mains dans une assiette de vermeil,[4] puis on lui présente le bénitier;[5] il fait le signe de croix et dit une prière. Alors, devant tout ce monde, il sort de son lit, chausse ses **chausser ses mules:** mettre ses mules. Le grand chambellan et le premier gentilhomme lui présentent mules, une sorte de pantoufle sa robe de chambre: il l'endosse[6] et vient s'asseoir sur le fauteuil où il doit élégante, chaussure d'appartement s'habiller.

---

[1] **le chambellan:** officier chargé de tout ce qui concerne le service intérieur de la chambre ou de la vie privée d'un souverain.
[2] **le grand maître de la garde-robe:** le chef de ceux qui s'occupent des vêtements, des costumes.
[3] **l'esprit-de-vin** *m.*: nom ancien de l'alcool.
[4] **vermeil** *m.*: argent recouvert d'or.
[5] **le bénitier:** qui contient l'eau bénite, l'eau consacrée.
[6] **endosser:** se couvrir le dos de; mettre un vêtement.

A cet instant, la porte se rouvre; un troisième flot pénètre, c'est l'entrée des "brevets";[7] les seigneurs qui la composent ont en outre le privilège précieux d'assister au petit coucher, et du même coup arrive une escouade[8] de gens de service, médecins et chirugiens ordinaires, intendants des menus-plaisirs,[9] lecteurs et autres, parmi ceux-ci le porte-chaise d'affaires;[10] la publicité de la vie royale est telle, que nulle de ses fonctions ne s'accomplit sans témoins.

lecteurs *m.*: personnes qui lisent; ici, ceux qui lisaient à haute voix pour le roi

Au moment où les officiers de la garde-robe s'approchent du roi pour l'habiller, le premier gentilhomme, averti par l'huissier,[11] vient dire au roi les noms des grands qui attendent à la porte: c'est la quatrième entrée, dite "de la chambre," plus grosse que les précédentes; car, sans parler des porte-manteaux, porte-arquebuses, tapissiers et autres valets, elle comprend la plupart des grands officiers, le grand aumônier,[12] les aumôniers de quartier, le maître de chapelle, le maître de l'oratoire,[13] le capitaine et le major du garde du corps, le colonel général et le major des gardes françaises, le colonel du régiment du roi, le capitaine des Cent-Suisses, le grand veneur,[14] le grand louvetier,[15] le grand prévôt,[16] le grand maître et le maître des céré-monies, le premier maître d'hôtel, le grand panetier,[17] les ambassadeurs étrangers, les ministres et secrétaires d'Etat, les maréchaux de France, la plupart des seigneurs de marque[18] et des prélats.[19] Des huissiers font ranger la foule et au besoin faire silence. Cependant le roi se lave les mains et com-mence à se dévêtir. Deux pages lui ôtent ses pantoufles; le grand maître de la garde-robe lui tire sa camisole de nuit par la manche droite, le premier valet de garde-robe par la manche gauche, et tous deux la remettent à un officier de garde-robe, pendant qu'un valet de garde-robe apporte la chemise dans un surtout[20] de taffetas blanc.

avertir: informer; prévenir

dévêtir: déshabiller
ôter: enlever

C'est ici l'instant solennel, le point culminant de la cérémonie; la cinquième entrée a été introduite, et, dans quelques minutes, quand le roi aura pris la chemise, tout le demeurant des gens connus et des officiers de la maison qui attendent dans la galerie apportera le dernier flot. Il y a tout un règlement pour cette chemise. L'honneur de la présenter est réservé aux fils et aux petit-fils de France, à leur défaut aux princes du sang ou légitimés, au défaut

[7] **brevets** *m.*: les porteurs de brevets, ceux qui avaient certains privilèges définis dans les brevets, les titres.

[8] **une escouade**: un groupe de gens.

[9] **intendants des menus-plaisirs** *m.*: qui s'occupaient des passe-temps du roi.

[10] **la chaise d'affaire**: une chaise percée servant aux fonctions naturelles.

[11] **huissier** *m.*: gardien qui se tient à la porte d'un personnage important pour annoncer et introduire les visiteurs.

[12] **le grand aumônier**: prêtre attaché à un établissement, à un prince; ici, le premier aumônier du roi.

[13] **l'oratoire** *m.*: petite chapelle.

[14] **le grand veneur**: celui qui commandait les équipages de chasse des loups.

[15] **le grand louvetier**: celui qui commandait les équipages de la chasse aux loups.

[16] **le grand prévôt**: le chef de la police.

[17] **le grand panetier**: le chef du service de la "bouche" du roi; le chef des intendants de la cuisine.

[18] **les seigneurs de marque**: les seigneurs les plus en vue, les plus importants, les plus admirés.

[19] **les prélats** *m.*: ecclésiastiques d'un rang supérieur.

[20] **un surtout**: ici, une enveloppe.

de ceux-ci au grand chambellan ou au premier gentilhomme; notez que ce dernier cas est rare, les princes étant obligés d'assister au lever du roi, comme les princesses à celui de la reine. Enfin voilà la chemise présentée; un valet de garde-robe emporte l'ancienne; le premier valet de garde-robe et le premier valet de chambre tiennent la nouvelle, l'un par la manche gauche, l'autre par la manche droite, et, pendant l'opération, deux autres valets de chambre tendent devant lui sa robe de chambre déployée, en guise de paravent.[21] La chemise est endossée, et la toilette finale va commencer. Un valet de chambre tient devant le roi un miroir, et deux autres, sur les deux côtés, éclairent, si besoin est, avec des flambeaux. Des valets de garde-robe apportent le reste de l'habillement; le grand maître de garde-robe passe au roi la veste et le justau-corps,[22] lui attache le cordon bleu, lui agrafe l'épée; puis un valet préposé aux cravates en apporte plusieurs dans une corbeille, et le maître de garde-robe met au roi celle que le roi choisit. Ensuite un valet préposé aux mou-choirs en apporte trois dans une soucoupe au roi, qui choisit. Enfin le maître de garde-robe présente au roi son chapeau, ses gants et sa canne. Le roi vient alors à la ruelle[23] de son lit, s'agenouille sur un carreau[24] et fait sa prière, pendant qu'un aumônier à voix basse prononce l'oraison:[25] "Quae sumus, Deus omnipotens." Cela fait, le roi prescrit l'ordre de la journée, et passe avec les premiers de sa cour dans son cabinet, où parfois il donne des audiences. Cependant tout le reste attend dans la galerie, afin de l'accompagner à la messe quand il sortira.

    Tel est le lever, une pièce en cinq actes.

une soucoupe: petite assiette qui supporte généralement une tasse, un verre, une coupe

Questions

1. Nommez les cinq entrées et mentionnez quelques-uns des personnages qui composent chaque groupe.
2. Que faisait le roi entre la deuxième et la troisième entrée?
3. Quand le quatrième groupe entrait-il?
4. Quel était le point culminant de la cérémonie?
5. Décrivez la "scène de la chemise."
6. Le cinquième groupe arrivait-il avant ou après la présentation de la chemise?
7. Décrivez la toilette finale.

[21] **paravent** *m.*: écran, généralement articulé; ici pour cacher la vue des autres personnes.
[22] **le justaucorps:** vêtement, sorte de veste courte serrée à la taille; sorte de pourpoint.
[23] **la ruelle:** espace laissé entre le côté du lit et le mur de la chambre.
[24] **un carreau:** coussin.
[25] **l'oraison** *f.*: la prière.

rudement d'une danse

accompagnans le vieil S

Là je disois à Pantag

revoque en souvenir la

ville du monde : car là ê

pareille fraicheur, comm

¶ Dù est, dem

ceste première ville que d

¶ Chinon, dis

¶ Je sçai, rec

Chinon, et la Cave pein

vertes de vin frais, et

Chinon ne soit ville gr

femmes et
nus riant sus
l : a Cesté
ve peinte de
t peinctures
y.

da Pantagruel ; qui est
3 ?

u Caynon en Touraine.

ndit Pantagruel, où est
ussi, j'y ay beu maints
fais doute aucune que
e. son blason l'atteste.

Hommes de Lettres

9

Dans l'histoire de la littérature peu de nations au monde peuvent égaler la contribution de la France. Ses écrivains ont fourni un nombre incroyable de chefs-d'œuvre en tous genres. La poésie, le théâtre, les essais et les romans français participent d'une façon éclatante à la gloire de la civilisation européenne.

Poèmes

🎴 *La compagnie est agréable quand on va pour être pendu*

Nous ne pouvons quitter le Moyen Age sans mentionner brièvement un poète célèbre, considéré comme le premier des grands poètes français, François Villon (1431–1465). Si vous avez vu le film, *Le Roi vagabond*, vous avez vu la vie de François Villon, une vie très orageuse.[1] Il fréquentait les ivrognes et les criminels et passa beaucoup de temps en prison. Voici deux extraits traduits en français moderne: le premier exprime le regret de sa vie dépensée follement et le deuxième est la première strophe de son "Épitaphe," écrite en attendant d'être pendu avec des compagnons. Il écrit comme s'ils étaient déjà morts.

ivrogne *m.*: celui qui a l'habitude de boire à l'excès, de s'enivrer
follement: sans mesure; sans but; sans bon résultat

LE GRAND TESTAMENT
extrait

Mon Dieu! si j'avais étudié
Au temps de ma jeunesse folle,
Et m'étais à bonnes mœurs dédié,
J'aurais maison et couche molle.[2]
Mais quoi? je fuyais l'école.
Comme fait le mauvais enfant.
En écrivant cette parole,
A peu que le cœur ne me fend.[3]

folle: insensée
mœurs *f.*: habitudes

---

[1] **une vie orageuse:** une vie pleine d'incidents désordonnés et de mauvaise conduite.
[2] **une couche molle:** un lit qui cède facilement au toucher.
[3] **A peu que le cœur ne me fend:** Mon cœur est tout près de se briser.

EPITAPHE
extrait

Frères humains qui après nous vivez
N'ayez les cœurs contre nous endurcis,
Car, si pitié de nous pauvres vous avez
Dieu en aura plus tôt de vous merci.
Vous nous voyez ci attachés, cinq, six;
Quant à la chair que nous avons bien nourrie,
Elle est depuis longtemps dévorée et pourrie,
Et nos os, transformés en cendre et poudre.
De notre mal que personne ne s'en rie;
Mais priez que nous tous Dieu veuille absoudre.[4]

endurci: sévère; sans indulgence

la chair: substance, matière qui entoure les os et dont les muscles sont faits

pourri: complètement gâté, corrompu, perdu

★   ★   ★

Questions
1. Qui considère-t-on comme le premier des grands poètes français?
2. Quelle sorte de vie vivait-il?
3. Comment exprime-t-il le regret de sa vie dépensée follement?
4. Quelle attitude souhaite-t-il que les gens aient envers les pendus?

[4] **absoudre:** pardonner.

Gravures sur bois illustrant un livre de François Villon. 1489.

L'Amour et l'abeille

Les larmes valent mieux que le rire, car l'adversité améliore le cœur

LA RENAISSANCE a produit de grands poètes, dont un des plus connus est Pierre de Ronsard (1524–1585). Il a écrit de beaux poèmes que tout le monde admire encore. On l'oublia pendant quelque temps, mais Sainte-Beuve, un critique du dix-neuvième siècle, l'a remis aux premiers rangs des poètes français.

Dans ce charmant poème, nous voyons l'influence de l'Antiquité. L'auteur parle de Vénus et de son petit garçon Cupidon. Le petit garçon apprend une sévère leçon quand il est piqué par une abeille.

L'AMOUR ET L'ABEILLE

Le petit enfant Amour
Cueillait des fleurs à l'entour
D'une ruche,[1] où les avettes
Font leurs petites logettes.

Comme il les allait cueillant,
Une avette[2] sommeillant
Dans le fond d'une fleurette,
Lui piqua la main tendrette.

Sitôt que piqué se vit,
Ah! je suis perdu, se dit;
Et s'en courant vers sa mère,
Lui montra sa plaie amère.

une abeille: insecte qui prend de fleurs en fleurs le suc dont elle fera le miel

cueillir: couper ou casser la tige des fleurs pour les prendre avec soi

sitôt: au moment où; aussitôt; dès que

la plaie: la blessure

---

[1] **une ruche:** un abri, une habitation pour les abeilles.
[2] **une avette:** une abeille (mot ancien).

Ma mère, voyez ma main,
Ce disait Amour tout plein
De pleurs, voyez quelle enflure
M'a fait une égratignure!

Alors Vénus se sourit,
Et en le baisant le prit,
Puis sa main lui a soufflée
Pour guérir sa plaie enflée.

Qui t'a, dis-moi, faux garçon,
Blessé de telle façon?
Sont-ce mes Grâces riantes,
De leurs aiguilles poignantes?[3]

Nenni,[4] c'est un serpenteau,
Qui vole au printemps nouveau
Avecques[5] deux ailerettes
Çà et là sur les fleurettes.

Ah! vraiment je le cognois,[6]
Dit Vénus; les villageois
De la montagne d'Hymette
Le surnomment une avette.

Si donques[7] un animal
Si petit fait tant de mal
Quand son alène époinçonne[8]
La main de quelque personne,

Combien fais-tu de douleurs
Au prix de lui, dans les cœurs
De ceux contre qui tu jettes
Tes homicides sagettes?[9]

une enflure: le gonflement de la chair; la peau devient distendue
une égratignure: blessure superficielle de la peau
un baiser: une caresse faite avec les lèvres
souffler: expirer l'air par la bouche, avec effort

Questions

1. Quelle a été l'inspiration de ce poème de Ronsard?
2. Où Cupidon cueillait-il des fleurs?
3. Qu'est-ce qui arriva inévitablement?
4. Que fit-il tout de suite?
5. Comment sa mère essaya-t-elle de guérir la blessure?
6. Comment Cupidon décrit-il pour sa mère le petit animal qui le piqua?
7. A quoi la mère pense-t-elle en regardant la pauvre main gonflée?
8. Qui est la mère de Cupidon?

[3] **poignant:** ici, pointu.
[4] **nenni:** non (mot ancien).
[5] **avecques:** avec (mot ancien).
[6] **cognois:** connais (vieux français).
[7] **donques:** donc (vieux français).
[8] **époinçonner:** piquer; percer.
[9] **une sagette:** une petite flèche.

Le Pantagruelion

Le fil triplé ne rompt pas facilement

FRANCOIS RABELAIS (1494–1553), un des grands écrivains de prose de cette nouvelle ère, la Renaissance, écrivit toujours avec beaucoup d'enthousiasme. Élevé pour être moine et prêtre, il devint ensuite médecin et écrivit pour amuser ses malades. Ce fut un observateur extrêmement sagace de la vie, et beaucoup de ses idées semblent encore modernes. De 1533 à 1552, il fit paraître quatre petits livres qui racontaient les exploits de deux géants, le très renommé Pantagruel, roi des Dipsodes, et son père, le bon Gargantua. En 1564 un cinquième et dernier livre, probablement le travail d'un autre auteur, parut sous son nom.

Rabelais aimait beaucoup voyager. C'est ainsi que son héros, Pantagruel, et ses joyeux compagnons voyagent. Dans le court extrait suivant, Pantagruel fait ses préparatifs de voyage; Rabelais vante les vertus du chanvre[1] qu'il aime tant qu'il l'appelle "pantagruelion."

vanter: parler des qualités d'une chose

LE PANTAGRUELION
par François Rabelais

PANTAGRUEL EMMENA dans les douze navires de son expédition tous les hommes et toutes les choses nécessaires à un voyage long et hasardeux. Entre autres choses, il fit charger une grand quantité de son herbe, le pantagruelion. Cette plante remarquable était vraiment digne de ce beau nom.

Grâce à elle, les vents font marcher les bateaux. Les nations, que la nature semblait avoir destinées à rester inconnues, sont venues vers nous et nous sommes allés vers elles. Les dieux marins ou terrestres ont été effrayés de voir franchir les océans. Les dieux de l'Olympe se sont dit avec le même effroi: "Pantagruel et son herbe nous créent plus d'ennuis que les Titans (les enfants du ciel et de la terre) eux-mêmes. Pantagruel se mariera et ses enfants donneront aux humains le moyen de visiter les sources de la pluie et de la foudre. Ils arriveront même à envahir les régions de la lune, à aller de con-

franchir les océans: traverser les mers

[1] **le chanvre:** fil grossier mais solide, provenant d'une plante et dont on fait des sortes de toiles.

stellation en constellation. Le jour viendra où ils pourront venir s'asseoir à notre table, prendre nos déesses pour femmes et devenir eux-mêmes des dieux.'' Et les dieux se demandaient ce qu'ils devaient faire pour faire face à ce danger.

une déesse: féminin de dieu

Questions
1. De quel roi Rabelais fut-il contemporain?
2. Quelles ont été les trois professions de Rabelais?
3. Par lesquels de ses livres est-il le mieux connu?
4. Qu'est-ce que le "pantagruelion"?
5. Quelle est la conséquence de la poussée des bateaux par les vents?
6. Que craignent les dieux de l'Olympe?
7. Quelles prédictions faites par les dieux de l'Olympe voit-on se réaliser aujourd'hui?

Portrait de François Rabelais peint au XVIIe siècle. *(Bulloz)*

Le Petit Diable Trompé

❦ *Il est plus aisé d'être sage pour les autres que de l'être pour soi-même*

LA SAGESSE pratique est un trait de caractère bien français. Les Français ont une intelligence pénétrante et vont au fond des choses. Personne n'a mieux compris cette qualité gallique que Rabelais, qui prit plaisir à montrer dans un conte qu'un coquin pouvait être dupé par le bon sens.

LE PETIT DIABLE TROMPÉ
par François Rabelais

UN DIABLE, un jour, s'adressa à un pauvre homme qui labourait un champ et lui demanda ce qu'il faisait. Le laboureur lui répondit qu'il semait du blé dans ce champ pour pouvoir vivre l'année suivante.

— Mais, dit le diable, ce champ n'est pas à toi; il est à moi; il m'appartient . . . Semer le blé n'est pas mon métier. Je te laisse le champ, mais c'est à condition que nous partagerons le profit.

— Je veux bien, répondit le laboureur.

— Écoute, dit le diable. Du profit à venir nous ferons deux lots. L'un sera ce qui poussera sur la terre, l'autre ce qui sera couvert dans la terre. Le choix m'appartient, car je suis diable de race noble et antique et tu n'es qu'un paysan, un vilain.[1] Je choisis donc ce qui sera en terre, tu auras le dessus. A quel moment sera la récolte?

— A la mi-juillet, répondit le laboureur.

— Je ne manquerai pas de me trouver ici, dit le diable. En attendant travaille comme c'est ton devoir; travaille, vilain, travaille.

La mi-juillet venue, le diable se présenta au même endroit, accompagné d'un escadron[2] de diableteaux. Là, rencontrant le laboureur il lui dit:

— Eh bien, vilain, comment t'es-tu porté depuis mon départ? Il faut maintenant faire notre partage.

— Vous avez raison, répondit le laboureur.

labourer: creuser, tracer des sillons, des lignes parallèles dans la terre

vouloir bien: accepter
un lot: une partie du partage

la récolte: ce que les grains semés ont produit après plusieurs mois

---

[1] **un vilain:** un homme de naissance pauvre, modeste et sans prestige.
[2] **un escadron:** ici, un groupe d'aides du diable.

La mi-juillet venue, le diable se présenta au même endroit . . . *(Bibl. Nat. Paris)*

Et avec ses gens il commence à couper le blé. Les petits diables tirent le chaume[3] de terre. Le laboureur bat son blé, le met en sac, le porte au marché pour le vendre. Les diableteaux font de même et au marché ils s'asseyent près du laboureur pour vendre leur chaume. Le laboureur vend très bien son blé et avec l'argent il remplit à demi un soulier qu'il portait attaché à sa ceinture. Les diables ne vendent rien. Mais au contraire les paysans se moquent d'eux en plein marché.

A la fin du marché le diable dit au laboureur:

—Tu m'as trompé cette fois. Tu ne me tromperas pas une autre fois.

—Monsieur le diable, répondit le laboureur, comment vous aurais-je trompé? C'est vous qui avez choisi le premier. Vous pensiez que rien ne sortirait de terre pour ma part et que vous retrouveriez tout le blé que j'avais semé. Vous êtes bien jeune au métier. Le grain que vous voyiez en terre est mort et corrompu. De sa corruption est né l'autre blé que vous m'avez vu vendre. Ainsi vous choisissez le pire. C'est pourquoi vous êtes maudit en l'Evangile.

—Parlons d'autre chose, dit le diable. Qu'as-tu l'intention de semer dans notre champ pour l'année prochaine?

—Pour avoir du profit, répondit le laboureur, il faut y semer des betteraves.

—Tu es un brave homme. Sème des betteraves en quantité. Je les protégerai de la tempête et ne grêlerai point dessus. Mais écoute-moi bien, je retiens pour ma part tout ce qui sera au-dessus de la terre. Tu auras le dessous. Travaille, vilain, travaille.

Le temps de la récolte venu, le diable se trouve là avec un escadron de ses diableteaux. Ayant rencontré le laboureur et ses gens, il commence à couper et à recueillir les feuilles des betteraves. Après lui le laboureur bêchait[4] et tirait les grosses betteraves et les mettait dans des sacs. Ainsi ils s'en vont tous ensemble au marché. Et là qu'est-il arrivé? Le laboureur a très bien vendu ses betteraves. Le diable n'a rien vendu du tout. Il est parti d'autant plus furieux que tout le monde s'est moqué de lui.

une betterave: une plante dont on utilise la racine pour extraire du sucre

grêler: faire tomber une pluie congelée sous forme de grains durs plus ou moins gros

Questions

1. Que faisait le fermier quand le diable s'adressa à lui?
2. Que veut partager le diable?
3. Pourquoi le choix devait-il appartenir au diable?
4. Quel choix fit-il?
5. Quand le diable reviendra-t-il?
6. Pourquoi les paysans se moquent-ils du diable et de son escadron de diableteaux?
7. Qu'est-ce que le fermier va semer pour l'année suivante?
8. Quel choix fit le diable cette fois?
9. Pourquoi le diable n'a-t-il encore rien vendu?

[3] **le chaume:** partie qui reste quand on a enlevé les épis de blé.
[4] **bêcher:** travailler; retourner la terre à l'aide d'une pelle spéciale, appelée bêche.

Lettre à la comtesse Diane de Foix

✎ *La répétition est l'âme de l'enseignement*

UN AUTRE auteur très célèbre de la Renaissance est Michel de Montaigne (1533–1592). Il est connu pour ses *Essais* qu'il commença à partir de 1571 et continua pendant toute sa vie. "L'on peut lui attribuer le mérite d'avoir défini, sans la nommer, la *culture* qui est avant tout épanouissement[1] de la pensée et du cœur, au contact des meilleurs esprits, comme les plantes s'épanouissent par une patiente assimilation des sucs[2] qui les nourrissent."[3] Ses idées sur l'éducation d'un enfant semblent très proches[4] des nôtres. Voici, traduit en français moderne, un extrait de sa lettre à la comtesse Diane de Foix à ce sujet. Il donne à la comtesse des conseils sur l'éducation de son fils.

à partir de : depuis tel moment

LETTRE A LA COMTESSE DIANE DE FOIX
par Michel de Montaigne

. . . JE VOUDRAIS aussi qu'on fût soigneux de lui choisir un conducteur qui eût plutôt la tête bien faite que bien pleine, et qu'on y requît[5] tous les deux, mais plus mœurs et l'entendement[6] que la science: et qu'il se conduisît en sa charge d'une nouvelle manière.

Qu'il ne lui demande pas seulement compte des mots de sa leçon, mais du sens et de la substance; et qu'il juge du profit qu'il aura fait, non par le témoignage de sa mémoire, mais de sa vie.[7]

Qu'il lui fasse tout passer par l'étamine,[8] et ne loge rien en sa tête par simple autorité et à crédit.[9] Que les principes d'Aristote ne lui soient principes, non plus que ceux des stoïciens ou des épicuriens. Qu'on lui propose

---

[1] **épanouissement** *f.* : la maturité; l'éclosion.
[2] **le suc:** le fluide nourricier des plantes.
[3] M. Bruezière et G. Mauger, *La France et ses écrivains* (Paris, 1957), V. 4 et pp. 160-163.
[4] **proche:** semblable.
[5] **requérir:** demander absolument.
[6] **l'entendement:** la façon de comprendre les choses; le raisonnement.
[7] **"non par le témoignage de sa mémoire, mais de sa vie":** non par l'exposé de ce qu'il a appris, mais par la façon dont il s'en sert.
[8] **l'étamine** *f.* : étoffe fine au travers de laquelle on peut "passer" des choses comme avec une passoire.
[9] **à crédit:** sans assurance; sans contrôle.

Michel Eyquem de Montaigne. *(Bulloz)*

cette diversité de jugements: il choisira s'il peut, sinon il en demeurera en doute:

Che, non men che saper, dubbiar m'aggrada.—Dante. [Car, non moins que savoir, douter m'est agréable.]

Car s'il embrasse les opinions de Xénophon et de Platon par son propre discours, ce ne seront plus les leurs, ce seront les siennes. Qui suit un autre, il ne suit rien. Il ne trouve rien, voire il ne cherche rien. *Non sumus sub rege; sibi quisque se vindicet.*—Sénèque. (Nous ne sommes pas sous un roi; que chacun soit son propre maître.) Qu'il sache qu'il sait, au moins. Il faut qu'il emboive[10] leurs humeurs, non qu'il apprenne leurs préceptes. Et qu'il oublie hardiment, s'il veut, d'où il les tient, mais qu'il se les sache approprier. La vérité et la raison sont communes à un chacun, et ne sont pas plus à qui les a dites premièrement qu'à qui les dit après. Ce n'est non plus selon Platon que selon moi, puisque lui et moi l'entendons et voyons de même. Les abeilles pillotent de çà de là les fleurs, mais elles en font après le miel qui est tout leur; ce n'est plus thym ni marjolaine: ainsi les pièces empruntées d'autrui, il les transformera et confondra,[11] pour en faire un ouvrage tout sien: à savoir son jugement. Son institution, son travail et étude ne vise[12] qu'à le former.

hardiment: avec audace; sans hésitation

entendre: ici, comprendre

emprunter: utiliser une chose venant de quelqu'un d'autre
d'autrui: de quelqu'un d'autre

Questions

1. Comment dit-on que Montaigne a défini "la culture"?
2. Pour qui Montaigne écrivit-il cet essai sur l'éducation?
3. Le fils de la comtesse va-t-il à l'école?
4. Que veut dire Montaigne par les mots "un conducteur qui eût plutôt la tête bien faite que bien pleine"?
5. De quelle nouvelle manière le "conducteur" devrait-il se conduire en sa charge?
6. Que doit faire l'élève avec les principes des grands hommes qu'il étudie?
7. Dans votre opinion, quelle est la philosophie de l'éducation de Montaigne?

[10] **emboire:** supporter (ancien mot).
[11] **confondre:** ici, mêler; fondre ensemble.
[12] **viser:** tenter; avoir pour but de.

Le Bourgeois gentilhomme

JEAN-BAPTISTE Poquelin, dit Molière (1622–1673), fonda d'abord en 1643, à Paris, "l'Illustre Théâtre"; puis il parcourut la province avec sa troupe et revint se fixer dans la capitale en 1658. I. fut protégé par Louis XIV, qui lui demanda souvent des pièces pour les fêtes de la cour.

Molière voulut contenter à la fois les grands seigneurs et le parterre. Il observa son temps dont il dépeignit les ridicules, mais il connaissait l'homme de tous les temps, et nul peintre de la vie n'est plus vrai.

le parterre: spectateurs qui sont placés dans la partie du théâtre située au rez-de-chaussée, derrière les fauteuils d'orchestre

LE BOURGEOIS GENTILHOMME
par Molière

C'est une comédie-ballet avec musique de Lulli. M. Jourdain, riche bourgeois dont le père s'est enrichi en vendant du drap, veut à tout prix apprendre les manières d'un homme de qualité. Il a fait la connaissance d'un comte, Dorante, amant de Dorimène, qui lui dit avoir parlé de lui au "lever", ce qui transporte M. Jourdain d'ivresse orgueilleuse. M. Jourdain a fait aussi la connaissance de Dorimène dont il s'imagine être amoureux. Il prépare une fête somptuese pour la marquise. Il se laisse escroquer[1] de l'argent par Dorante à qui il a confié un diamant à donner à Dorimène de sa part. Il lui faut aussi se débarrasser, pendant la fête, de Mme Jourdain, qui ne se laisse pas impressionner par les gens de qualité et n'hésite jamais à parler en son vert langage.[2]

ivresse f.: exaltation

se débarrasser: se décharger de; renvoyer quelqu'un de gênant

ACTE III—SCENE III

MME. JOURDAIN: Vous êtes fou, mon mari, avec toutes vos fantaisies, et cela vous est venu depuis que vous vous mêlez de hanter la noblesse.

M. JOURDAIN: Lorsque je hante la noblesse, je fais paraître mon jugement, et cela est plus beau que de hanter votre bourgeoisie.

MME. JOURDAIN: Ah! vraiment! il y a fort à gagner à fréquenter vos nobles! Et vous avez bien opéré avec ce beau Monsieur le comte dont vous vous êtes embéguiné.[3]

[1] escroquer: voler par tromperie, fourberie.
[2] vert langage: langage sans apprêts; naturel; rude
[3] embéguiné: attaché avec opiniâtreté; entiché (mot ancien).

M. JOURDAIN: Paix! Songez à ce que vous dites. Savez-vous bien, ma femme, que vous ne savez pas de qui vous parlez quand vous parlez de lui? C'est une personne d'importance plus que vous ne pensez, un seigneur que l'on considère à la cour, et qui parle au Roi tout comme je vous parle. N'est-ce pas une chose qui m'est tout à fait honorable, que l'on voie venir chez moi si souvent une personne de cette qualité, qui m'appelle son cher ami, et me traite comme si j'étais son égal? Il a pour moi des bontés qu'on ne devinerait jamais; et, devant tout le monde, il me fait des caresses dont je suis moi-même confus.[4]

MME. JOURDAIN: Oui, il a des bontés pour vous, et vous fait des caresses, mais il vous emprunte votre argent.

M. JOURDAIN: Hé bien! ne m'est-ce pas de l'honneur de prêter de l'argent à un homme de cette condition-là? et puis-je faire moins pour un seigneur qui m'appelle son cher ami?

MME. JOURDAIN: Et ce seigneur que fait-il pour vous?

M. JOURDAIN: Des choses dont on serait étonné, si on les savait.

MME. JOURDAIN: Et quoi?

M. JOIRDAIN: Baste,[5] je ne puis pas m'expliquer. Il suffit que si je lui ai prêté de l'argent, il me le rendra bien, et avant qu'il soit peu.[6]

MME. JOURDAIN: Oui, attendez-vous à cela.

M. JOURDAIN: Assurément: ne me l'a-t-il pas dit?

MME. JOURDAIN: Oui, oui: il ne manquera pas d'y faillir.[7]

M. JOURDAIN: Il m'a juré sa foi de gentilhomme.

MME. JOURDAIN: Chansons![8]

M. JOURDAIN: Ouais,[9] vous êtes bien obstinée, ma femme. Je vous dis qu'il me tiendra parole, j'en suis sûr.

MME. JOURDAIN: Et moi, je suis sûre que non, et que toutes les caresses qu'il vous fait ne sont que pour vous enjôler.[10]

M. JOURDAIN: Taisez-vous: le voici.

MME. JOURDAIN: Il ne vous faut plus que cela. Il vient peut-être encore vous faire quelque emprunt; et il me semble que j'ai dîné quand je le vois.

M. JOURDAIN: Taisez-vous, vous dis-je.

SCENE IV

DORANTE: Mon cher ami, Monsieur Jourdain, comment vous portez-vous?

M. JOURDAIN: Fort bien, Monsieur, pour vous rendre mes petits services.

DORANTE: Ma foi! Monsieur Jourdain, j'avais une impatience étrange de vous voir. Vous êtes l'homme du monde que j'estime le plus, et je parlais de vous encore ce matin dans la chambre du Roi.

[4] **être confus**: être gêné; se sentir indigne de.
[5] **baste!**: exclamation d'indifférence, de dédain (mot ancien).
[6] **avant qu'il soit peu**: dans peu de temps.
[7] **il ne manquera pas d'y faillir**: il ne le fera certainement pas.
[8] **chansons!**: ici, mensonges.
[9] **ouais**: exclamation d'impatience.
[10] **enjôler**: entourer de flatteries, de paroles aimables, pour mieux tromper.

La leçon de philosophie de Monsieur Jourdain.

M. JOURDAIN: Vous me faites beaucoup d'honneur, Monsieur. (*A Madame Jourdain.*) Dans la chambre du Roi!

DORANTE: Allons mettez.[11]

M. JOURDAIN: Monsieur, je sais le respect que je vous dois.

DORANTE: Mon Dieu! mettez: point de cérémonie entre nous, je vous prie.

M. JOURDAIN: Monsieur, je suis votre serviteur.

DORANTE: Je ne me couvrirai point, si vous ne vous couvrez.

M. JOURDAIN: (*se couvrant*) J'aime mieux être incivil qu'importun.[12]

DORANTE: Je suis votre débiteur, comme vous le savez.

MME. JOURDAIN: (*à part*) Oui, nous ne le savons que trop.

DORANTE: Vous m'avez généreusement prêté de l'argent en plusieurs occasions, et vous m'avez obligé de la meilleure grâce du monde, assurément.

M. JOURDAIN: Monsieur, vous vous moquez.

DORANTE: Mais je sais rendre ce qu'on me prête, et reconnaître les plaisirs qu'on me fait.

M. JOURDAIN: Je n'en doute point, Monsieur.

DORANTE: Je veux sortir d'affaire avec vous, et je viens ici pour faire nos comptes ensemble.

M. JOURDAIN: (*bas à Mme. Jourdain.*) Hé bien! Vous voyez votre impertinence, ma femme.

DORANTE: Je suis homme qui aime à m'acquitter le plus tôt que je puis.

M. JOURDAIN: (*à Mme. Jourdain*) Je vous le disais bien.

DORANTE: Voyons un peu ce que je vous dois.

MONSIEUR JOURDAIN: (*à Madame Jourdain*) Vous voilà, avec vos soupçons ridicules.

DORANTE: Vous souvenez-vous bien de tout l'argent que vous m'avez prêté?

M. JOURDAIN: Je crois que oui. J'en ai fait un petit mémoire. Le voici. Donné à vous une fois deux cents louis.[13]

DORANTE: Cela est vrai.

MONSIEUR JOURDAIN: Une autre fois six-vingts.[14]

DORANTE: Oui.

M. JOURDAIN: Et une autre fois, cent quarante.

DORANTE: Vous avez raison.

M. JOURDAIN: Ces trois articles font quatre cent soixante louis, qui valent cinq mille soixante livres.

DORANTE: Le compte est fort bon. Cinq mille soixante livres.

M. JOURDAIN: Mille huit cent trente-deux livres à votre plumassier.[15]

---

[11] **allons mettez:** mettez votre chapeau, que M. Jourdain a enlevé en signe de respect.

[12] **j'aime mieux être incivil qu'importun:** j'aime mieux être impoli qu'ennuyeux, désagréable.

[13] **louis** *m.*: ancienne monnaie d'or française.

[14] **six-vingts:** cent vingt.

[15] **plumassier** *m.*: fournisseur des plumes qui servent d'ornement (par exemple sur les chapeaux d'apparat de l'époque)

DORANTE: Justement.

M. JOURDAIN: Deux mille sept cent quatre-vingts livres à votre tailleur.

DORANTE: Il est vrai.

M. JOURDAIN: Quatre mille trois cent septante-neuf livres douze sols[16] huit deniers[17] à votre marchand.

DORANTE: Fort bien. Douze sols huit deniers: le compte est juste.

M. JOURDAIN: Et mille sept cent quarante-huit livres sept sols quatre deniers à votre sellier.[18]

DORANTE: Tout cela est véritable. Qu'est-ce que cela fait?

M. JOURDAIN: Somme totale, quinze mille huit cents livres.

DORANTE: Somme totale est juste: quinze mille huit cents livres. Mettez encore deux cents pistoles[19] que vous m'allez donner, cela fera justement dix-huit mille francs, que je vous payerai au premier jour.

MME. JOURDAIN: (bas à M. Jourdain) Eh bien! ne l'avais-je pas deviné?

M. JOURDAIN: (bas à Mme. Jourdain) Paix!

DORANTE: Cela vous incommodera-t-il de me donner ce que je vous dis?

M. JOURDAIN: Eh non!

MME. JOURDAIN: (bas à M. Jourdain) Cet homme-là fait de vous une vache à lait.

M. JOURDAIN: (bas à Mme. Jourdain) Taisez-vous.

DORANTE: Si cela vous incommode, j'en irai chercher ailleurs.

> **ailleurs:** dans une autre place; chez quelqu'un d'autre

M. JOURDAIN: Non, Monsieur.

MME. JOURDAIN: (bas à M. Jourdain) Il ne sera pas content qu'il ne vous ait ruiné.

M. JOURDAIN: (bas à Mme. Jourdain) Taisez-vous, vous dis-je.

DORANTE: Vous n'avez qu'à me dire si cela vous embarrasse.

M. JOURDAIN: Point, Monsieur.

MME. JOURDAIN: (bas à M. Jourdain) C'est un vrai enjôleux.

M. JOURDAIN: (bas à Mme. Jourdain) Taisez-vous donc.

MME. JOURDAIN: (bas à M. Jourdain) Il vous sucera jusqu'au dernier sou.

> **sucer:** aspirer un liquide avec la bouche; ici, tirer quelque chose de quelqu'un avec ténacité

M. JOURDAIN: (bas à Mme. Jourdain) Vous tairez-vous?

DORANTE: J'ai force[20] gens qui m'en prêteraient avec joie; mais comme vous êtes mon meilleur ami, j'ai cru que je vous ferais tort si j'en demandais à quelque autre.

M. JOURDAIN: C'est trop d'honneur, Monsieur, que vous me faites. Je vais quérir[21] votre affaire.

MME. JOURDAIN: (bas à M. Jourdain) Quoi? vous allez encore lui donner cela?

M. JOURDAIN: (bas à Mme. Jourdain) Que faire? voulez-vous que je refuse un homme de cette condition-là, qui a parlé de moi ce matin dans la chambre du Roi?

MME. JOURDAIN: (bas à M. Jourdain) Allez, vous êtes une vraie dupe.

[16] **sols** *m.*: unité monétaire, subdivision de la livre.
[17] **denier** *m.*: la plus petite unité monétaire de l'époque.
[18] **sellier** *m.*: celui qui fabrique et vend les pièces d'équipement des chevaux.
[19] **pistoles** *f.*: encore une unité monétaire, valant le louis.
[20] **force:** beaucoup.
[21] **quérir:** chercher.

Acte III—Scene VI (*adaptée*)

M. JOURDAIN: Voilà deux cents louis bien comptés.

DORANTE: Je vous assure, Monsieur Jourdain, que je suis tout à vous, et que je brûle de vous rendre service à la cour.

M. JOURDAIN: Je vous suis trop obligé.

DORANTE: (*bas à M. Jourdain*) Notre belle marquise, comme je vous ai mandé[22] par mon billet, viendra tantôt ici pour le ballet et le repas, et je l'ai fait consentir enfin au cadeau que vous lui voulez donner.

M. JOURDAIN: Comment l'a-t-elle trouvé?

DORANTE: Merveilleux; et je me trompe fort, ou la beauté de ce diamant fera pour vous sur son esprit un effet admirable.

M. JOURDAIN: Plût au Ciel!

DORANTE: Je lui ai fait valoir[23] comme il faut la richesse de ce présent et la grandeur de votre amour.

M. JOURDAIN: Ce sont, Monsieur, des bontés qui m'accablent; et je suis dans une confusion la plus grande du monde, de voir une personne de votre qualité s'abaisser pour moi à ce que vous faites.

> accabler: devenir très lourd; surcharger

DORANTE: Vous moquez-vous? est-ce qu'entre amis on s'arrête à ces sortes de scrupules? et ne feriez-vous pas pour moi la même chose, si l'occasion s'en offrait?

M. JOURDAIN: Oh! assurément, et de très grand cœur.

DORANTE: Pour moi, je ne regarde rien, quand il faut servir un ami; et lorsque vous me fîtes confidence de l'ardeur que vous aviez prise pour cette marquise agréable chez qui j'avais commerce, vous vîtes que d'abord je m'offris de moi-même à servir votre amour.

M. JOURDAIN: Il est vrai, ce sont des bontés qui me confondent.

DORANTE: Vous avez pris le bon biais[24] pour toucher son cœur; les femmes aiment surtout les dépenses qu'on fait pour elles; et vos fréquentes sérénades, et vos bouquets continuels, ce superbe feu d'artifice qu'elle trouva sur l'eau, le diamant qu'elle a reçu de votre part, et le cadeau que vous lui préparez, tout cela lui parle bien mieux en faveur de votre amour que toutes les paroles que vous auriez pu lui dire vous-même.

M. JOURDAIN: Il n'y a point de dépenses que je ne fisse si par là je pouvais trouver le chemin de son cœur. Une femme de qualité a pour moi des charmes ravissants, et c'est un honneur que j'achèterais au prix de toute chose.

DORANTE: Ce sera tantôt que vous jouirez à votre aise du plaisir de sa vue, et vos yeux auront tout le temps de se satisfaire.

M. JOURDAIN: Pour être en pleine liberté, j'ai fait en sorte que ma femme ira dîner chez ma sœur, où elle passera tout l'après-dînée.

DORANTE: Vous avez fait prudemment, et votre femme aurait pu nous

[22] **mander:** annoncer.
[23] **je lui ai fait valoir:** je lui ai expliqué la valeur.
[24] **biais** *m.*: le moyen.

embarrasser. J'ai donné pour vous l'ordre qu'il faut au cuisinier, et à; toutes les choses qui sont nécessaires pour le ballet. Il est de mon invention et pourvu que l'exécution puisse répondre à l'idée, je suis sûr qu'il sera trouvé. . . .

M. JOURDAIN: (*s'aperçoit que Nicole, une servante, écoute, et lui donne un soufflet.*) Ouais, vous êtes bien impertinente. Sortons, s'il vous plaît.

soufflet *m.*: un coup donné avec la main sur la joue de quelqu'un; une gifle; une claque

(*Dorante emmène Dorimène chez M. Jourdain sans lui dire que les sérénades, les cadeaux, le feu d'artifice, le diamant sont tous de la part de M. Jourdain. Elle croit qu'elle va à une auberge pour voir des divertissements préparés pour elle par Dorante. Elle ne sait pas que M. Jourdain les payera, et elle croit qu'il est l'aubergiste. Dans la scène suivante, elle ne comprend pas du tout ses actions.*)

ACTE III—SCENE XVI

M. JOURDAIN: (*après avoir fait deux révérences, se trouvant trop près de Dorimène*) Un peu plus loin, Madame.

DORIMÈNE: Comment?

M. JOURDAIN: Un pas, s'il vous plaît.

DORIMÈNE: Quoi donc?

M. JOURDAIN: Reculez un peu, pour la troisième.

DORANTE: Madame, Monsieur Jourdain sait son monde.

M. JOURDAIN: Madame, ce m'est une gloire bien grande de me voir assez fortuné pour être si heureux que d'avoir le bonheur que vous ayez eu la bonté de m'accorder la grâce de me faire l'honneur de m'honorer de la faveur de votre présence; et si j'avais aussi le mérite pour mériter un mérite comme le vôtre, et que le Ciel . . . envieux de mon bien . . . m'eût accordé . . . l'avantage de me voir digne . . . des. . . .

DORANTE: Monsieur Jourdain, en voilà assez: Madame n'aime pas les grands compliments, et elle sait que vous êtes homme d'esprit. (*Bas, à Dorimène.*) C'est un bon bourgeois assez ridicule, comme vous voyez, dans toutes ses manières.

DORIMÈNE: (*à Dorante*) Il n'est pas malaisé de s'en apercevoir.[25]

DORANTE: Madame, voilà le meilleur de mes amis.

M. JOURDAIN: C'est trop d'honneur que vous me faites.

DORANTE: Galant homme tout à fait.

DORIMÈNE: J'ai beaucoup d'estime pour lui.

M. JOURDAIN: Je n'ai rien fait encore, Madame, pour mériter cette grâce.

DORANTE: (*bas à M. Jourdain*) Prenez garde au moins à ne lui point parler du diamant que vous lui avez donné.

M. JOURDAIN: (*bas, à Dorante*) Ne pourrais-je pas seulement lui demander comment elle le trouve?

DORANTE: (*bas à M. Jourdain*) Comment? gardez-vous-en bien: cela serait vilain à vous; et pour agir en galant homme, il faut que vous fassiez

[25] **il n'est pas malaisé de s'en apercevoir**: il est facile de le remarquer.

comme si ce n'était pas vous qui lui eussiez fait ce présent. (*Haut*) Monsieur Jourdain, Madame, dit qu'il est ravi de vous voir chez lui.

DORIMÈNE: Il m'honore beaucoup.

M. JOURDAIN: (*bas à Dorante*) Que je vous suis obligé, Monsieur, de lui parler ainsi pour moi!

DORANTE: (*bas à M. Jourdain*) J'ai eu une peine effroyable à la faire venir ici.

M. JOURDAIN: (*bas à Dorante*) Je ne sais quelles grâces vous en rendre.

DORANTE: Il dit, Madame, qu'il vous trouve la plus belle personne du monde.

DORIMÈNE: C'est bien de la grâce qu'il me fait.

M. JOURDAIN: Madame, c'est vous qui faites les grâces, et . . .

DORANTE: Songeons à manger.

LAQUAIS: Tout est prêt, Monsieur.

DORANTE: Allons donc nous mettre à table, et qu'on fasse venir les musiciens.

(*Six cuisiniers qui ont préparé le festin dansent ensemble et font le troisième intermède; après quoi ils apportent une table couverte de plusieurs mets.*)

les mets *m.*: les plats cuisinés servis à table

Questions

1. Pourquoi M. Jourdain considère-t-il le comte comme une personne de grande importance?
2. Qu'est-ce que M. Jourdain considère comme une chose qui lui fait honneur?
3. Comment le comte appelle-t-il M. Jourdain?
4. Qu'est-ce que le comte emprunte à M. Jourdain?
5. Comment M. Jourdain justifie-t-il sa générosité envers le comte?
6. Que fait le comte pour M. Jourdain?
7. Pourquoi M. Jourdain est-il convaincu que Dorante lui rendra son argent?
8. Combien de fois M. Jourdain a-t-il prêté personnellement de l'argent à Dorante?
9. Combien d'argent Dorante emprunte-t-il enfin en tout?
10. Pourquoi M. Jourdain ne peut-il pas refuser ce dernier emprunt?
11. Pourquoi Dorimène vient-elle chez M. Jourdain?
12. Quel cadeau lui a-t-il envoyé par l'entremise de Dorante?
13. Quelles autres choses a-t-il faites pour toucher le cœur de Dorimène?
14. Que fera Mme. Jourdain pendant les fêtes offertes à Dorimène?
15. Que fait immédiatement M. Jourdain en voyant Dorimène?
16. Pourquoi doit-il faire trois révérences?
17. Comment M. Jourdain exprime-t-il sa joie de recevoir une marquise?
18. Comment Dorante présente-t-il M. Jourdain?
19. Pourquoi M. Jourdain ne peut-il pas parler du diamant à Dorimène?
20. Comment Dorante met-il fin aux compliments de M. Jourdain?

Le Misanthrope

misanthrope *m.*: qui n'aime pas les hommes

QUOIQUE *LE MISANTHROPE* soit une comédie, il y a un côté tragique dans le caractère d'Alceste. Alceste, le misanthrope, hait les hommes auxquels il reproche leur manque de franchise; il voudrait bannir de la société toutes les conventions hypocrites. Par une singulière contradiction, il aime une jeune veuve coquette et médisante, Célimène.

franchise *f.*: sincérité

médisante: qui parle volontiers des défauts des autres

Alceste préférerait, au fond, être un philanthrope, mais ayant pris le parti de toujours critiquer en insultant tout le monde, il se rend ridicule par son impolitesse.

On ne peut cependant s'empêcher d'estimer celui qui pense et dit:

> Je veux qu'on soit sincère, et qu'en homme d'honneur
> On ne lâche aucun mot qui ne parte du cœur.

lâcher: laisser échapper

A la fin Célimène, la frivole, a tout perdu, sauf Alceste qui l'aime et l'épousera, mais à condition toutefois qu'elle s'en aille avec lui dans un lieu désert. Célimène ne pourrait pas être heureuse loin de la gaieté de la cour de Louis XIV, et Alceste ne peut pas être heureux sans Célimène. Il y a toujours un élément de tragédie quand l'amour rencontre une impasse.

(Il est intéressant de signaler que Molière, qui a lui-même joué le rôle d'Alceste, l'a fait en face de sa femme infidèle qu'il aimait encore).

LE MISANTHROPE
par Molière

PHILINTE: (*l'ami d'Alceste*)
Mais, sérieusement, que voulez-vous qu'on fasse?

ALCESTE: Je veux qu'on soit sincère, et qu'en homme d'honneur
On ne lâche aucun mot qui ne parte du cœur.

PHILINTE: Lorsqu'un homme vous vient embrasser avec joie,
Il faut bien le payer de la même monnoie,[1]
Répondre comme on peut à ses empressements,[2]
Et rendre offre pour offre, et serments pour serments.

---

[1] **monnoie** *f.*: monnaie (ancien mot).
[2] **empressements** *m.*: avances aimables faites à quelqu'un.

ALCESTE: Non, je ne puis souffrir cette lâche méthode
            Qu'affectent la plupart de vos gens à la mode;
            Et je ne hais rien tant que les contorsions
            De tous ces grands faiseurs de protestations,
            Ces affables donneurs d'embrassades frivoles,
            Ces obligeants diseurs d'inutiles paroles,
            Qui de civilités avec tous font combat,
            Et traitent du même air l'honnête homme et le fat.
            Quel avantage a-t-on qu'un homme vous caresse,
            Vous jure amitié, foi, zèle, estime, tendresse,
            Et vous fasse de vous un éloge éclatant,
            Lorsqu'au premier faquin³ il court en faire autant?
            Non, non, il n'est point d'âme un peu bien située
            Qui veuille d'une estime ainsi prostituée;⁴
            Et la plus glorieuse a des régals⁵ peu chers,⁶
            Dès qu'on voit qu'on nous mêle avec tout l'univers.
            Sur quelque préférence une estime se fonde,
            Et c'est n'estimer rien qu'estimer tout le monde. . . .
            Je veux qu'on me distingue, et, pour le trancher net,⁷
            L'ami du genre humain n'est point du tout mon fait.⁸

PHILINTE: Mais, quand on est du monde, il faut bien que l'on rende
            Quelques dehors civils que l'usage demande.

ALCESTE: Non, vous dis-je, on devrait châtier sans pitié
            Ce commerce honteux de semblants d'amitié.
            Je veux que l'on soit homme, et qu'en toute rencontre
            Le fond de notre cœur dans nos discours se montre,
            Que ce soit lui qui parle, et que nos sentiments
            Ne se masquent jamais sous de vains compliments. . . .

PHILINTE: Vous voulez un grand mal à la nature humaine.

ALCESTE: Oui, j'ai conçu pour elle une effroyable haine.

PHILINTE: Tous les pauvres mortels, sans nulle exception
            Seront enveloppés dans cette aversion?
            Encore en est-il bien, dans le siècle où nous sommes. . . .

ALCESTE: Non, elle est générale, et je hais tous les hommes;
            Les uns, parce qu'ils sont méchants et malfaisants;
            Et les autres, pour être aux méchants complaisants,
            Et n'avoir pas pour eux ces haines vigoureuses
            Que doit donner le vice aux âmes vertueuses.
            De cette complaisance on voit l'injuste excès

le fat: le vaniteux; le sot, content de lui-même, mais sans grand valeur

trancher: couper

châtier: punir très sévèrement

³ **faquin** *m.*: homme de rien, sans valeur personnelle ou sociale.
⁴ **prostituée:** dégradée; sans valeur; gagnée sans mérite.
⁵ **régals** *m.*: satisfactions.
⁶ **a des régals peu chers:** donne des satisfactions sans valeur.
⁷ **pour le trancher net:** pour en finir.
⁸ **mon fait:** ce qui me plaît; ce qui me convient.

Simonin Fecit

le vray Portrait de Mr de Moliere en Habit de Sganarelle.

Pour le franc scélérat avec qui j'ai procès.
Au travers de son masque on voit à plein le traître;
Partout il est connu pour tout ce qu'il peut être;
Et ses roulements d'yeux, et son ton radouci,[9]
N'imposent qu'à des gens qui ne sont point d'ici.
On sait que ce pied-plat, digne qu'on le confonde,
Par de sales emplois s'est poussé dans le monde;
Et que par eux son sort, de splendeur revêtu,
Fait gronder le mérite et rougir la vertu.
Quelques titres honteux qu'en tous lieux on lui donne
Son misérable honneur ne voit pour lui personne;
Nommez-le fourbe,[10] infâme et scélérat maudit,
Tout le monde en convient, et nul n'y contredit;
Cependant sa grimace est partout bien venue;
On l'accueille, on lui rit, partout il s'insinue;
Et s'il est, par la brigue,[11] un rang à disputer,
Sur le plus honnête homme on le voit l'emporter.
Têtebleu! ce me sont de mortelles blessures
De voir qu'avec le vice on garde des mesures;
Et parfois il me prend des mouvements soudains
De fuir dans un désert l'approche des humains. . . .

scélérat: perfide; capable de très mauvaises actions

maudit: absolument détesté; qui mérite la haine des autres

Dans tout le cours de la pièce, Alceste essaye de parler seul à seule avec Célimène, mais elle a tant d'admirateurs qu'il n'y réussit jamais. A la fin Célimène est confondue[12] par tous ceux à qui elle a écrit des billets-doux et qui se les sont montrés. Alceste offre encore de l'épouser, mais . . .

ORONTE: (*un des prétendants les plus ardents de Célimène, après avoir entendu parler de ses lettres.*)
Quoi! de cette façon je vois qu'on me déchire,
Après tout ce qu'à moi je vous ai vu m'écrire!
Et votre cœur, paré de beaux semblants d'amour
A tout le genre humain se promet tour à tour!
Allez, j'étais trop dupe, et je vais ne plus l'être
Vous me faites un bien, me faisant vous connaître;
J'y profite d'un cœur qu'ainsi vous me rendez,
Et trouve ma vengeance en ce que vous perdez.
(*à Alceste*)
Monsieur, je ne fais plus d'obstacle à votre flamme,
Et vous pouvez conclure affaire avec madame.

[9] **radouci**: calme; ici, mielleux; obséquieux; faussement aimable.
[10] **fourbe**: faux; trompeur.
[11] **la brigue**: les procédés employés pour parvenir à un but ambitieux (ancien mot).
[12] **confondre**: ici, montrer à quelqu'un que ses méfaits sont connus, que ses manoeuvres hypocrites sont déjouées.

ARSINOÉ: (*Bavarde et fausse, soi-disant amie de Célimène, elle aimerait bien accaparer*[13] *les sentiments d'Alceste, mais il est bien trop sagace pour laisser s'y prendre. A Célimène.*)
Certes, voilà le trait du monde le plus noir
Je ne m'en saurais taire, et me sens émouvoir.
Voit-on des procédés qui soient pareils aux vôtres?
Je ne prends point de part aux intérêts des autres.
(*montrant Alceste*)
Mais monsieur que chez vous fixait votre bonheur
Un homme comme lui, de mérite et d'honneur
Et qui vous chérissait avec idolâtrie,
Devait-il . . .

ALCESTE: Laissez-moi, madame, je vous prie,
Vider mes intérêts moi-même là-dessus,
Et ne vous chargez point de ces soins superflus.
Mon cœur a beau vous voir prendre ici sa querelle,
Il n'est point en état de payer ce grand zèle;
Et ce n'est pas à vous que je pourrai songer,
Si par un autre choix je cherche à me venger.

ARSINOÉ: Hé! croyez-vous, monsieur, qu'on ait cette pensée
Et que de vous avoir on soit tant empressée?[14]
Je vous trouve un esprit bien plein de vanité,
Si de cette créance il peut s'être flatté.
Le rebut[15] de madame est une marchandise
Dont on aurait grand tort d'être si fort éprise.
Détrompez-vous, de grâce, et portez-le moins haut.
Ce ne sont pas des gens comme moi qu'il vous faut.
Vous ferez bien encore de soupirer pour elle,
Et je brûle de voir une union si belle.
(*Elle part.*)

ALCESTE: (*à Célimène*)
Eh bien, je me suis tu, malgré ce que je voi
Et j'ai laissé parler tout le monde avant moi.
Ai-je pris sur moi-même un assez long empire?
Et puis-je maintenant . . .

CÉLIMÈNE: Oui, vous pouvez tout dire;
Vous en êtes en droit, lorsque vous vous plaindrez,
J'ai tort, je le confesse; et mon âme confuse
Ne cherche à vous payer d'aucune vaine excuse.
J'ai des autres ici méprisé le courroux;[16]
Mais je tombe d'accord de mon crime envers vous.

bavarde: qui parle beaucoup; ici, qui dit "du mal" des gens
soi-disant: se disant à tort; semblant mais n'étant pas vraiment

a beau vous voir: malgré qu'il vous voie; bien qu'il vous voie

créance *f.*: ici, chose à laquelle on croit

---

[13] **accaparer:** prendre pour soi.
[14] **être empressé:** être très désireux de.
[15] **rebut** *m.*: ce dont on ne veut plus; ou qui ne peut plus servir.
[16] **courroux** *m.*: la colère.

Votre ressentiment sans doute est raisonnable;
Je sais combien je dois vous paraître coupable;
Que toute chose dit que j'ai pu vous trahir,
Et qu'enfin vous avez sujet de me haïr.
Faites-le, j'y consens.

ALCESTE: Hé! le puis-je traîtresse?
Puis-je ainsi triompher de toute ma tendresse?
Et, quoique avec ardeur je veuille vous haïr
Trouvè-je un cœur en moi tout prêt à m'obéir? . . .
Oui, je veux bien, perfide, oublier vos forfaits;[17]
J'en saurai, dans mon âme, excuser tous les traits
Et me les couvrirai du nom d'une faiblesse
Où le vice du temps porte votre jeunesse,
Pourvu que votre cœur veuille donner les mains
Au dessein que j'ai fait de fuir tous les humains,
Et que dans mon désert, où j'ai fait vœu de vivre,
Vous soyez, sans tarder, résolue à me suivre.
C'est par là seulement que, dans tous les esprits,
Vous pouvez réparer le mal de vos écrits,
Et qu'après cet éclat qu'un noble cœur abhorre,
Il peut m'être permis de vous aimer encore.

CÉLIMÈNE: Moi, renoncer au monde avant que de vieillir,
Et dans votre désert aller m'ensevelir!

ALCESTE: Et, s'il faut qu'à mes feux votre flamme réponde,
Que vous doit importer tout le reste du monde!
Vos désirs avec moi ne sont-ils pas contents?

CÉLIMÈNE: La solitude effraie une âme de vingt ans.
Je ne sens point la mienne assez grande, assez forte,
Pour me résoudre à prendre un dessein de la sorte.
Si le don de ma main peut contenter vos vœux,
Je pourrai me résoudre à serrer de tels nœuds,
Et l'hymen . . .

ALCESTE: Non. Mon cœur à présent vous déteste,
Et ce refus lui seul fait plus que tout le reste.
Puisque vous n'êtes point, en des liens si doux,
Pour trouver tout en moi, comme moi tout en vous,
Allez, je vous refuse; et ce sensible outrage
De vos indignes fers pour jamais me dégage. . . .
(Alceste finit comme il a commencé.)
Trahi de toutes parts, accablé d'injustices,
Je vais sortir d'un gouffre où triomphent les vices,
Et chercher sur la terre un endroit écarté
Où d'être homme d'honneur on ait la liberté.

vieillir: prendre de l'âge; devenir vieux

s'ensevelir: se retirer complètement du monde, comme un cadavre est enseveli dans sa tombe

accablé: portant une lourde et pénible charge

[17] **forfaits** *m.*: mauvaises actions.

PHILINTE: (*à Eliante qui vient d'accepter de l'épouser.*)
Allons, madame, allons employer toute chose
Pour rompre le dessein que son cœur se propose.

Questions
1. Quelle est la philosophie de vie d'Alceste?
2. Citez des objets de la haine d'Alceste.
3. Que pense-t-il parfois qu'il voudrait faire?
4. Pourquoi Oronte ne se dresse-t-il plus contre Alceste?
5. Comment Célimène peut-elle réparer le mal causé par ses écrits?
6. Pourquoi refuse-t-elle le faire?
7. Qu'offre-t-elle à Alceste?
8. Quel est le dessein final d'Alceste?
9. Que veulent faire Philinte et Éliante?

Le serment des Horaces, tableau de Louis David. *(Alinari)*

Horace

Pierre Corneille, Normand, naquit à Rouen en 1606. Après de brillantes études il acquit une charge d'avocat du roi et en exerça les fonctions jusqu'en 1650. Rien ne semblait d'abord destiner Corneille au théâtre, mais une aventure de société à Rouen lui inspira un sonnet qu'il eut l'idée d'encadrer dans une comédie, *Mélite*, jouée à Paris en 1629. De 1629 à 1635 il fit jouer toute une série de comédies qui eurent à Paris un grand succès, mais c'est sa tragédie du *Cid* qui lui valut la gloire.

Poète au style éclatant et vigoureux, il a créé le théâtre classique français. Il choisit ses sujets dans l'histoire, surtout dans celle des Romains. Son œuvre nous montre le triomphe de la volonté sur les passions; son théâtre est "une école de grandeur d'âme."

HORACE
par Pierre Corneille

HORACE tire son sujet de l'historien romain Tite-Live. Rome et sa voisine Albe sont en guerre. Les chefs des villes ont décidé d'arrêter l'effusion du sang en choisissant des champions de chaque camp qui se combattront. L'issue du combat décidera de la suprématie de l'une des deux villes. Le sort tombe chez les Romains sur les trois Horace et chez les Albains sur les trois Curiace. Si vous savez qu'un Horace avait épousé une sœur des Curiace et qu'un Curiace était fiancé à une sœur des Horace, vous pouvez imaginer avec quelle inquiétude les deux familles attendent les nouvelles du combat.

Personnages: Le vieil Horace; Sabine, femme d'Horace et sœur de Curiace; Camille, amante de Curiace et sœur d'Horace; Julie, dame romaine, confidente de Sabine et de Camille; le jeune Horace, fils du vieil Horace.

V. HORACE: Nous venez-vous, Julie, apprendre la victoire?

JULIE: Mais plutôt du combat les funestes[1] effets:
           Rome est sujette d'Albe, et vos fils, sont défaits;
           Des trois les deux sont morts, son époux seul vous reste.

V. HORACE: O d'un triste combat effet vraiment funeste!
           Rome est sujette d'Albe, et pour l'en garantir

---

[1] **funestes**: qui causent le malheur, le chagrin.

	Il n'a pas employé jusqu'au dernier soupir!
	Non, non, cela n'est point, on vous trompe, Julie;
	Rome n'est point sujette, ou mon fils est sans vie:
	Je connais mieux mon sang, il sait mieux son devoir.
JULIE:	Mille, de nos remparts, comme moi l'ont pu voir.
	Il s'est fait admirer tant qu'ont duré ses frères:
	Mais, comme il s'est vu seul contre trois adversaires,
	Près d'être enfermé d'eux, sa fuite l'a sauvé.
V. HORACE:	Et nos soldats trahis ne l'ont point achevé?
	Dans leurs rangs à ce lâche ils ont donné retraite?
JULIE:	Je n'ai rien voulu voir après cette défaite.
CAMILLE:	O mes frères!
V. HORACE:	Tout beau,[2] ne les pleurez pas tous;
	Deux jouissent d'un sort dont leur père est jaloux.
	Que des plus nobles fleurs leur tombe soit couverte;
	La gloire de leur mort m'a payé de leur perte;
	Ce bonheur a suivi leur courage invaincu,
	Qu'ils ont vu Rome libre autant qu'ils ont vécu,
	Et ne l'auront point vue obéir qu'à son prince,
	Ni d'un Etat voisin devenir la province.
	Pleurez l'autre, pleurez l'irréparable affront
	Que sa fuite honteuse imprime à notre front;
	Pleurez le déshonneur de toute notre race,
	Et l'opprobre[3] éternel qu'il laisse au nom d'Horace.
JULIE:	Que vouliez-vous qu'il fît contre trois?
HORACE:	Qu'il mourût . . .

[Julie n'a pas vu la fin de la lutte entre les Horace et les Curiace.
Valère arrive pour donner des nouvelles différentes.]

VALÈRE:	Que parlez-vous ici d'Albe et de sa victoire?
	Ignorez-vous encor la moitié de l'histoire?
V. HORACE:	Je sais que par sa fuite il a trahi l'Etat.
VALÈRE:	Oui, s'il eût en fuyant terminé le combat;
	Mais on a bientôt vu qu'il ne fuyait qu'en homme
	Qui savait ménager l'avantage de Rome.
V. HORACE:	Quoi, Rome donc triomphe?
VALÈRE:	Apprenez, apprenez
	La valeur de ce fils qu'à tort vous condamnez.
	Resté seul contre trois, mais en cette aventure
	Tous trois étant blessés, et lui seul sans blessure,
	Trop faible pour eux tous, trop fort pour chacun d'eux,
	Il sait bien se tirer d'un pas si dangereux.

lâche *m.*: qui est absolument sans courage

[2] **tout beau**: exclamation pour calmer, modérer.
[3]. **l'opprobre** *m.*: la honte.

Il fuit pour mieux combattre, et cette prompte ruse
Divise adroitement trois frères qu'elle abuse.
Chacun le suit d'un pas ou plus ou moins pressé
Selon qu'il se rencontre ou plus ou moins blessé;
Leur ardeur est égale à poursuivre sa fuite;
Mais leurs coups inégaux séparent leur poursuite.
Horace, les voyant l'un de l'autre écartés,
Se retourne, et déjà les croit demi domptés:[4]
Il attend le premier, et c'était votre gendre.
L'autre, tout indigné qu'il ait osé l'attendre,
En vain en l'attaquant fait paraître un grand cœur,
Le sang qu'il a perdu ralentit sa vigueur.
Albe à son tour commence à craindre un sort contraire;
Elle crie au second qu'il secoure son frère:
Il se hâte et s'épuise en efforts superflus;   **s'épuiser:** perdre peu à peu toute
Il trouve en les joignant que son frère n'est plus.   ses forces

CAMILLE: Hélas!

VALÈRE: Tout hors d'haleine il prend pourtant sa place,
Et redouble bientôt la victoire d'Horace:
Son courage sans force est un débile[5] appui;
Voulant venger son frère, il tombe auprès de lui.
L'air résonne des cris qu'au ciel chacun envoie;
Albe en jette d'angoisse, et les Romains de joie.
Comme notre héros se voit près d'achever,
C'est peu pour lui de vaincre, il veut encor braver:
"J'en viens d'immoler[6] deux aux mânes[7] de mes frères;
Rome aura le dernier de mes trois adversaires,
C'est à ses intérêts que je vais l'immoler,"
Dit-il; et tout d'un temps on le voit y voler.
La victoire entre eux deux n'était pas incertaine;
L'Albain percé de coups ne se traînait qu'à peine,
Et, comme une victime aux marches de l'autel,
Il semblait présenter sa gorge au coup mortel:
Aussi le reçoit-il, peu s'en faut,[8] sans défense,
Et son trépas de Rome établit la puissance. . . .

[*Le jeune vaniqueur revient, apportant la dépouille[9] des Curiace;
il rencontre sa sœur Camille qui lui reproche la mort de son fiancé
et prononce des imprécations contre Rome. Furieux, Horace tue sa
sœur. Pour ce crime il doit être jugé et Tulle, roi de Rome, absout le*

[4] **domptés:** dominés; vaincus.
[5] **débile:** très faible.
[6] **immoler:** sacrifier.
[7] **mânes** *m.*: les âmes divinisées des morts dans la mythologie romaine.
[8] **peu s'en faut:** il s'en faut de peu; à peu de chose près; presque.
[9] **la dépouille:** le corps sans vie; le cadavre.

jeune Horace qui devra seulement se soumettre à une cérémonie expiatoire.[10] Mais c'est Sabine, la femme d'Horace, qui a le plus souffert parce que c'est son mari qui a tué ses trois frères.]

SABINE: *(à son mari)*
Joins Sabine à Camille, et ta femme à ta sœur;
Nos crimes sont pareils, ainsi que nos misères;
Je soupire comme elle, et déplore mes frères:
Plus coupable en ce point contre tes dures lois,
Qu'elle n'en pleurait qu'un, et que j'en pleure trois,
Qu'après son châtiment ma faute continue.

J. HORACE: Sèche tes pleurs, Sabine, ou les cache à ma vue.
Rends-toi digne du nom de ma chaste moitié,
Et ne m'accable point d'une indigne pitié.
Si l'absolu pouvoir d'une pudique[11] flamme
Ne nous laisse à tous deux qu'un penser et qu'une âme,
C'est à toi d'élever tes sentiments aux miens,
Non à moi de descendre à la honte des tiens.
Je t'aime, et je connais la douleur qui te presse;
Embrasse ma vertu pour vaincre ta faiblesse,
Participe à ma gloire au lieu de la souiller,
Tâche à t'en revêtir, non à m'en dépouiller.[12]
Es-tu de mon honneur si mortelle ennemie,
Que je te plaise mieux couvert d'une infamie?
Sois plus femme que sœur, et, te réglant sur moi,
Fais-toi de mon exemple une immuable loi.

immuable: qui ne changera pas; d'une durée assurée

Questions

1. Qui sont les combattants?
2. Pourquoi a-t-on choisi cette façon de déterminer la suprématie d'une ville sur l'autre?
3. Quels sont les premiers résultats de la lutte selon le rapport de Julie?
4. Comment le vieil Horace réagit-il à ces nouvelles?
5. Quelles nouvelles contradictoires Valère apporte-t-il?
6. Décrivez le combat.
7. Pourquoi le jeune vainqueur tue-t-il sa sœur?
8. Qui est Tulle?
9. Comment juge-t-il le jeune Horace?
10. Pourquoi, à votre avis, la peine n'a-t-elle pas été plus sévère?
11. Pourquoi Sabine est-elle la plus malheureuse de tous les siens?
12. Quel conseil son mari lui donne-t-il?

[10] **expiatoire:** punitif.
[11] **pudique:** discret; sans ostentation.
[12] **dépouiller:** priver de.

Phèdre

Jean Racine naquit en 1639 à la Ferté-Milon. Orphelin à quatre ans, il fut placé par sa grand-mère au collège de Beauvais dirigé par des jansénistes,[1] et plus tard il acheva ses études à Port-Royal chez les jansénistes qui lui donnèrent une culture solide et raffinée. Il étudia la théologie, mais ne tarda guère à aborder le théâtre. Son premier succès fut *Andromaque*.

Ses tragédies, par leur puissance dramatique et leur harmonie, sont dignes d'être égalées aux chefs-d'œuvre du théâtre grec dont elles se sont souvent inspirées.

Artiste et poète incomparable, Racine a peint les déchirements[2] de l'âme emportée par les passions. L'intrigue est simple, cohérente, toujours en progression sans scènes inutiles. Entre l'exposition de la pièce et le dénouement, aucun fait (sauf de très rares exceptions), mais seulement le jeu des passions et l'analyse psychologique.

intrigue *f.*: enchaînement de faits et d'actions d'une pièce de théâtre ou d'un roman

PHÈDRE
par Jean Racine

[*Le sujet de cette tragédie est tiré d'une pièce d'Euripide, un auteur grec. Phèdre, femme de Thésée, aime son beau-fils, Hippolyte, fils de Thésée et d'une épouse précédente. Hippolyte est tombé amoureux d'Aricie, une captive et l'ennemie mortelle de Thésée. Thésée, cru mort au commencement de la pièce, revient et trouve une situation lamentable. Il apprend d'Oenone, la nourrice de Phèdre, que son fils et sa femme l'ont trahi. Thésée maudit son fils et le voue à[3] la colère de Neptune, qui envoie contre le jeune homme un monstre marin.*

Au commencement de cet extrait, nous trouvons Hippolyte, qui jusqu'ici a méprisé l'amour, essayant, cependant, d'exprimer son ardeur pour Aricie.]

HIPPOLYTE: (à *Aricie*)
           Moi qui, contre l'amour fièrement révolté
           Aux fers de ses captifs ai longtemps insulté; . . .

---

[1] **janséniste**: qui appartient au jansénisme, doctrine professée par Jansenius dans son livre "l'Augustinus", qui tendait à limiter la liberté humaine en partant du principe que la grâce est accordée à certains êtres dès leur naissance, et refusée à d'autres.

[2] **déchirement** *m.*: forte douleur morale.

[3] **vouer à**: ici, sacrifier, abandonner au sort.

Un moment a vaincu mon audace imprudente;
Cette âme si superbe est enfin dépendante.
Depuis près de six mois, honteux, désespéré,
Portant partout le trait dont je suis déchiré, . . .
Mon arc, mes javelots, mon char, tout m'importune;[4]
Je ne me souviens plus des leçons de Neptune;
Mes seuls gémissements font retentir les bois,
Et mes coursiers[5] oisifs ont oublié ma voix.
Peut-être le récit d'un amour si sauvage
Vous fait, en m'écoutant, rougir de votre ouvrage.
D'un cœur qui s'offre à vous quel farouche entretien!
Quel étrange captif pour un si beau lien!
Mais l'offrande à vos yeux en doit être plus chère.
Songez que je vous parle une langue étrangère;
Et ne rejetez pas des vœux mal exprimés,
Qu'Hippolyte sans vous n'aurait jamais formés.

[*Phèdre voit Hippolyte et exprime son amour pour lui. Puis, écrasée par la honte, elle s'en va souhaitant la mort. Oenone, sa nourrice et confidente, voit alors l'occasion d'aider sa maîtresse.*]

OENONE: Mais puisque je vous perds sans ce triste remède,
Votre vie est pour moi d'un prix à qui tout cède.
Je parlerai. Thésée, aigri[6] par mes avis,
Bornera sa vengeance à l'exil de son fils.

[*Thésée n'est pas mort et revient chez lui. Phèdre le voit et le repousse.*]

THÉSÉE: Quel est l'étrange accueil qu'on fait à votre père,
Mon fils?

HIPPOLYTE: Phèdre peut seule expliquer ce mystère.
Mais si mes vœux ardents vous peuvent émouvoir,
Permettez-moi, Seigneur, de ne la plus revoir.

[*Oenone accuse alors perfidement Hippolyte d'aimer Phèdre et une scène affreuse se déroule entre le père et le fils.*]

THÉSÉE: Ah! que ton impudence excite mon courroux!

HIPPOLYTE: Quel temps à mon exil, quel lieu prescrivez-vous?

THÉSÉE: Fusses-tu par delà les colonnes d'Alcide,
Je me croirais encor trop voisin d'un perfide. . . .
(*seul*)
Justes Dieux, qui voyez la douleur qui m'accable,
Ai-je pu mettre au jour un enfant si coupable?
Je veux de tout le crime être mieux éclairci.
Gardes, qu'Oenone sorte, et vienne seule ici.

gémissements *m.*: plaintes sourdes causées par la douleur physique ou morale
retentir: vibrer en émettant des ondes sonores
oisif: inoccupé
votre ouvrage *m.*: œuvre; ce que vous avez fait
entretien *m.*: propos; paroles

[4] **importuner**: causer de l'ennui.
[5] **coursiers** *m.*: chevaux.
[6] **aigri**: irrité; mis en colère.

Acte II de *Phèdre.* Gravure de Girodet.

PANOPE: Déjà, de sa présence (*celle de la reine Phèdre*) avec honte chassée,
Dans la profonde mer Oenone s'est lancée.

[*Après cette nouvelle Théramène arrive pour décrire la mort d'Hippolyte. Parce que Thésée a maudit son fils et l'a voué à la colère de Neptune, le dieu envoie contre le jeune homme un monstre marin qui épouvante ses chevaux et cause sa mort. Phèdre, désespérée d'avoir provoqué cette catastrophe, absorbe du poison et vient mourir devant Thésée, après avoir confessé son crime.*]

THÉRAMÈNE: Hippolyte lui seul, digne fils d'un héros,
Arrête ses coursiers, saisit ses javelots,
Pousse au monstre, et d'un dard lancé d'une main sûre,
Il lui fait dans le flanc une large blessure.
De rage et de douleur le monstre bondissant
Vient aux pieds des chevaux tomber en mugissant,
Se roule, et leur présente une gueule enflammée,
Qui les couvre de feu, de sang et de fumée.
La frayeur les emporte; et sourds à cette fois,
Ils ne connaissent plus ni le frein ni la voix.
En efforts impuissants leur maître se consume;
Ils rougissent le mors[7] d'une sanglante écume.
On dit qu'on a vu même, en ce désordre affreux,
Un Dieu qui d'aiguillons pressait leur flanc poudreux.
A travers des rochers la peur les précipite;
L'essieu[8] crie et se rompt. L'intrépide Hippolyte
Voit voler en éclats tout son char fracassé;
Dans les rênes lui-même il tombe embarrassé. . . .[9]
J'ai vu, Seigneur, j'ai vu votre malheureux fils
Traîné par les chevaux que sa main a nourris. . . .

THÉSÉE: O mon fils! cher espoir que je me suis ravi!
Inexorables Dieux, qui m'avez trop servi!
A quels mortels regrets ma vie est réservée!

THÉRAMÈNE: La timide Aricie est alors arrivée.
Elle venait, Seigneur, fuyant votre courroux,
A la face des Dieux l'accepter pour époux.
Elle approche: elle voit l'herbe rouge et fumante;
Elle voit (quel objet pour les yeux d'une amante!)
Hippolyte étendu, sans forme et sans couleur.
Elle veut quelque temps douter de son malheur
Et ne connaissant plus ce héros qu'elle adore,
Elle voit Hippolyte, et le demande encore.

mugissant: criant; hurlant mais d'une façon un peu sourde et prolongée

une gueule: la bouche dans une face animale

fracassé: bruyamment cassé en morceaux; mis en pièces par un choc

[7] **mors** *m.*: petite barre métallique passée dans la bouche du cheval et maintenue par la bride servant à le guider.
[8] **essieu** *m.*: grosse barre ayant les roues aux deux extrémités et supportant le poids du véhicule.
[9] **embarrassé:** ici, pris dans les rênes qui gênent ses mouvements.

Mais trop sûre à la fin qu'il est devant ses yeux,
Par un triste regard elle accuse les Dieux;
Et froide, gémissante, presque inanimée,
Aux pieds de son amant elle tombe pâmée.

(Phèdre entre)

THÉSÉE: *(à Phèdre)*
Hé bien! vous triomphez, et mon fils est sans vie.
Ah! que j'ai lieu de craindre! et qu'un cruel soupçon
L'excusant dans mon coeur, m'alarme avec raison!
Mais, Madame, il est mort, prenez votre victime:
Jouissez de sa perte, injuste ou légitime. . . .

PHÈDRE: Non, Thésée, il faut rompre un injuste silence;
Il faut à votre fils rendre son innocence.
Il n'était point coupable.

THÉSÉE: Ah! père infortuné!
Et c'est sur votre foi que je l'ai condamné!
Cruelle, pensez-vous être assez excusée. . . .

PHÈDRE: Les moments me sont chers, écoutez-moi, Thésée.
C'est moi qui sur ce fils chaste et respectueux,
Osa jeter un œil profane, incestueux.
Le ciel mit dans mon sein une flamme funeste;
La détestable Oenone a conduit tout le reste. . . .
J'ai pris, j'ai fait couler dans mes brûlantes veines
Un poison que Médée apporta dans Athènes.
Déjà jusqu'à mon coeur le venin parvenu
Dans ce coeur expirant jette un froid inconnu;
Déjà je ne vois plus qu'à travers un nuage
Et le ciel et l'époux que ma présence outrage;
Et la mort, à mes yeux dérobant la clarté,
Rend au jour, qu'ils souillaient, toute sa pureté.

PANOPE: Elle expire, Seigneur!
THÉSÉE: D'une action si noire
Que ne peut avec elle expirer la mémoire!
Allons, de mon erreur, hélas! trop éclaircis,
Mêler nos pleurs au sang de mon malheureux fils,
Allons de ce cher fils embrasser ce qui reste,
Expier la fureur d'un vœu que je déteste.
Rendons-lui les honneurs qu'il a trop mérités;

Jean Racine.   *(Bibl. Nat. Paris)*

Et pour mieux apaiser ses mânes irrités,
Que, malgré les complots d'une injuste famille,
Son amante aujourd'hui me tienne lieu de fille.

Questions
1. Depuis combien de temps Hippolyte est-il amoureux d'Aricie?
2. Comment Oenone pense-t-elle qu'elle peut aider sa maîtresse?
3. Que fait-elle alors?
4. Décrivez la mort d'Hippolyte.
5. Quel est le crime de Phèdre et comment mourut-elle?
6. Que fera Thésée pour Aricie?

LA CIGALE ET LA FOURMI. Fable I.

Fables

C'EST SURTOUT par ses fables que Jean de la Fontaine (1621–1695), génie indépendant, à la fois lyrique et dramatique, est devenu célèbre. L'originalité et la perfection de ses fables ont frappé les plus grands esprits de ce siècle: Molière, Mme de Sévigné, La Bruyère ont témoigné d'une admiration que nous continuons à éprouver de nos jours. Ces fables peuvent être rapprochées des comédies de Molière, car le fabuliste peint les mœurs de ce siècle sous leur aspect le plus universel. On trouvera en chacun d'eux la même vérité, la même profondeur.

La Fontaine a utilisé les animaux pour peindre les caractères des hommes. Il a donné aux animaux des types humains. Le lion, entre autres, sera le roi, le renard le courtisan, le bœuf sera grave, réfléchi, et l'âne personnifiera la patience et un peu la sottise.

le renard: animal carnassier à museau pointu portant une queue touffue (la terreur des poulaillers)
la sottise: le manque d'intelligence, de jugement

LA CIGALE ET LA FOURMI

La Cigale ayant chanté
Tout l'été
Se trouva fort dépourvue
Quand la bise fut venue:
Pas un seul petit morceau
De mouche ou de vermisseau.
Elle alla crier famine
Chez la Fourmi sa voisine,
La priant de lui prêter
Quelque grain pour subsister
Jusqu'à la saison nouvelle.
"Je vous paierai, lui dit-elle,
Avant l'août, foi d'animal,
Intérêt et principal."
La Fourmi n'est pas prêteuse:
C'est là son moindre défaut.
"Que faisiez-vous au temps chaud?
Dit-elle à cette emprunteuse.
—Nuit et jour à tout venant

la cigale: insecte d'environ 5 centimètres qui fait entendre un bruit strident et monotone
dépourvue: appauvrie; privée
la bise: vent froid; par extension l'hiver, la saison où souffle ce vent froid
la mouche: insecte noir qu'on voit beaucoup en été, attiré par les déchets alimentaire des cuisines
le vermisseau: petit ver de terre
la fourmi: insecte de quelques millimètres de long, vivant en sociétés

LE CORBEAU ET LE RENARD. Fable II.

Je chantais, ne vous déplaise
—Vous chantiez? J'en suis fort aise[1]:
Eh! bien! Dansez maintenant."

(Il y a quelques années Walt Disney a tiré un film de cette fable. La cigale chantait d'une voix basse une chanson intitulée: "O le monde me doit la vie!")

LE CORBEAU ET LE RENARD

le corbeau: assez gros oiseau noir

Maître Corbeau, sur un arbre perché
  Tenait en son bec un fromage.
Maître Renard, par l'odeur alléché[2]
  Lui tint à peu près ce langage:
"He! bonjour, Monsieur du Corbeau,
Que vous êtes joli! que vous me semblez beau!
  Sans mentir, si votre ramage[3]
  Se rapporte[4] à votre plumage,
Vous êtes le phénix[5] des hôtes de ces bois."
A ces mots le Corbeau ne se sent pas de joie[6]
  Et pour montrer sa belle voix,
Il ouvre un large bec, laisse tomber sa proie.
Le Renard s'en saisit, et dit:
  "Mon bon Monsieur,
  Apprenez que tout flatteur
Vit aux dépens de celui qui l'écoute.
Cette leçon vaut bien un fromage, sans doute."
Le Corbeau, honteux et confus,
Jura, mais un peu tard, qu'on ne l'y prendrait plus.

jurer: promettre solennellement

LA LAITIÈRE ET LE POT AU LAIT

Perrette, sur sa tête ayant un pot au lait
  Bien posé sur un coussinet,[7]
Prétendait arriver sans encombre[8] à la ville.
Légère et court vêtue, elle allait à grands pas,
Ayant mis ce jour-là, pour être plus agile,
  Cotillon[9] simple et souliers plats.
  Notre laitière ainsi troussée[10]
  Comptait déjà dans sa pensée

[1] **j'en suis fort aise:** j'en suis satisfaite; cela me fait plaisir.
[2] **alléché:** attiré; mis en appétit.
[3] **ramage** *m.*: voix, chant des oiseaux.
[4] **se rapporter:** être digne de.
[5] **le phénix:** oiseau de la mythologie avec pouvoirs étonnants (renaître de ses cendres après avoir été brûlé); par extension, celui qui a une valeur supérieure.
[6] **le corbeau ne se sent pas de joie:** le corbeau est comme ivre de joie.
[7] **coussinet** *m.*: petit coussin.
[8] **sans encombre:** sans ennuis; sans difficultés.
[9] **cotillon** *m.*: jupe.
[10] **troussée:** vêtue.

Tout le prix de sont lait, en employait l'argent;
Achetait un cent d'œufs, faisait triple couvée;
La chose allait à bien par son soin diligent.
   "Il m'est, disait-elle, facile
D'élever des poulets autour de ma maison;
   Le renard sera bien habile
S'il ne m'en laisse assez pour avoir un cochon.
Le porc à s'engraisser coûtera peu de son;[11]
Il était, quand je l'eus, de grosseur raisonnable:
J'aurai, le revendant, de l'argent bel et bon.
Et qui m'empêchera de mettre en notre étable,
Vu le prix dont il est, une vache et son veau,
Que je verrai sauter au milieu du troupeau?"
Perrette là-dessus saute aussi, transportée:
Le lait tombe: adieu veau, vache, cochon, couvée.
La dame de ces biens, quittant d'un œil marri[12]
   Sa fortune ainsi répandue,
   Va s'excuser à son mari,
   En grand danger d'être battue.
   Le récit en farce en fut fait;
   On l'appela "le Pot au lait."

couvée *f.*: tous les oeufs qu'un oiseau couve en une fois; les petits qui en proviennent

un cochon: animal domestique élevé pour sa chair succulente, utilisée en boucherie et en charcuterie

s'engraisser: devenir très gras; ici, prêt pour la boucherie

LA GRENOUILLE ET LE BŒUF

Une Grenouille vit un Bœuf
Qui lui sembla de belle taille;
Elle qui n'était pas grosse en toute comme un œuf,
Envieuse, s'étend, et s'enfle, et se travaille
   Pour égaler l'animal en grosseur,
   Disant: "Regardez bien, ma sœur:
Est-ce assez? dites-moi; n'y suis-je point encore?
   —Nenni. —M'y voici donc? —Point du tout. —M'y voilà?
   —Vous n'en approchez point." La chétive[13] pécore[14]
   S'enfla si bien qu'elle creva.
Le monde est plein de gens qui ne sont pas plus sages:
Tout bourgeois veut bâtir comme les grands seigneurs.
   Tout petit prince a des ambassadeurs;
   Tout marquis veut avoir des pages.

une grenouille: petit animal batracien, à peau verte et lisse, sauteur et nageur

L'APOLOGUE[15] ci-dessous est un des chefs-d'œuvre de La Fontaine et de la langue française. Tout fait image dans ce tableau, où la poésie a plus de

[11] **peu de son:** peu de nourriture; peu de grain.
[12] **marri:** attristé; consterné; très déçu (ancien mot).
[13] **chétive:** fragile, sans force.
[14] **pécore** *f.*: sotte; stupide.
[15] **apologue** *m.*: petit conte; sorte de fable basée sur une vérité morale.

couleur que la plus riche peinture. La noblesse des figures, l'élévation et la convenance du langage,[16] la vérité des caractères, tout se trouve ici réuni et porté à un degré tel que le goût le plus difficile ne trouve rien à reprendre ni à regretter.

LE CHÊNE ET LE ROSEAU

Le Chêne un jour dit au Roseau:
"Vous avez bien sujet[17] d'accuser la Nature:
Un roitelet[18] pour vous est un pesant fardeau;
    Le moindre vent qui d'aventure
    Fait rider la face de l'eau
    Vous oblige à baisser la tête,
Cependant que mon front, au Caucase[19] pareil,
Non content d'arrêter les rayons du soleil,
    Brave l'effort de la tempête.
Tout vous est aquilon,[20] tout me semble zéphyr.
Encore si vous naissiez à l'abri du feuillage
    Dont je couvre le voisinage
    Vous n'auriez pas tant à souffrir:
    Je vous défendrais de l'orage.
    Mais vous naissez le plus souvent
Sur les humides bords des royaumes du vent.
La Nature envers vous me semble bien injuste.
—Votre compassion, lui répondit l'arbuste,[21]
Part d'un bon naturel; mais quittez ce souci:
    Les vents me sont moins qu'à vous redoutables;
Je plie, et ne romps pas. Vous avez jusqu'ici
    Contre leurs coups épouvantables
    Résisté sans courber le dos;
Mais attendons la fin." Comme il disait ces mots,
Du bout de l'horizon accourt avec furie
    Le plus terribles des enfants
Que le Nord eût portés jusque-là dans ses flancs.
    L'arbre tient bon; le Roseau plie.
    Le vent redouble ses efforts,
    Et fait si bien qu'il déracine
Celui de qui la tête au ciel était voisine,
Et dont les pieds touchaient à l'empire des morts.

le roseau: plante flexible qu'on trouve au bord des eaux

pesant: lourd
fardeau *m.*: poids; charge à porter

courber: fléchir en forme d'arc

déraciner: arracher une plante, un arbre, avec ses racines (parties qui fixent la plante dans le sol)

[16] **la convenance du langage:** le meilleur choix des mots employés.
[17] **vous avez bien sujet:** vous avez bien des raisons de.
[18] **un roitelet:** très petit oiseau reconnaissable à la huppe orange ou jaune qu'il porte sur la tête.
[19] **Caucase:** haute montagne située en URSS.
[20] **aquilon** *m.*: vent violent venant du nord.
[21] **arbuste** *m.*: plante fibreuse, flexible (comme le roseau).

Questions

LA CIGALE ET LA FOURMI

1. Pourquoi la cigale va-t-elle chez la fourmi et quand?
2. Qu'est-ce qu'elle implore la fourmi de lui donner?
3. Quand paiera-t-elle?
4. Que répond la fourmi à cette emprunteuse?

LE CORBEAU ET LE RENARD

1. Comment le renard a-t-il flatté le corbeau?
2. Comment le corbeau a-t-il répondu?
3. Quelle leçon le corbeau a-t-il apprise?
4. Qu'a-t-il juré?

LA LAITIÈRE ET LE POT AU LAIT

1. Ce jour-là comment Perrette s'habille-t-elle et pourquoi?
2. Comment porte-t-elle son pot au lait?
3. Comment pense-t-elle dépenser l'argent de la vente du lait?
4. Pourquoi saute-t-elle?
5. Que regarde-t-elle d'un œil marri?
6. De quoi est-elle en grand danger?

LA GRENOUILLE ET LE BOEUF

1. Pourquoi la grenouille meurt-elle?

LE CHENE ET LE ROSEAU

1. Pourquoi le chêne croit-il que la nature semble bien injuste envers le roseau?
2. Pourquoi le roseau croit-il que cette compassion est superflue?
3. Lequel s'est finalement montré le plus fort et pourquoi?

Portrait de Jean de La Fontaine,
par Riguad. (Bulloz)

Maximes

LA ROCHEFOUCAULD (1613–1680) appartenait à l'une des familles les plus distinguées de France. Ayant participé à la Fronde, il sortit de cette mésaventure désabusé[1] et amer. Il faillit perdre la vue et passa trois ans dans un exil volontaire, écrivant ses *Mémoires* pour justifier sa carrière politique.

    Il revient à Paris au moment le plus brillant de la vie de la société en France. Il commence à fréquenter des salons, surtout celui de Mme de Sablé, C'est là qu'il compose ses *Maximes*[2] dont la première édition parut en 1665. C'est dans ce genre qu'il excella, ayant un talent remarquable pour exprimer par épigrammes son opinion, souvent amère, sur les sujets de morale. Son style est clair, précis, incisif et élégant.

amer: pas heureux: état de celui qui est désabusé

faillir: manquer de peu; être tout près de réaliser quelque chose

MAXIMES
par François de La Rochefoucauld

(25) IL FAUT de plus grandes vertus pour soutenir la bonne fortune que la mauvaise.

(31) Si nous n'avions point de défauts, nous ne prendrions pas tant de plaisir à en remarquer dans les autres.

(41) Ceux qui s'appliquent trop aux petites choses deviennent ordinairement incapables des grandes.

(42) On n'est jamais si heureux ni si malheureux qu'on s'imagine.

(67) La bonne grâce est au corps ce que le bons sens est à l'esprit.

(78) L'amour de la justice n'est, en la plupart des hommes, que la crainte de souffrir l'injustice.

(89) Tout le monde se plaint de sa mémoire, et personne ne se plaint de son jugement.

(110) On ne donne rien si libéralement que ses conseils.

(115) Il est aussi facile de se tromper soi-même sans s'en apercevoir, qu'il est difficile de tromper les autres sans qu'ils s'en aperçoivent.

(119) Nous sommes si accoutumés à nous déguiser aux autres, qu'enfin nous nous déguisons à nous-mêmes.

---

[1] **désabusé:** déçu; ayant perdu toutes illusions.
[2] **maximes** *f.*: préceptes; adages; propositions énoncées d'une façon courte et frappante.

(139) Une des choses qui fait que l'on trouve si peu de gens qui paraissent raisonnables et agréables dans la conversation, c'est qu'il n'y a presque personne qui ne pense plutôt à ce qu'il veut dire qu'à répondre précisément à ce qu'on lui dit. Les plus habiles et les plus complaisants se contentent de montrer seulement une mine attentive, au même temps que l'on voit dans leurs yeux et dans leurs esprits un égarement[3] pour ce qu'on leur dit, et une précipitation pour retourner à ce qu'ils veulent dire, au lieu de considérer que c'est un mauvais moyen de plaire aux autres ou de les persuader, que de chercher si fort à se plaire à soi-même; et que bien écouter et bien répondre est une des plus grandes perfections qu'on puisse avoir dans la conversation.

(166) Le monde récompense plus souvent les apparences du mérite que le mérite même.

(216) La parfaite valeur est de faire sans témoins ce qu'on serait capable de faire devant tout le monde.

(342) L'accent du pays où l'on est né demeure dans l'esprit et dans le cœur, comme dans le langage.

(361) La jalousie naît toujours avec l'amour, mais elle ne meurt pas toujours avec lui.

(394) On peut être plus fin qu'un autre, mais non pas plus fin que tous les autres.

(496) Les querelles ne dureraient pas longtemps si le tort n'était que d'un côté.

Question

1. Quelle est, selon La Rochefoucauld, une des plus grandes qualités qu'on puisse montrer dans la conversation?

François, duc de La Rochefoucauld.
(*Lauros*)

---

[3] **égarement** *m.*: éloignement de la pensée; distraction.

Les Caractères

LA BRUYÈRE (1645–1696), comme la Rochefoucauld, écrivit des maximes et, comme lui, fut un peintre courageux des mœurs du XVIIᵉ siècle, excellant dans le portrait. Mais avant tout il fut un moraliste. Son livre le plus célèbre s'appelle *Les Caractères*. La Bruyère ne faisait pas partie de la noblesse; il dépendait de la puissante famille du Grand Condé, et il souffrit beaucoup de cette dépendance. Il ressentait vivement les différences de droits existant entre les nobles et lui-même. Il n'était pas prudent sous Louis XIV d'attaquer l'ordre social tel qu'il existait. Cependant, sa voix s'éleva contre un gouvernement qui sacrifia le peuple pour la noblesse, et il eut le courage de donner un aperçu[1] des misères des pauvres, impression qui germa et grandit jusqu'à la Révolution française.

LES CARACTÈRES
par Jean de La Bruyère

DES BIENS DE FORTUNE

(78) NI LES troubles, Zénobie[2], qui agitent votre empire, ni la guerre que vous soutenez virilement contre une nation puissante depuis la mort du roi votre époux, ne diminuent rien de votre magnificence. Vous avez préféré à toute autre contrée les rives de l'Euphrate pour y élever un superbe édifice: l'air y est sain et tempéré, la situation en est riante; un bois sacré l'ombrage du côté du couchant. Les dieux de Syrie, qui habitent quelquefois la terre, n'y auraient pu choisir une plus belle demeure. La campagne autour est couverte d'hommes qui taillent et qui coupent, qui vont et qui viennent, qui roulent ou qui charrient[3] le bois du Liban, l'airain[4] et le porphyre[5]; les grues[6] et les machines gémissent dans l'air, et font espérer à ceux qui voyagent vers l'Arabie de revoir à leur retour en leurs foyers ce palais achevé, et dans

virilement: avec une énergie masculine

ombrager: donner de l'ombre, comme l'ombre d'un arbre

gémir: faire entendre des sons qui ressemblent à des plaintes

foyer *m.*: le centre de la famille; là où l'on vit

[1] **un aperçu:** une description en peu de mots; une vue sommaire.
[2] **Zénobie:** reine de Palmyre, femme du roi Odenath, vaincue et réduite en captivité par Aurélien (empereur romain de 270 à 275) en 272. Pendant la courte période du règne de Zénobie, Palmyre fut comme la capitale de l'Orient.
[3] **charrier:** transporter (des charges lourdes).
[4] **airain** *m.*: métal formé de cuivre en alliage avec différents métaux.
[5] **porphyre** *m.*: roche colorée mêlée de cristaux blancs, très décorative.
[6] **grue** *f.*: machine, appareil articulé, servant à surélever de lourdes charges.

cette splendeur où vous désirez de le porter avant de l'habiter, vous et les princes vos enfants. N'y épargnez rien, grande reine; employez-y l'or et tout l'art des plus excellents ouvriers; que les Phidias[7] et les Zeuxis[8] de votre siècle déploient toute leur science sur vos plafonds et sur vos lambris[9]; tracez-y de vastes et délicieux jardins, dont l'enchantement soit tel qu'ils ne paraissent pas faits de la main des hommes; épuisez vos trésors et votre industrie sur cet ouvrage incomparable; et après que vous y aurez mis, Zénobie, la dernière main, quelqu'un de ces pâtres qui habitent les sables voisins de Palmyre, devenu riche par les péages de vos rivières, achètera un jour à deniers comptants cette royale maison, pour l'embellir et la rendre plus digne de lui et de sa fortune.

déployer: utiliser largement

péages *m.*: droits à payer pour passage sur un pont, sur une route construite à grand frais

(26) Ce garçon si frais, si fleuri, et d'une si belle santé, est seigneur d'une abbaye et de dix autres bénéfices: tous ensemble lui rapportent six vingt mille livres de revenu, dont il n'est payé qu'en médailles d'or. Il y a ailleurs six vingts familles indigentes qui ne se chauffent point pendant l'hiver, qui n'ont point d'habits pour se couvrir, et qui souvent manquent de pain; leur pauvreté est extrême et honteuse. Quel partage! Et cela ne prouve-t-il pas clairement un avenir?

indigents: très pauvres
se chauffer: lutter contre le froid en faisant du feu dans une cheminée

DE L'HOMME

(128) L'on voit certains animaux farouches, des mâles et des femelles, répandus par la campagne, noirs, livides et tout brûlés du soleil, attachés à la terre qu'ils fouillent et qu'ils remuent avec une opiniâtreté invincible; ils ont comme une voix articulée, et quand ils se lèvent sur leurs pieds, ils montrent une face humaine; et en effet ils sont des hommes. Ils se retirent la nuit dans des tanières,[10] où ils vivent de pain noir, d'eau et de racines; ils épargnent aux autres hommes la peine de semer, de labourer et de recueillir pour vivre, et méritent ainsi de ne pas manquer ce pain qu'ils ont semé.

DES GRANDS

(3) L'avantage des grands sur les autres hommes est immense par un endroit. Je leur cède leur bonne chère, leurs riches ameublements, leurs chiens, leurs chevaux, leurs singes,[11] leurs nains,[12] leurs fous et leurs flatteurs; mais je leur envie le bonheur d'avoir à leur service des gens qui les égalent par le cœur et par l'esprit, et qui les passent quelquefois.

(25) Si je compare ensemble les deux conditions des hommes les plus opposées, je veux dire les grands avec le peuple, ce dernier me paraît content du nécessaire, et les autres sont inquiets et pauvres avec le superflu. Un

---

[7] **Phidias:** le plus grand sculpteur de l'ancienne Grèce, mort vers 431 av. J.-C.

[8] **Zeuxis:** peintre grec, un des artistes les plus illustres de l'antiquité (464–398 av. J.-C.).

[9] **lambris** *m.*: revêtement de bois des parties inférieures des murs qui entourent une pièce.

[10] **tanières** *f.*: lieux où se retirent les bêtes sauvages (dans des grottes ou des terriers creusés).

[11] **singes** *m.*: animaux de toutes tailles suivant les races, les plus semblables aux hommes dans l'attitude et les gestes. (Au XVIIe siècle les riches trouvaient amusant d'avoir de petits singes dans la maison.)

[12] **nain** *m.*: homme dont la croissance s'est arrêtée et qui n'atteindra jamais la taille normal; c'était la mode de s'entourer de nains qui avaient pour missions d'amuser leurs maîtres.

homme du peuple ne saurait faire aucun mal; un grand ne veut faire aucun bien et est capable de grands maux. L'un ne se forme et ne s'exerce que dans les choses qui sont utiles; l'autre y joint les pernicieuses. Là se montrent ingénument la grossièreté[13] et la franchise; ici se cache une sève maligne et corrompue sous l'écorce de la politesse. Le peuple n'a guère d'esprit, et les grands n'ont point d'âme; celui-là a un bon fond et n'a point de dehors; ceux-ci n'ont que des dehors et qu'une simple superficie. Faut-il opter? Je ne balance pas: je veux être peuple.

la sève: liquide nourricier qui parcourt l'intérieur des plantes, de la racine aux feuilles

l'écorce *f.* : élément externe et résistant qui entoure et protège les plantes

Jean de La Bruyère. *(Lauros)*

Questions

1. Qui fut Zénobie?
2. Décrivez le superbe édifice qu'elle fit élever.
3. Où se trouva-t-il?
4. Que fera-t-on après que Zénobie a épuisé ses trésors?
5. Expliquez "le partage" (de numéro 26).
6. Décrivez les gens du petit paragraphe intitulé "De l'homme."
7. Où habitent-ils.
8. Que mangent-ils?
9. Qu'épargnent-ils aux autres hommes?
10. Que méritent-ils d'avoir?
11. Qu'envie La Bruyère aux grands?
12. Citez quelques-unes des différences que l'auteur voit entre les grands et les humbles.

[13] **la grossièreté:** le manque de finesse, d'éducation, de culture.

Le Madrigal

MARIE DE Rabutin-Chantal, née à Paris le 5 février 1626, perdit de bonne heure son père, tué en 1627 dans un combat contre les Anglais, et six ans après, sa mère. Elle fut élevée à Paris et en province par son oncle, l'abbé de Coulanges, qui prit tout à fait au sérieux l'éducation et l'instruction de la jeune Marie. Il lui donna par d'excellents précepteurs, sous lesquels elle étudia le grec, le latin, l'espagnol et l'italien, toute une éducation libérale.

Elle épousa en 1644 le jeune marquis de Sévigné qui, joueur et bretteur,[1] se fit tuer en duel par le chevalier d'Albret, en 1651. Alors Mme de Sévigné se consacra tout entière à l'éducation de son fils et de sa fille, qui épousa le comte de Grignan et dut aller vivre en Provence où son mari était lieutenant-gouverneur.

Pour se consoler un peu de cet éloignement, Mme de Sévigné écrivit à sa fille de nombreuses lettres qui sont non seulement une mine d'or pour l'historien mais un régal littéraire. Sa correspondance, une gazette de la cour, est une chronique de la société: comment on vivait à Paris et à la campagne; quels étaient les sujets de conversation et comment on jugeait les livres nouveau; ce que l'on voyait au théâtre; comment on voyageait et prenait les eaux de Vichy ou de Bourbon. Elle nous décrit, suivant une inlassable **inlassable:** infatigable curiosité et dans un style toujours vivant, les costumes, les gestes, les paroles, les anecdotes parfois révélatrices des sentiments les plus sérieux, de la vie de la cour de Louis XIV.

La "lettre" n'est pas en elle-même un genre littéraire, mais c'est souvent par les lettres que l'on peut apprécier la valeur morale, la sensibilité d'une personne, de l'homme plutôt que de l'auteur. D'ordinaire, une correspondance ne se publie pas. Plusieurs circonstances sont nécessaires pour qu'elle soit conservée et publiée: il faut que l'auteur ait occupé une place assez importante dans la société de son temps et que ses lettres puissent servir en quelque sorte à compléter l'histoire et les mémoires; il faut aussi que l'auteur ait mêlé des sentiments si vifs et si profonds qu'à l'intérêt du document historique se joigne la valeur du document humain. Tant vaut l'individu, tant vaut la lettre.

Au dix-septième siècle, des conditions favorables font éclore[2] nombre de

[1] **bretteur:** amateur de combats à l'épée (ancien mot).
[2] **faire éclore:** faire naître; faciliter l'apparition, l'abondance de.

lettres spirituelles et intéressantes: la vie de cour séduit les provinciaux, qui veulent être informés des moindres détails. Les grands seigneurs et grandes dames veulent, éloignés de Paris, ne pas perdre contact avec la ville et la cour, ou savoir, s'ils restent à Paris ou à Versailles, les nouvelles de la province. Aussi s'écriront-ils tout ce qui se passe. Et ces correspondances retrouvées ont souvent été d'incomparables documents historiques.

spirituel: plein d'esprit, de traits amusants, d'humour

Voici deux extraits de lettres écrits par Mme de Sévigné, reine du style épistolaire français.

LE MADRIGAL[1]
par Madame de Sévigné
Lundi, le premier décembre 1664

. . . Il faut que je vous conte une petite historiette, qui est très vraie, et qui vous divertira. Le roi se mêle depuis peu de faire des vers. MM. de Saint-Aignan et Dangeau lui apprennent comment il faut s'y prendre.[2] Il fit l'autre jour un petit madrigal que lui-même ne trouva pas trop joli. Un matin, il dit au maréchal de Gramont: "Monsieur le maréchal, lisez, je vous prie ce petit madrigal, et voyez si vous en avez jamais vu un si impertinent:[3] parce qu'on sait que depuis peu j'aime les vers, on m'en apporte de toutes les façons.[4]" Le maréchal, après avoir lu, dit au roi: "Sire, Votre Majesté juge divinement bien de toutes choses; il est vrai que voilà le plus sot et le plus ridicule madrigal que j'aie jamais lu." Le roi se mit à rire et lui dit: "N'est-il pas vrai que celui qui l'a fait est bien fat? —Sire, il n'y a pas moyen de lui donner un autre nom. —Eh bien! dit le roi, je suis ravi que vous m'en ayez parlé si bonnement; c'est moi qui l'ai fait. —Ah! Sire, quelle trahison! que Votre Majesté me le rende; je l'ai lu brusquement. —Non, monsieur le maréchal; les premiers sentiments sont toujours les plus naturels." Le roi a fort ri de cette folie, et tout le monde trouve que voilà la plus cruelle petite chose que l'on puisse faire à un vieux courtisan. Pour moi, qui aime toujours à faire des réflexions, je voudrais que le roi en fît là-dessus[5] et qu'il jugeât par là combien il est loin de connaître jamais la vérité. . . .

vers *m.*: partie de phrase comprenant un nombre précis de syllabes et formée selon les règles de la prosodie

---

[1] **madrigal** *m.*: petite pièce de vers composée pour flatter, pour adresser des compliments aimables.
[2] **comment il faut s'y prendre:** quelles sont les règles à suivre.
[3] **impertinent:** déplacé; qui manque aux convenances; offensant.
[4] **de toutes les façons:** de toutes les formes.
[5] **que le roi en fît là-dessus:** que le roi en fît des réflexions à ce sujet; qu'il en méditât.

Questions

1. Pourquoi Mme de Sevigné a-t-elle eu une correspondance si abondante?
2. Qualifiez sa correspondance.
3. De quoi demeure-t-elle la reine?
4. Sous quelles circonstances les lettres sont-elles le plus souvent publiées?
5. Quelles sont les conditions favorables qui ont fait éclore nombre de lettres spirituelles et intéressantes au XVIIe siècle?
6. Qu'est-ce qu'un madrigal?
7. Comment le maréchal de Gramont juge-t-il le madrigal du roi et pourquoi?
8. Que souhaite Mme de Sévigné que le roi retire de cette expérience?

LE FEU
Vendredi 20 février 1671

. . . Vous saurez, ma petite, qu'avant-hier au soir, mercredi, après être revenue de chez M. de Coulanges, où nous faisons nos paquets les jours d'ordinaire, je songeai à me coucher; cela n'est pas extraordinaire, mais ce qui l'est beaucoup, c'est qu'à trois heures après minuit j'entendis crier au voleur, au feu, et ces cris si près de moi et si redoublés, que je ne doutai point que ce ne fût ici; je crus même entendre qu'on parlait de ma pauvre petite-fille; je ne doutai point qu'elle ne fût brûlée; je me levai dans cette crainte, sans lumière, avec un tremblement qui m'empêchait quasi[1] de me soutenir. Je courus à son appartement, qui est le vôtre; je trouvai tout dans une grande tranquillité; mais je vis la maison de Guitaud toute en feu; les flammes passaient par-dessus la maison de madame de Vauvineux: on voyait dans nos cours, et surtout chez M. de Guitaud, une clarté qui faisait horreur: c'étaient des cris, c'était une confusion, c'était un bruit épouvantable des poutres et des solives[2] qui tombaient. Je fis ouvrir ma porte, j'envoyai mes gens au secours: M. de Guitaud m'envoya une cassette de ce qu'il a de plus précieux; je la mis dans mon cabinet, et puis je voulus aller dans la rue pour béer[3] comme les autres; j'y trouvai M. et madame de Guitaud quasi nus, l'ambassadeur de Venise, tous ses gens, la petite de Vauvineux qu'on portait tout endormie chez l'ambassadeur, plusieurs meubles et vaisselles d'argent qu'on sauvait chez lui. Madame de Vauvineux faisait démeubler: pour moi, j'étais comme dans une île, mais j'avais grande pitié de mes pauvres voisins. Madame Guéton et son frère donnaient de très bons conseils; nous étions dans la consternation: le feu était si allumé qu'on n'osait en approcher, et l'on n'espérait la fin de cet embrasement[4] qu'avec la fin de la maison de ce pauvre Guitaud. Il faisait pitié; il voulait aller sauver sa mère, qui brûlait au troisième étage; sa femme s'attachait à lui et le retenait avec violence; il

poutre *f.*: grosse et solide pièce de bois (maintenant parfois en métal) supportant une construction

[1] **quasi:** presque.
[2] **solive** *f.*: sorte de poutre supportant plus spécialement le plancher d'une maison.
[3] **béer:** regarder avec attention, à en avoir la bouche ouverte.
[4] **embrasement** *m.* illumination; enveloppement complet par les flammes.

était entre la douleur de ne pas secourir sa mère et la crainte de blesser sa femme, grosse de cinq mois; enfin il me pria de tenir sa femme, je le fis; il trouva que sa mère avait passé au travers de la flamme, et qu'elle était sauvée. Il voulut aller retirer quelques papiers; il ne put approcher du lieu où ils étaient: enfin il revint à nous dans cette rue où j'avais fait asseoir sa femme: des capucins,[5] pleins de charité et d'adresse, travaillèrent si bien, qu'ils coupèrent le feu. On jeta de l'eau sur le reste de l'embrasement, et enfin le combat finit faute de combattants, c'est-à-dire après que le premier et le second étage de l'antichambre et de la petite chambre et du cabinet, qui sont à main droite du salon, eurent été entièrement consumés. On appela bonheur ce qui restait de la maison, quoiqu'il ait pour Guitaud pour plus de dix mille écus de perte; car on compte de faire rebâtir cet appartement, qui était peint et doré. Il y avait plusieurs beaux tableaux à M. Le Blanc, à qui est la maison; il y avait aussi plusieurs tables, miroirs, miniatures, meubles, tapisseries. Ils ont un grand regret à des lettres; je me suis imaginée que c'étaient des lettres de M. le Prince. Cependant, vers les cinq heures du matin, il fallut songer à madame de Guitaud; je lui offris mon lit; mais madame Guéton la mit dans le sien, parce qu'elle a plusieurs chambres meublées. Nous la fîmes saigner; nous envoyâmes quérir Bouchet: il craint bien que cette grande émotion ne la fasse accoucher devant les neuf jours.[6] Elle est donc chez cette pauvre madame Guéton; tout le monde la vient voir, et moi je continue mes soins, parce que j'ai trop bien commencé pour ne pas achever. Vous m'allez demander comment le feu s'était mis à cette maison; on n'en sait rien, il n'y en avait point dans l'appartement où il a pris. Mais si on avait pu rire dans une si triste occasion, quels portraits n'aurait-on pas faits de l'état où nous étions tous? Guitaud était nu en chemise, avec des chausses; madame de Guitaud était nu-jambes, et avait perdu une de ses mules de chambre; madame de Vauvineux était en petite jupe sans robe de chambre; tous les valets, tous les voisins, en bonnet de nuit; l'ambassadeur était en robe de chambre et en perruque,[7] et conserva fort bien la gravité de la "sérénissime"[8]; mais son secrétaire était admirable. Vous parlez de la poitrine d'Hercule; vraiment celle-ci était bien autre chose, on la voyait tout entière: elle est blanche, grasse, potelée,[9] et surtout sans aucune chemise, car ce cordon qui la devait attacher avait été perdu à la bataille. Voilà les tristes nouvelles de notre quartier. . . .

saigner: faire une prise de sang pour décongestionner
accoucher: mettre un enfant au monde

[5] capucins m.: moines; religieux appartenant à un ordre dépendant de l'ordre de Saint François.
[6] devant les neuf jours: avant que neuf jours ne se passent (vieux style).
[7] perruque: coiffure en faux cheveux.
[8] sérénissime: titre donné à quelques grands personnages, altesses ou leurs représentants.
[9] potelée: un peu grasse; on dit aussi dodue.

Questions

1. A quelle heure Mme de Sévigné entendit-elle les cris annonçant le feu?
2. Quelle fut sa première pensée?
3. A qui était la maison qui brûlait?
4. Devant quel dilemme M. de Guitaud se trouva-t-il?
5. Qui éteignit enfin le feu?
6. Où mit-on Mme de Guiteau au lit?
7. Que craignait M. Bouchet, le médecin?
8. Qu'est-ce qui amusait Mme de Sévigné dans cette si triste occasion?

L'Esprit des lois

CHARLES DE Montesquieu (1689–1755), par sa naissance illustre (son père, le baron de Brède, avait été garde du roi), avait le choix de la carrière des armes (épée) ou de la magistrature (robe). Il choisit la robe et étudia le droit. *L'Esprit des lois* est un de ses ouvrages distingués.

Albert Sorel (1843–1906), historien français, exprime ces idées intéressantes concernant Montesquieu et l'Amérique:

> Montesquieu avait pressenti que les colonies américaines de l'Angleterre se détacheraient de la métropole, et il avait indiqué la forme fédérative comme le seul moyen de concilier ces éléments que l'antiquité n'avait point réunis: l'étendue des frontières, la démocratie et la république. Washington connaissait "l'Esprit des Lois", et l'influence de ce livre sur les auteurs de la constitution américaine ne saurait être contestée. Les Américains se sont éclairés des vues de Montesquieu sur la séparation des pouvoirs: ils ont placé la démocratie dans les Etats de l'Union, dont le territoire est restreint; ils ont placé la république dans la fédération de ces Etats. Ils ont pu organiser cette démocratie et cette république parce qu'ils en avaient les mœurs: ils gardaient de leurs origines puritaines le sentiment religieux très intense, la soumission à la règle, le renoncement à soi-même, qui étaient, selon Montesquieu, l'essence des vertus républicaines. Tout en modifiant la disposition des lois conseillées par Montesquieu aux républiques, ils justifiaient sa pensée fondamentale, et complétaient son œuvre.

Une des théories politiques essentielles que Montesquieu a fait triompher dans le monde—par exemple, aux États-Unis d'Amérique qui allaient se constituer en état indépendant—est celle de la nécessité de séparer les trois pouvoirs législatif, exécutif et judiciaire.

L'ESPRIT DES LOIS
par Charles de Montesquieu

LORSQUE, DANS la même personne ou dans le même corps de magistrature, la puissance législative est réunie à la puissance exécutrice, il n'y a point de liberté, parce qu'on peut craindre que le même monarque ou le même sénat ne fasse des lois tyranniques pour les exécuter tyranniquement.

Il n'y a point encore de liberté, si la puissance de juger n'est pas séparée de la puissance législative et de l'exécutrice. Si elle était jointe à la puissance législative, le pouvoir sur la vie et la liberté des citoyens serait arbitraire; car

Charles de Montesquieu. *(Bulloz)*

le juge serait législateur. Si elle était jointe à la puissance exécutrice, le juge pourrait avoir la force d'un oppresseur.

Tout serait perdu, si le même homme, ou el même corps des spécialistes, ou des nobles, ou du peuple, exerçait ces trois pouvoirs: celui de faire des lois, celui d'exécuter les résolutions publiques, et celui de juger les crimes ou les différends des particuliers.

Questions

1. Expliquez l'influence politique de Montesquieu sur la formation du gouvernement des États-Unis.
2. Pourquoi la séparation des trois pouvoirs est-elle si importante et si nécessaire?

PLATRE ORIGINAL DE LA STATUE
DE VOLTAIRE PAR HOUDON

Le Monde comme il va

FRANCOIS-MARIE Arouet naquit à Paris. En 1718 après avoir passé une année à la Bastille pour des publications jugées trop impertinentes contre le règne de Louis XIV, il changea son nom trop bourgeois pour celui de Voltaire.

Ce fut un écrivain fécond, nous laissant une vaste correspondance et des écrits innombrables de tous genres. Quoiqu'il eût peut-être préféré se rappeler à la postérité pour ses drames et ses poèmes épiques, c'est dans le genre du conte légèrement satirique qu'on trouve plaisir à le lire aujourd'hui. Dans ce genre, *Zadig* et *Candide* sont les plus connus. Dans notre conte, *Le Monde comme il va*, vous trouverez la satire aussi actuelle aujourd'hui qu'au temps de Voltaire.

fécond: qui produit avec abondance

genre *m.*: façon; forme; catégorie

LE MONDE COMME IL VA
par Voltaire

VISION DE BABOUC, ÉCRITE PAR LUI-MEME

PARMI LES génies qui président aux empires du monde, Ituriel tient un des premiers rangs, et il a le département de la haute Asie. Il descendit un matin dans la demeure du Scythe[1] Babouc, sur le rivage de l'Oxus, et lui dit: "Babouc, les folies et les excès des Perses ont attiré notre colère; il s'est tenu hier une assemblée des génies de la haute Asie pour savoir si on châtierait[2] Persépolis ou si on la détruirait. Va dans cette ville, examine tout; tu reviendras m'en rendre un compte fidèle et je me déterminerai, sur ton rapport, à corriger la ville ou à l'exterminer. —Mais, seigneur, dit humblement Babouc, je n'ai jamais été en Perse; je n'y connais personne. —Tant mieux, dit l'ange, tu ne seras point partial; tu as reçu du ciel le discernement, et j'y ajoute le don d'inspirer la confiance; marche, regarde, écoute, observe, et ne crains rien; tu seras partout bien reçu."

génie *m.*: être imaginaire de la mythologie qui intervenait dans les vies humaines, en bien ou en mal

Babouc monta sur son chameau, et partit avec ses serviteurs. Au bout de quelques journées il rencontra, vers les plaines de Sennaar, l'armée persane, qui allait combattre l'armée indienne. Il s'adressa d'abord à un soldat qu'il trouva écarté; il lui parla et lui demanda quel était le sujet de la guerre. "Par

chameau *m.*: grand animal asiatique, très utile, mamifère ruminant, portant deux grosses bosses graisseuses sur le dos; il sert de monture et fournit son lait, sa laine, sa viande, sa peau

---

[1] **Scythie:** ancien nom d'une région de l'Europe centrale, au nord de la mer Noire.
[2] **châtier:** punir.

tous les dieux, dit le soldat, je n'en sais rien; ce n'est pas mon affaire: mon métier est de tuer et d'être tué pour gagner ma vie; il n'importe qui je sers. Je pourrais bien même dès demain passer dans le camp des Indiens, car on dit qu'ils donnent près d'un demi-drachme de cuivre par jour à leurs soldats de plus que nous n'en avons dans ce maudit service de Perse. Si vous voulez savoir pourquoi on se bat, parlez à mon capitaine.''

Babouc, ayant fait un petit présent au soldat, entra dans le camp. Il fit bientôt connaissance avec le capitaine et lui demanda le sujet de la guerre. "Comment voulez-vous que je le sache? dit le capitaine, et que m'importe ce beau sujet? J'habite à deux cents lieues de Persépolis; j'entends dire que la guerre est déclarée. J'abandonne aussitôt ma famille, et je vais chercher, selon ma coutume, la fortune ou la mort, attendu que je n'ai rien à faire. **attendue que:** puisque —Mais vos camarades, dit Babouc, ne sont-ils pas un peu plus instruits que vous? —Non, dit l'officier, il n'y a guère que nos principaux satrapes[3] qui savent bien précisément pourquoi l'on s'égorge.''[4]

Babouc, étonné, s'introduisit chez les généraux: il entra dans leur familiarité. L'un d'eux lui dit enfin: "La cause de cette guerre qui désole depuis vingt ans l'Asie vient originairement d'une querelle entre un esclave d'une femme du grand roi de Perse et un commis d'un bureau du grand roi des Indes. Il s'agissait d'un droit qui revenait à peu près à la trentième partie d'une darique[5]; le premier ministre des Indes et le nôtre soutinrent dignement les droits de leurs maîtres. La querelle s'échauffa, on mit de part et d'autre en campagne une armée d'un million de soldats. Il faut recruter tous les ans cette armée de plus de quatre cent mille hommes. Les meurtres, les incendies, les ruines, les dévastations, se multiplient; l'univers souffre, et l'acharnement[6] continue. Notre premier ministre et celui des Indes protestent souvent qu'ils n'agissent que pour le bonheur du genre humain; et, à chaque protestation, il y a toujours quelque ville détruite et quelques provinces ravagées.''

Le lendemain, sur un bruit qui se répandit que la paix allait être conclue, le général persan et le général indien s'empressèrent de donner bataille. Elle fut sanglante. Babouc en vit toutes les fautes et toutes les abominations; il fut témoin des manœuvres des principaux satrapes, qui firent ce qu'ils purent pour faire battre leur chef. Il vit des officiers tués par leurs propres troupes; il vit des soldats qui achevaient d'égorger leurs camarades expirants pour leur arracher quelques lambeaux[7] sanglants, déchirés et couverts de fange[8]; il entra dans les hôpitaux où l'on transportait les blessés, dont la plupart expiraient par la négligence inhumaine de ceux même que le roi de Perse payait chèrement pour les secourir. "Sont-ce là des hommes, s'écria Babouc, ou des bêtes féroces? Ah! je vois bien que Persépolis sera détruite.''

[3] **satrapes** *m.*: les gouveneurs de provinces, dans l'ancienne Perse.
[4] **égorger**: couper la gorge; ici, se tuer les uns les autres.
[5] **une darique**: pièce de monnaie de l'ancienne Perse.
[6] **l'acharnement** *m.*: la fureur obstinée, tenace.
[7] **lambeaux** *m.*: morceaux arrachés; pièces déchirées.
[8] **fange** *f.*: boue; mélange d'eau souillée de terre.

Occupé de cette pensée, il passa dans le camp des Indiens; il y fut aussi bien reçu que dans celui des Perses, selon ce qui lui avait été prédit: mais il y vit tous les mêmes excès qui l'avaient saisi d'horreur. "Oh! oh! dit-il en lui-même, si l'ange Ituriel veut exterminer les Persans, il faut que l'ange des Indes détruise aussi les Indiens." S'étant ensuite informé plus en détail de ce qui s'était passé dans l'une et l'autre armée, il apprit des actions de générosité, de grandeur d'âme, d'humanité, qui l'étonnèrent et le ravirent. "Inexplicables humains, s'écria-t-il, comment pouvez-vous réunir tant de bassesse et de grandeur, tant de vertus et de crimes?"

Cependant la paix fut déclarée. Les chefs des deux armées, dont aucun n'avait remporté la victoire, mais qui, pour leur seul intérêt avaient fait verser le sang de tant d'hommes, leurs semblables, allèrent briguer[9] dans leurs cours des récompenses. On célébra la paix dans des écrits publics qui n'annonçaient que le retour de la vertu et de la félicité sur la terre. "Dieu soit loué! dit Babouc; Persépolis sera le séjour de l'innocence épurée[10]; elle ne sera point détruite, comme le voulaient ces vilains génies: courons sans tarder dans cette capitale de l'Asie."

Il arriva dans cette ville immense par l'ancienne entrée, qui était toute barbare, et dont la rusticité dégoûtante offensait les yeux. Toute cette partie de la ville se ressentait du temps où elle avait été bâtie; car, malgré l'opiniâtreté des hommes à louer l'antique aux dépens du moderne, il faut avouer qu'en tout genre les premiers essais sont toujours grossiers.

Babouc se mêla dans la foule d'un peuple composé de ce qu'il avait de plus sale et de plus laid dans les deux sexes. Cette foule se précipitait d'un air hébété[11] dans un enclos vaste et sombre. Au bourdonnement continuel, au mouvement qu'il y remarqua, à l'argent que quelques personnes donnaient à d'autres pour avoir droit de s'asseoir, il crut être dans un marché où l'on vendait des chaises de paille; mais bientôt, voyant que plusieurs femmes se mettaient à genoux en faisant semblant de regarder fixement devant elles, et en regardant les hommes de côté, il s'aperçut qu'il était dans un temple. Des voix aigres, rauques, sauvages, discordantes, faisaient retentir la voûte de sons mal articulés. Il se bouchait les oreilles; mais il fut prêt à se boucher encore les yeux et le nez, quand il vit entrer dans ce temple des ouvriers avec des pinces et des pelles. Ils remuèrent une large pierre, et jetèrent à droite et à gauche une terre dont s'exhalait une odeur empestée[12]; ensuite on vint poser un mort dans cette ouverture, et on remit la pierre par-dessus. "Quoi! s'écria Babouc, ces peuples enterrent leurs morts dans les mêmes lieux où ils adorent la divinité! quoi! leurs temples sont pavés de cadavres! Je ne m'étonne plus de ces maladies pestilentielles qui désolent souvent Persépolis; la pourriture des morts, et celle de tant de vivants rassemblés et pressés dans le même lieu, est capable d'empoisonner le globe terrestre. Ah!

bourdonnement *m.*: bruit prolongé, sourd et confus

faire retentir: faire vibrer; faire résonner
boucher: fermer; clore une ouverture
pinces *f.*: outils à deux branches qui servent à saisir quelque chose

[9] **briguer:** solliciter; demander instamment des faveurs, des titres.
[10] **épurée:** purifiée; débarrassée des éléments mauvais.
[11] **hébété:** ahuri; stupide.
[12] **empestée:** très mauvaise; répugnante.

Gravures du XVIe siècle, bibliothèque de Grenoble.

la vilaine ville que Persépolis! apparemment que les anges veulent la détruire pour en rebâtir une plus belle, et pour la peupler d'habitants moins malpropres, et qui chantent mieux; la Providence peut avoir ses raisons; laissons-la faire."

Cependant le soleil approchait du haut de sa carrière. Babouc devait aller dîner à l'autre bout de la ville, chez une dame pour laquelle son mari, officier de l'armée, lui avait donné des lettres. Il fit d'abord plusieurs tours dans Persépolis; il vit d'autres temples mieux ornés, remplis d'un peuple poli, et retentissant d'une musique harmonieuse; il remarqua des fontaines publiques, lesquelles, quoique mal placées, frappaient les yeux par leur beauté; des places où semblaient respirer en bronze les meilleurs rois qui avaient gouverné la Perse; d'autres places où il entendait le peuple s'écrier: "Quand verrons-nous ici le maître que nous chérissons?" Il admira les ponts magnifiques élevés sur le fleuve, les quais superbes et commodes, les palais bâtis à droite et à gauche, une maison immense où des milliers de vieux soldats blessés et vainqueurs rendaient chaque jour grâce au dieu des armées. Il entra enfin chez la dame, qui l'attendait à dîner avec une compagnie d'honnêtes gens. La maison était propre et ornée, le repas délicieux, la dame jeune, belle, spirituelle, engageante, la compagnie digne d'elle; et Babouc disait en lui-même à tout moment: L'ange Ituriel se moque du monde, de vouloir détruire une ville si charmante.

Cependant il s'aperçut que la dame, qui avait commencé par lui demander tendrement des nouvelles de son mari, parlait plus tendrement encore, sur la fin du repas, à un jeune mage.[13] Le talent que Babouc avait d'attirer la confiance le mit le jour même dans les secrets de la dame; elle lui confia son goût pour le jeune mage, et l'assura que dans toutes les maisons de Persépolis il trouverait l'équivalent de ce qu'il avait vu dans la sienne. Babouc conclut qu'une telle société ne pouvait subsister; que la jalousie, la discorde, la vengeance, devaient désoler toutes les maisons; que les larmes et le sang devaient couler tous les jours; que certainement les maris tueraient les galants de leurs femmes, ou en seraient tués; et qu'enfin Ituriel ferait fort bien de détruire tout d'un coup une ville abandonnée à de continuels désordres.

Il était plongé dans ces idées funestes[14] quand il se présenta à la porte un homme grave, en manteau noir, qui demanda humblement à parler au jeune magistrat. Celui-ci, sans se lever, sans le regarder, lui donna fièrement et d'un air distrait quelques papiers, et le congédia.[15] Babouc demanda quel était cet homme. La maîtresse de la maison lui dit tout bas: "C'est un des meilleurs avocats de la ville; il y a cinquante ans qu'il étudie les lois. Monsieur, qui n'a que vingt-cinq ans, et qui est satrape de loi depuis deux jours, lui donne à faire l'extrait d'un procès qu'il doit juger demain, et qu'il n'a pas encore examiné. —Ce jeune étourdi fait sagement, dit Babouc, de demander

[13] **un mage:** savant ecclésiastique chez les Perses.
[14] **funestes:** dangereuses.
[15] **congédier:** renvoyer.

conseil à un vieillard! mais pourquoi n'est-ce pas ce vieillard qui est juge? —Vous vous moquez, lui dit-on; jamais ceux qui ont vieilli dans les emplois laborieux et subalternes ne parviennent aux dignités. Ce jeune homme a une grande charge, parce que son père est riche, et qu'ici le droit de rendre la justice s'achète comme une métairie.[16] —O mœurs! O malheureuse ville! s'écria Babouc, voilà le comble du désordre; sans doute ceux qui ont ainsi acheté le droit de juger vendent leurs jugements: je ne vois ici que des abîmes d'iniquité."

Comme il marquait ainsi sa douleur et sa surprise, un jeune guerrier, qui était revenu ce jour même de l'armée, lui dit: "Pourquoi ne voulez-vous pas qu'on achète les emplois de la robe; j'ai bien acheté, moi, le droit d'affronter la mort à la tête de deux mille hommes que je commande; il m'en a coûté quarante mille dariques d'or cette année, pour coucher sur la terre trente nuits de suite en habit rouge et pour recevoir ensuite deux bons coups de flèches dont je me sens encore. Si je me ruine pour servir l'empereur persan, que je n'ai jamais vu, M. le satrape de robe peut bien payer quelque chose pour avoir le plaisir de donner audience à des plaideurs." Babouc, indigné, ne put s'empêcher de condamner dans son cœur un pays où l'on mettait à l'encan[17] les dignités de la paix et de la guerre; il conclut précipitamment que l'on y devait ignorer absolument la guerre et les lois, et que quand même Ituriel n'exterminerait pas ces peuples, ils périraient par leur détestable administration.

Sa mauvaise opinion augmenta encore à l'arrivée d'un gros homme qui, ayant salué très familièrement toute la compagnie, s'approcha du jeune officier, et lui dit: "Je ne peux vous prêter que cinquante mille dariques d'or; car, en vérité, les douanes de l'empire ne m'en ont rapporté que trois cent mille cette année." Babouc s'informa quel était cet homme qui se plaignait de gagner si peu; il apprit qu'il y avait dans Persépolis quarante rois plébéiens qui tenaient à bail[18] l'empire de Perse, et qui en rendaient quelque chose au monarque.

douanes *f.*: administration des droits payés pour franchir des frontières, et pour leur faire franchir certaines marchandises

Après dîner il alla dans un des plus superbes temples de la ville; il s'assit au milieu d'une troupe de femmes et d'hommes qui étaient venus là pour passer le temps. Un mage parut dans une machine élevée, qui parla longtemps du vice et de la vertu. Ce mage divisa en plusieurs parties ce qui n'avait pas besoin d'être divisé; il prouva méthodiquement tout ce qui était clair; il enseigna tout ce qu'on savait; il se passionna froidement, et sortit suant et hors d'haleine. Toute l'assemblée alors se réveilla, et crut avoir assisté à une instruction. Babouc dit: "Voilà un homme qui a fait de son mieux pour ennuyer deux ou trois cents de ses concitoyens; mais son intention était bonne, il n'y a pas là de quoi détruire Persépolis."

se passionner: s'intéresser vivement
suant: mouillé de sueur, liquide gras sortant des pores sous l'influence de la chaleur, de l'effort

Au sortir de cette assemblée, on le mena voir une fête publique qu'on donnait tous les jours de l'année; c'était dans une espèce de basilique, au

[18] **tenir à bail**: louer;
[17] **à l'encan**: en vente; au plus offrant.
[18] **tenir à bail**: louer. exploiter moyennant un paiement.

fond de laquelle on voyait un palais. Les plus belles citoyennes de Persépolis, les plus considérables satrapes, rangés avec ordre, formaient un spectacle si beau, que Babouc crut d'abord que c'était là tout la fête. Deux ou trois personnes, qui paraissaient des rois et des reines, parurent bientôt dans le vestibule de ce palais; leur langage était très différent de celui du peuple; il était mesuré, harmonieux et sublime. Personne ne dormait, on écoutait dans un profond silence, qui n'était interrompu que par les témoignages de la sensibilité et de l'admiration publique; le devoir des rois, l'amour de la vertu, les dangers des passions étaient exprimés par des traits si vifs et si touchants, que Babouc versa des larmes; il ne douta pas que ces héros et ces héroïnes, ces rois et ces reines qu'il venait d'entendre, ne fussent les prédicateurs de l'empire; il se proposa même d'engager Ituriel à les venir entendre, bien sûr qu'un tel spectacle le réconcilierait pour jamais avec la ville.

Dès que cette fête fut finie, il voulut voir la principale reine qui avait débité[19] dans ce beau palais une morale si noble et si pure: il se fit introduire chez Sa Majesté: on le mena par un petit escalier, au second étage, dans un appartement mal meublé où il trouva une femme mal vêtue, qui lui dit d'un air noble et pathétique: "Ce métier-ci ne me donne pas de quoi vivre. . . ." Babouc lui donna cent dariques d'or en disant: "S'il n'y avait que ce mal-là dans la ville Ituriel aurait tort de se tant fâcher."

De là il alla passer sa soirée chez des marchands de magnificences inutiles. Un homme intelligent, avec lequel il avait fait connaissance, l'y mena; il acheta ce qui lui plut, et on le lui vendit avec politesse beaucoup plus qu'il ne valait. Son ami, de retour chez lui, lui fit voir combien on le trompait. Babouc mit sur ses tablettes le nom du marchand, pour le faire distinguer par Ituriel au jour de la punition de la ville. Comme il écrivait, on frappa à sa porte: c'était le marchand lui-même qui venait lui rapporter sa bourse, que Babouc avait laissée par mégarde[20] sur son comptoir. "Comment se peut-il, s'écria Babouc, que vous soyez si fidèle et si généreux, après n'avoir pas eu de honte de me vendre des colifichets[21] quatre fois au-dessus de leur valeur? —Il n'y a aucun négociant un peu connu dans cette ville, lui répondit le marchand, qui ne fût venu vous rapporter votre bourse; mais on vous a trompé quand on vous a dit que je vous avais vendu ce que vous avez pris chez moi quatre fois plus qu'il ne vaut; je vous l'ai vendu dix fois davantage; et cela est si vrai, que si, dans un mois, vous voulez le revendre, vous n'aurez pas même ce dixième: mais rien n'est plus juste; c'est la fantaisie des hommes qui met le prix à ces choses frivoles; c'est cette fantaisie qui fait vivre cent ouvriers que j'emploie; c'est elle qui me donne une belle maison, un char commode, des chevaux; c'est elle qui excite l'industrie, qui entretient le goût, la circulation et l'abondance. Je vends aux nations voisines les mêmes bagatelles plus chèrement qu'à vous, et par là je suis utile à l'empire."

circulation: mouvement de tout ce qui se déplace en tous sens; ici, mouvements commerciaux

[19] débiter: produire; ici, parler avec abondance.
[20] par mégarde: par manque d'attention.
[21] colifichets *m.*: petites choses de fantaisie, sans utilité sérieuse.

Babouc, après avoir un peu rêvé, le raya[22] de ses tablettes.

Babouc, fort incertain sur ce qu'il devait penser de Persépolis, résolut de voir les mages et les lettrés; car les uns étudient la sagesse, et les autres la religion; et il se flatta que ceux-là obtiendraient grâce pour le reste du peuple. Dès le lendemain matin, il se transporta dans un collège de mages. L'archimandrite[23] lui avoua qu'il avait cent mille écus de rente pour avoir fait vœu de pauvreté, et qu'il exerçait un empire assez étendu, en vertu de son vœu d'humilité; après quoi il laissa Babouc entre les mains d'un petit frère qui lui fit les honneurs. Tandis que ce frère lui montrait les magnificences de cette maison de pénitence, un bruit se répandit que Babouc était venu pour réformer toutes ces maisons. Aussitôt il reçut des mémoires de chacune d'elles, et les mémoires disaient tous en substance: "Conservez-nous, et détruisez toutes les autres". A entendre leurs apologies, ces sociétés étaient toutes nécessaires; à entendre leurs accusations réciproques elles méritaient toutes d'être anéanties. Il admirait comme il n'y avait aucune d'elles qui, **admirer:** ici, s'étonner pour édifier l'univers, ne voulut en avoir l'empire. Alors il se présenta un petit homme qui était un demi-mage, et qui lui dit: "Je vois bien que l'œuvre va s'accomplir: car Zerdust est revenu sur la terre: les petites filles prophétisent, en se faisant donner des coups de pinchettes par devant et le fouet par derrière. Ainsi nous vous demandons votre protection contre le grand lama. —Comment, dit Babouc, contre ce pontife-roi qui réside au Tibet? —Contre lui-même. —Vous lui faites donc la guerre, et vous levez contre lui des armées? —Non; mais il dit que l'homme est libre, et nous n'en croyons rien: nous écrivons contre lui de petits livres qu'il ne lit pas; à peine a-t-il entendu parler de nous; il nous a seulement fait condamner, comme un maître ordonne qu'on échenille[24] les arbres de ses jardins." Babouc frémit de la folie de ces hommes qui faisaient profession de sagesse, des intrigues de ceux qui avaient renoncé au monde, de l'ambition et de la convoitise[25] orgueilleuse de ceux qui enseignaient l'humanité et le désintéressement; il conclut qu'Ituriel avait de bonnes raisons pour détruire toute cette engeance.[26]

Retiré chez lui, il envoya chercher des livres nouveaux pour adoucir son chagrin, et il pria quelques lettrés à dîner pour se réjouir. Il en vint deux fois plus qu'il n'en avait demandé, comme les guêpes que le miel attire. Ces para- **guêpes** *f.*: gros insectes bourdonnants, attirés par le sucre sites se pressaient de manger et de parler; ils louaient deux sortes de personnes, les morts et eux-mêmes, et jamais leurs contemporains, excepté le maître de la maison. Si quelqu'un d'eux disait un bon mot, les autres baissaient les yeux et se mordaient les lèvres de douleur de ne l'avoir pas dit. Ils avaient moins de **mordre:** serrer fortement dissimulation que les mages, parce qu'ils n'avaient pas de si grands objets les dents en coupant et en d'ambition. Chacun d'eux briguait[27] une place de valet et une réputation de blessant grand homme; ils se disaient en face des choses insultantes, qu'ils croyaient

[22] **rayer:** barrer d'un trait; supprimer d'une liste.
[23] **archimandrite** *m.*: supérieur; chef de certains monastères en ancienne Perse, en Grèce.
[24] **écheniller:** ôter les chenilles (les larves des papillons) des arbres.
[25] **convoitise** *f.*: désir de possession; envie.
[26] **engeance** *f.*: Race, sorte de gens; se dit avec mépris.
[27] **briguer:** chercher à abtenir être candidat.

des traits d'esprit. Ils avaient eu quelque connaissance de la mission de Babouc. L'un d'eux le pria tout bas d'exterminer un auteur qui ne l'avait pas assez loué il y avait cinq ans; un autre demanda la perte d'un citoyen qui n'avait jamais ri à ses comédies; un troisième demanda l'extinction de l'Académie, parce qu'il n'avait jamais pu parvenir à y être admis. Le repas fini, chacun d'eux s'en alla seul; car il n'y avait pas dans toute la troupe deux hommes qui pussent se souffrir, ni même se parler ailleurs que chez les riches qui les invitaient à leur table. Babouc jugea qu'il n'y aurait pas grand mal quand cette vermine périrait dans la destruction générale.

Dès qu'il se fut défait d'eux, il se mit à lire quelques livres nouveaux. Il y reconnut l'esprit de ses convives; il vit surtout avec indignation ces gazettes de la médisance, ces archives du mauvais goût, que l'envie, la bassesse et la faim ont dictées; ces lâches satires où l'on ménage le vautour, et où l'on déchire la colombe; ces romans dénués d'imagination, où l'on voit tant de portraits des femmes que l'auteur ne connaît pas.

> **le vautour:** oiseau de proie, rapace qui se nourrit surtout de chair morte
> **la colombe:** oiseau du genre des pigeons, symbole de douceur et de paix

Il jeta au feu tous ces détestables écrits, et sortit pour aller le soir à la promenade. On le présenta à un vieux lettré qui n'était point venu grossir le nombre de ses parasites. Ce lettré fuyait toujours la foule, connaissait les hommes, en faisait usage, et se communiquait avec discrétion. Babouc lui parla avec douleur de ce qu'il avait lu et de ce qu'il avait vu.

"Vous avec lu des choses bien méprisables, lui dit le sage lettré; mais dans tous les temps, dans tous les genres, le mauvais fourmille, et le bon est rare. Vous avez reçu chez vous le rebut de la pédanterie, parce que, dans toutes les professions, ce qu'il y a de plus indigne de paraître est toujours ce qui se présente avec le plus d'impudence. Les véritables sages vivent entre eux retirés et tranquilles; il y a encore parmi nous des hommes et des livres dignes de votre attention." Dans le temps qu'il parlait ainsi, un autre lettré les joignit; leurs discours furent si agréables et si instructifs, si élevés au-dessus des préjugés, et si conformes à la vertu, que Babouc avoua n'avoir jamais rien entendu de pareil. "Voilà des hommes, disait-il tout bas, à qui l'ange Ituriel n'osera toucher, ou il sera bien impitoyable."

> **fourmiller:** vivre en grand nombre; se multiplier

Raccommodé avec les lettrés, il était toujours en colère contre le reste de la nation. "Vous êtes étranger, lui dit l'homme judicieux qui lui parlait; les abus se présentent à vos yeux en foule, et le bien qui est caché, et qui résulte quelquefois de ces abus mêmes, vous échappe." Alors il apprit que parmi les lettrés il y en avait quelques-uns qui n'étaient pas envieux, et que parmi les mages même il y en avait de vertueux. Il conçut à la fin que ces grands corps, qui semblaient en se choquant préparer leurs communes ruines, étaient au fond des institutions salutaires; que chaque société de mages était un frein à ses rivales; que si ces émules[28] différaient dans quelques opinions, ils enseignaient tous la même morale; qu'ils instruisaient le peuple, et qu'ils vivaient soumis aux lois; semblables aux précepteurs qui veillent sur le fils de la maison, tandis que le maître veille sur eux-mêmes. Il en pratiqua plusieurs

> **frein** *m.*: ce qui retient, qui arrête

---

[28] **émule** *m.*: concurrent qui veut non seulement égaler mais surpasser.

et vit des âmes célestes. Il apprit même que parmi les fous qui prétendaient faire la guerre au grand lama il y avait eu de très grands hommes. Il soupçonna enfin qu'il pourrait bien en être des mœurs de Persépolis comme des édifices, dont les uns lui avaient paru dignes de pitié, et les autres l'avaient ravi en admiration.

Il dit à son lettré: "Je connais très bien que ces mages, que j'avais crus si dangereux, sont en effet très utiles, surtout quand un gouvernement sage les empêche de se rendre trop nécessaires; mais vous m'avouerez au moins que vos jeunes magistrats, qui achètent une charge de juge dès qu'ils ont appris à monter à cheval, doivent étaler dans les tribunaux tout ce que l'impertinence a de plus ridicule, et tout ce que l'iniquité a de plus pervers: il vaudrait mieux sans doute donner ces places gratuitement à ces vieux juris-consultes qui ont passé toute leur vie à peser le pour et contre."   **étaler:** exposer

Le lettré lui répliqua: "Vous avez vu notre armée avant d'arriver à Persépolis; vous savez que nos jeunes officiers se battent très bien, quoiqu'ils aient acheté leurs charges: peut-être verrez-vous que nos jeunes magistrats ne jugent pas mal, quoiqu'ils aient payé pour juger."

Il le mena le lendemain au grand tribunal, où l'on devait rendre un arrêt important. La cause était connue de tout le monde. Tous ces vieux avocats qui en parlaient étaient flottants dans leurs opinions; ils alléguaient[29] cent lois, dont aucune n'était applicable au fond de la question; ils regardaient l'affaire par cent côtés, dont aucun n'était dans son vrai jour: les juges décidèrent plus vite que les avocats ne doutèrent: leur jugement fut presque unanime; ils jugèrent bien, parce qu'ils suivaient les lumières de la raison; et les autres avaient opiné mal, parce qu'ils n'avaient consulté que leurs livres.

Babouc conclut qu'il y avait souvent de très bonnes choses dans les abus. Il vit dès le jour même que les richesses des financiers, qui l'avaient tant révolté, pouvaient produire un effet excellent; car l'empereur ayant eu besoin d'argent, il trouva en une heure, par leur moyen, ce qu'il n'aurait pas eu en six mois par les voies ordinaires: il vit que ces gros nuages, enflés de la rosée de la terre, lui rendaient en pluie ce qu'ils en recevaient. D'ailleurs les enfants de ces hommes nouveaux, souvent mieux élevés que ceux des familles plus anciennes, valaient quelquefois beaucoup mieux; car rien n'empêche qu'on ne soit un bon juge, un brave guerrier, un homme d'État habile, quand on a eu un père bon calculateur.   **la rosée:** vapeur, eau formée en gouttelettes à la surface de la terre et réabsorbée dans l'atmosphère, à la chaleur du jour

Insensiblement Babouc faisait grâce à l'avidité du financier, qui n'est pas au fond plus avide que les autres hommes, et qui est nécessaire, il excusait la folie de se ruiner pour juger et pour se battre, folie qui produit de grands magistrats et des héros; il pardonnait à l'envie des lettrés, parmi lesquels il se trouvait des hommes qui éclairaient le monde; il se réconciliait avec les mages ambitieux et intrigants, chez lesquels il y avait plus de grandes vertus encore que de petits vices.

[29] **alléguer:** chercher un prétexte; s'appuyer sans assurance sur telle loi, tel usage.

Babouc s'affectionnait à la ville dont le peuple était poli, doux et bienfaisant, quoique léger, médisant et plein de vanité. Il craignait que Persépolis ne fût condamnée; il craignait même le compte qu'il allait rendre.

Voici comme il s'y prit pour rendre ce compte: il fit faire par le meilleur fondeur de la ville une petite statue composée de tous les métaux, des terres et des pierres les plus précieuses et les plus viles; il la porta à Ituriel: "Casserez-vous, dit-il cette jolie statue parce que tout n'y est pas or et diamants?" Ituriel entendit à demi-mot; il résolut de ne pas même songer à corriger Persépolis, et de laisser aller le monde comme il va; car, dit-il, "si tout n'est pas bien, tout est passable." On laissa donc subsister Persépolis: et Babouc fut bien loin de se plaindre, comme Jonas qui se fâcha de ce qu'on ne détruisait pas Ninive. Mais quand on a été trois jours dans le corps d'une baleine, on n'est pas de si bonne humeur que quand on a été à l'opéra, à la comédie, et qu'on a soupé en bonne compagnie.

une baleine: trés gros mammifère marin vivant surtout dans les mers polaires; (on trouve dans la Bible l'histoire de Jonas, un prophète, qui aurait été rendu à la vie après avoir séjourné trois jours dans le ventre d'une baleine

Questions

1. Dans quel genre de littérature Voltaire est-il le mieux connu aujourd'hui?
2. Qu'avez-vous déjà lu de cet auteur fécond?
3. Pourquoi passa-t-il une année à la Bastille?
4. En quoi les opinions exprimées dans ce qu'il écrivit alors différaient-elles de celles qu'il exprimait dans sa lettre à milord Hervey?
5. Qui est Ituriel?
6. Où envoie-t-il Babouc et pourquoi?
7. Que dit le soldat à Babouc au sujet de la guerre?
8. Quelle était vraiment la cause de la guerre?
9. Qu'est-ce qui l'étonna et le ravit au sujet des "inexplicables humains" et de la guerre?
10. Où va d'abord Babouc à son arrivée à Persépolis?
11. Quelle raison y trouve-t-il de détruire la ville?
12. Quelle raison Babouc trouve-t-il encore de détruire la ville chez la jeune dame avec qui il dîne?
13. A Persépolis comment devenait-on juge ou commandant de deux mille hommes en temps de guerre?
14. Où va Babouc après le dîner?
15. Pourquoi ne trouve-t-il pas là de raison de détruire Persépolis?
16. Où va-t-il ensuite?
17. Où habite la reine de cette fête?
18. Décrivez son aventure avec le marchand et qu'apprend-il de cet homme?
19. Que va penser Ituriel des mages?
20. Que lui apprirent finalement ses rapports avec les lettrés et les mages?
21. Que conclut Babouc après avoir suivi un grand procès?
22. Quel jugement final Babouc donne-t-il de Persépolis à Ituriel?
23. Dans ce jugement à quoi compare-t-il cette ville?

L'Aqueduc

JEAN-JACQUES ROUSSEAU (1712–1778) est considéré dans la littérature française comme un innovateur. C'était un jeune homme très intelligent, mais dont l'éducation avait été fort décousue[1]. Il était aventureux et chercha fortune en beaucoup d'endroits et dans bien des professions différentes.

Ses trois ouvrages les plus célèbres sont: *Les Confessions,* son autobiographie, *La Nouvelle Héloïse*, un roman très romanesque écrit en forme de lettres, et *Emile*, un traité sur l'éducation d'un jeune homme.

Rousseau voulait réorganiser complètement la société sur des bases nouvelles. Il proclamait que l'autorité n'appartenait pas naturellement à des dirigeants. Selon lui, au contraire, l'autorité, "la souveraineté," appartenait aux peuples. Il niait le "droit divin" des rois. C'est pour ces idées qu'on l'appelle souvent le Père de la Révolution française.

Le livre des *Confessions* fut à son époque une innovation dans sa forme, et c'est depuis Rousseau que le genre autobiographique est devenu un genre littéraire généralement admis. Jusqu'alors on avait écrit des Mémoires dans lesquels l'écrivain racontait des événements dont il avait été témoin, mais dans l'autobiographie, l'écrivain se raconte lui-même. C'est la première fois qu'un écrivain donne vraiment de l'importance à son "moi" dans ses écrits.

Rousseau avait huit ans quand son père dut quitter Genève par suite d'une affaire désagréable avec la justice. Le petit garçon alla demeurer chez un oncle et lui et son cousin Bernard furent placés pendant deux ans chez un pasteur nommé Lambercier. Celui-ci habitait, avec une sœur, à Bossey, petit village des environs de Genève, et donnait des leçons aux enfants.

par suite: en conséquence de

un pasteur: un prêtre protestant

Au bout de deux ans, Rousseau revint à Genève. Il était pauvre, il dut se préparer à gagner sa vie. A seize ans, après avoir eu plusieurs aventures toutes malheureuses, il entra au service du comte de Gouvon, premier écuyer[2] du roi et chef de l'illustre maison des Solar. Le tempérament romanesque de Rousseau ne résista pas au charme de la fille du comte, Mademoiselle de Breil.

Les deux extraits suivants sont tirés des *Confessions.*

[1] **décousue:** sans méthode; désordonnée.
[2] **écuyer:** cavalier habile; le premier écuyer du roi était le grand intendant de ses écuries, logis des chevaux.

L'AQUEDUC
par Jean-Jacques Rousseau

O vous, lecteurs curieux de la grande histoire du noyer de la terrasse, écoutez l'horrible tragédie, et vous abstenez de frémir, si vous pouvez!

Il y avait, hors la porte de la cour, une terrasse à gauche en entrant, sur laquelle on allait souvent s'asseoir l'après-midi, mais qui n'avait point d'ombre. Pour lui en donner, M. Lambercier y fit planter un noyer. La plantation de cet arbre se fit avec solennité: les deux pensionnaires en furent les parrains; et tandis qu'on comblait[3] le creux, nous tenions l'arbre chacun d'une main avec des chants de triomphe. On fit pour l'arroser une espèce de bassin tout autour du pied. Chaque jour, ardents spectateurs de cet arrosement, nous nous confirmions, mon cousin et moi, dans l'idée très naturelle qu'il était plus beau de planter un arbre sur la terrasse qu'un drapeau sur la brèche,[4] et nous résolûmes de nous procurer cette gloire sans la partager avec qui que ce fût.[5]

Pour cela, nous allâmes couper une bouture[6] d'un jeune saule, et nous la plantâmes sur la terrasse, à huit ou dix pieds de l'auguste noyer. Nous n'oubliâmes pas de faire aussi un creux autour de notre arbre: la difficulté était d'avoir de quoi le remplir; car l'eau venait d'assez loin, et on ne nous laissait pas courir pour en aller prendre. Cependant il en fallait absolument pour notre saule. Nous employâmes toutes sortes de ruses pour lui en fournir durant quelques jours; et cela nous réussit si bien, que nous le vîmes bourgeonner et pousser de petites feuilles dont nous mesurions l'accroissement d'heure en heure, persuadés, quoiqu'il ne fût pas à un pied de terre, qu'il ne tarderait pas à nous ombrager.

Comme notre arbre, nous occupant tout entiers, nous rendait incapables de toute application, de toute étude, que nous étions comme en délire, et que, ne sachant à qui nous en avions, on nous tenait plus court qu'auparavant, nous vîmes l'instant fatal où l'eau nous allait manquer, et nous nous désolions dans l'attente de voir notre arbre périr de sécheresse. Enfin la nécessité, mère de l'industrie, nous suggéra une invention pour garantir l'arbre et nous d'une mort certaine; ce fut de faire par dessous terre une rigole[7] qui conduisît secrètement au saule une partie de l'eau dont on arrosait le noyer. Cette entreprise, exécutée avec ardeur, ne réussit pourtant pas d'abord. Nous avions si mal pris la pente, que l'eau ne coulait point; la terre s'éboulait et bouchait la rigole; l'entrée se remplissait d'ordures; tout allait de travers. Rien ne nous rebuta[8]: *Labor omnia vincit improbus.* Nous creusâmes davantage la terre et notre bassin, pour donner à l'eau son écoulement; nous coupâmes des fonds de boîtes en petites planches étroites, dont les unes mises à plat à la file, et

---

noyer *m.*: grand arbre produisant les noix

parrain *m.*: témoin officiel d'un baptême
creux *m.*: trou; cavité
arroser: verser de l'eau sur

un saule: arbre poussant généralement près de l'eau, près des rivières

la pente: l'inclinaison

---

[3] **combler**: remplir.
[4] **brèche** *f.*: cassure dans un mur, un rempart de fortification militaire.
[5] **qui que ce fût**: n'importe qui.
[6] **une bouture**: jeune pousse d'un arbre, d'une plante.
[7] **une rigole**: petit canal.
[8] **rebuter**: retenir; empêcher de.

d'autres posées en angles des deux côtés sur celles-là, nous firent un canal triangulaire pour notre conduit. Nous plantâmes à l'entrée de petits bouts de bois minces et à claire-voie,[9] qui, faisant une espèce de grillage ou de crapaudine, retenaient le limon[10] et les pierres sans boucher le passage à l'eau. Nous recouvrîmes soigneusement notre ouvrage de terre bien foulée; et le jour où tout fut fait, nous attendîmes dans transes d'espérance et de crainte l'heure de l'arrosement. Après des siècles d'attente, cette heure vint enfin; M. Lambercier vint aussi à son ordinaire assister à l'opération, durant laquelle nous nous tenions tous deux derrière lui pour cacher notre arbre, auquel très heureusement il tournait le dos.

A peine achevait-on de verser le premier seau d'eau, que nous commençâmes d'en voir couler dans notre bassin. A cet aspect, la prudence nous abandonna; nous nous mîmes à pousser des cris de joie qui firent retourner M. Lambercier: et ce fut dommage, car il prenait grand plaisir à voir comment la terre du noyer était bonne et buvait avidement son eau. Frappé de la voir se partager en deux bassins, il s'écrie à son tour, regarde, aperçoit la friponnerie,[11] se fait brusquement apporter une pioche, donne un coup, fait voler deux ou trois de nos planches, en criant à pleine tête: "Un aqueduc! un aqueduc!" il frappe de toutes parts des coups impitoyables, dont chacun portait au milieu de nos cœurs. En un moment, les planches, le conduit, le bassin, le saule, tout fut détruit, tout fut labouré, sans qu'il y eût, durant cette expédition terrible, nul autre mot prononcé, sinon l'exclamation qu'il répétait sans cesse. "Un aqueduc! un aqueduc!"

On croira que l'aventure finit mal pour les petits architectes. On se trompera: tout fut fini. M. Lambercier ne nous dit pas un mot de reproche, ne nous fit pas plus mauvais visage, et ne nous en parla plus; nous l'entendîmes même un peu après rire auprès de sa sœur à gorge déployée, car le rire de M. Lambercier s'entendait de loin; et ce qu'il y eut de plus étonnant encore, c'est que, passé le premier saisissement, nous ne fûmes pas nous-mêmes fort affligés. Nous plantâmes ailleurs un autre arbre, et nous nous rappelions souvent la catastrophe du premier, en répétant entre nous, avec emphase: "Un aqueduc! un aqueduc!" Jusque-là, j'avais eu des accès d'orgueil par intervalles quand j'étais Aristide ou Brutus: ce fut ici mon premier mouvement de vanité bien marquée. Avoir pu construire un aqueduc de nos mains, avoir mis une bouture en concurrence avec un grand arbre, me paraissait le suprême degré de la gloire. A dix ans, j'en jugeais mieux que César à trente.

seau *m.*: ustensile de forme cylindrique servant principalement à transporter de l'eau

rire à gorge déployeé: rire bruyamment, manifestement

affligés: désolés

---

[9] **à claire-voie**: un peu espacés les uns des autres.
[10] **limon** *m.*: boue.
[11] **friponnerie** *f.*: tromperie; action commise au préjudice de quelqu'un.

Questions

1. Quels sont les trois ouvrages les plus célèbres de Rousseau?
2. Pourquoi l'appelle-t-on souvent le Père de la Révolution française?
3. De quel genre littéraire est-il l'innovateur?
4. Où habite-t-il de 8 à 10 ans? Pourquoi?
5. Qu'est-ce que lui et son cousin aident M. Lambercier à planter?
6. Quelle idée leur vient après cette aventure?
7. Mesurent-ils souvent l'accroissement de leur bouture de saule?
8. Racontez comment ils construisent leur aqueduc.
9. En voyant le succès de leur travail, que font-ils?
10. Que fait M. Lambercier en voyant leur aqueduc?
11. Qu'éprouva Jean-Jacques après la destruction de son aqueduc?

AMOUREUX D'UNE GRANDE DAME
par Jean-Jacques Rousseau

MADEMOISELLE DE BREIL était une jeune personne à peu près de mon âge, bien faite, assez belle, très blanche, avec des cheveux très noirs, et, quoique brune, portant sur son visage cet air de douceur des blondes auquel mon cœur n'a jamais résisté. L'habit de cour,[1] si favorable aux jeunes personnes, marquait sa jolie taille, dégageait sa poitrine et ses épaules, et rendait son teint encore plus éblouissant par le deuil qu'on portait alors. On dira que ce n'est pas à un domestique de s'apercevoir de ces choses-là. J'avais tort, sans doute; mais je m'en apercevais toutefois, et même je n'étais pas le seul. Le maître d'hôtel et les valets de chambre en parlaient quelquefois à table avec une grossièreté qui me faisait cruellement souffrir. La tête ne me tournait pourtant pas au point d'être amoureux tout de bon.[2]

Je ne m'oubliais point; je me tenais à ma place, et mes désirs mêmes ne s'émancipaient pas. J'aimais à voir mademoiselle de Breil, à lui entendre dire quelques mots qui marquaient de l'esprit, du sens, de l'honnêteté: mon ambition, bornée au plaisir de la servir, n'allait point au-delà de mes droits. A table, j'étais attentif à chercher l'occasion de les faire valoir. Si son laquais quittait un moment sa chaise, à l'instant on m'y voyait établi: hors de là je me tenais vis-à-vis d'elle; je cherchais dans ses yeux ce qu'elle allait demander, j'épiais le moment de changer son assiette. Que n'aurais-je point fait pour qu'elle daignât m'ordonner quelque chose, me regarder, me dire un seul mot! mais point: j'avais la mortification d'être nul pour elle; elle ne s'apercevait pas même que j'étais là. Cependant son frère, qui m'adressait quelquefois la parole à table, m'ayant dit je ne sais quoi de peu obligeant, je lui fis une réponse si fine et si bien tournée, qu'elle y fit attention, et jeta les yeux sur moi. Ce coup d'œil, qui fut court, ne laissa pas de me transporter. Le lendemain, l'occasion se présenta d'en obtenir un second, et j'en profitai.

épier: surveiller secrètement et attentivement

[1] **l'habit de cour** *m.*: le costume de cérémonie; la toilette qui pouvait être portée à la cour du roi.

[2] **tout de bon:** vraiment; tout à fait.

On donnait ce jour-là un grand dîner, où pour la première fois, je vis avec beaucoup d'étonnement le maître d'hôtel servir l'épée au côté et le chapeau sur la tête. Par hasard on vint à parler de la devise de la maison de Solar, qui était sur la tapisserie avec les armoiries. "Tel fiert qui ne tue pas." Comme les Piémontais[3] ne sont pas pour l'ordinaire consommés[4] dans la langue française, quelqu'un trouva dans cette devise une faute d'orthographe, et dit qu'au mot "fiert" il ne fallait pas de "t".

la devise: petite phrase qui résume un engagement pour une façon de vivre et qui est adopté par la famille et la descendance

Le vieux comte de Gouvon allait répondre; mais, ayant jeté les yeux sur moi, il vit que je souriais sans oser rien dire: il m'ordonna de parler. Alors je dis que je ne croyais pas que le "t" fût de trop; que "fiert" était un vieux mot français qui ne venait pas du mot "ferus," fier, menaçant, mais du verbe "ferit", il frappe, il blesse; qu'ainsi la devise ne me paraissait pas dire: tel menace, mais "tel frappe qui ne tue pas."

Tout le monde me regardait et se regardait sans rien dire. On ne vit de la vie un pareil étonnement. Mais ce qui me flatta davantage fut de voir clairement sur le visage de mademoiselle de Breil un air de satisfaction. Cette personne, si dédaigneuse, daigna me jeter un second regard qui valait tout au moins le premier; puis, tournant les yeux vers son grand-papa, elle semblait attendre avec une sorte d'impatience la louange qu'il me devait, et qu'il me donna, en effet, si pleine et entière et d'un air si content, que toute la table s'empressa de faire chorus. Ce moment fut court, mais délicieux à tous égards. Ce fut un de ces moments trop rares qui replacent les choses dans leur ordre naturel, et vengent le mérite avili[5] des outrages de la fortune. Quelques minutes après, mademoiselle de Breil, levant derechef[6] les yeux sur moi, me pria, d'un ton de voix aussi timide qu'affable, de lui donner à boire. On juge que je ne la fis pas attendre; mais, en approchant, je fus saisi d'un tel tremblement, qu'ayant trop rempli le verre, je répandis une partie de l'eau sur l'assiette et même sur elle. Son frère me demanda étourdiment pourquoi je tremblais si fort. Cette question ne servit pas à me rassurer, et mademoiselle de Breil rougit jusqu'au blanc des yeux.

dédaigneux: hautain; un peu méprisant

Ici finit le roman. . . .

Questions

1. Dans quelle illustre maison Jean-Jacques devint-il domestique?
2. Quelle est son attitude dans son service envers mademoiselle de Breil?
3. Que souhaite-t-il qu'elle remarque?
4. Qu'est-ce qui lui valut les louanges du vieux comte de Gouvon et l'attention de mademoiselle?
5. Quelle maladresse due à sa timidité lui causa-t-elle de l'embarras ainsi qu'à mademoiselle?

[3] **les Piémontais:** les habitants du Piémont, province du Nord de l'Italie.
[4] **consommé:** ici, instruit; connaissant bien.
[5] **avili:** amoindri; déprécié.
[6] **derechef:** de nouveau.

La Force de l'amitié

LE SAGE (1668–1747) reste un des maîtres du roman français. *Le Diable boiteux*, dont "La Force de l'amitié" fait partie, se passe à Madrid et est une fiction commode pour la peinture de la société et des mœurs françaises. Le diable Asmodée transporte don Cléofas Léandro Perez Zambullo, écolier, une nuit au mois d'octobre au-dessus des maisons de la célèbre ville de Madrid, en ôte les toits et lui permet de voir toute ce qui se passe à l'intérieur. Ils arrivent à une maison où la mort vient d'entrer.

boiteux *m.*: qui a une jambe plus courte que l'autre ou qui marche en fléchissant une jambe plus que l'autre

LA FORCE DE L'AMITIÉ
par Alain-René Le Sage

"Il va s'y passer la plus triste scène que l'on puisse voir sur le théâtre du monde, dit Asmodée à don Cléofas. Regardez dans l'appartement qui est vis-à-vis de celui-là, vous en découvrirez la cause. Remarquez un homme étendu sur un lit magnifique: et une dame qui s'arrache les cheveux et se débat entre les bras de ses femmes. C'est son mari qui expire: elle est inconsolable. Leur histoire est touchante, et mériterait d'être écrite: il me prend envie de vous la conter. Elle est un peu longue, mais elle est trop intéressante pour vous ennuyer." Alors le boiteux en commença le récit dans ces termes.

I

"Un jeune cavalier de Tolède, suivi de son valet de chambre, s'éloignait à grandes journées[1] du lieu de sa naissance, pour éviter les suites[2] d'une tragique aventure. Il était à deux petites lieues de la ville de Valence, lorsqu'à l'entrée d'un bois il rencontra une dame qui descendait d'un carrosse[3] avec précipitation: aucun voile ne couvrait son visage, qui était d'une éclatante beauté, et cette charmante personne paraissait si troublée, que le cavalier, jugeant qu'elle avait besoin de secours, ne manqua pas de lui offrir celui de sa valeur.

"Généreux inconnu, lui dit la dame, je ne refuserai point l'offre que vous me faites: il semble que le ciel vous ait envoyé ici pour détourner le malheur

---

[1] **à grandes journées**: en longues étapes; ne s'arrêtant qu'après des journées entières de voyage.
[2] **les suites** *f.*: les conséquences.
[3] **un carrosse**: voiture très décorée servant aux rois et aux grands personnages.

que je crains. Deux cavaliers se sont donné rendez-vous dans ce bois; je viens de les y voir entrer tout à l'heure; ils vont se battre; suivez-moi, s'il vous plaît: venez m'aider à les séparer." En achevant ces mots, elle s'avença dans le bois, et le Tolédan, après avoir laissé son cheval à son valet, se hâta de la joindre.

"A peine eurent-ils fait cent pas, qu'ils entendirent un bruit d'épées, et bientôt ils découvrirent entre les arbres deux hommes qui se battaient avec fureur. Le Tolédan courut à eux pour les séparer, et, en étant venu à bout[4] par ses prières et par ses efforts, il leur demanda le sujet de leur différend.

"Brave inconnu, lui dit un des deux cavaliers, je m'appelle don Fadrique de Mendoce, et mon ennemi se nomme don Alvar Ponce. Nous aimons doña Théodora, cette dame que vous accompagnez; elle a toujours fait peu d'attention à nos soins, et quelques galanteries que nous ayons pu imaginer pour lui plaire, la cruelle ne nous en a pas mieux traités. Pour moi, j'avais dessein de continuer à la servir malgré son indifférence; mais mon rival, au lieu de prendre le même parti, s'est avisé de me faire un appel.

parti *m.*: ligne de conduite

"—Il est vrai, interrompit don Alvar, que j'ai jugé à propos d'en user ainsi: je crois que si je n'avais point de rival, doña Théodora pourrait m'écouter: je veux donc tâcher d'ôter la vie à don Fadrique, pour me défaire[5] d'un homme qui s'oppose à mon bonheur.

"—Seigneurs cavaliers, dit alors le Tolédan, je n'approuve point votre combat; il offense doña Théodora: on saura bientôt dans le royaume de Valence que vous vous serez battus pour elle: l'honneur de votre dame vous doit être plus cher que votre repos et que vos vies. D'ailleurs, quel fruit le vainqueur peut-il attendre de sa victoire? Après avoir exposé la réputation de sa maîtresse, pense-t-il qu'elle le verra d'un œil plus favorable? quel aveuglement! Croyez-moi, faites plutôt sur vous, l'un et l'autre, un effort plus digne des noms que vous portez: rendez-vous maîtres de vos transports furieux, et, par un serment inviolable, engagez-vous tous deux à souscrire[6] à l'accommodement[7] que j'ai à vous proposer; votre querelle peut se terminer sans qu'il en coûte du sang.

"—Eh! de quelle manière? s'écria don Alvar.—Il faut que cette dame se déclare, répliqua le Tolédan; qu'elle fasse choix de don Fadrique ou de vous, et que l'amant sacrifié, loin de s'armer contre son rival, lui laisse le champ libre. —J'y consens, dit don Alvar, et j'en jure par tout ce qu'il y a de plus sacré; que doña Théodora se détermine: qu'elle me préfère, si elle veut, mon rival; cette préférence me sera moins insupportable que l'affreuse incertitude où je suis. —Et moi, dit à son tour don Fadrique, j'en atteste le ciel: si ce divin objet que j'adore ne prononce point en ma faveur, je vais m'éloigner de ses charmes; et si je ne puis les oublier, du moins je ne les verrai plus."

"Alors le Tolédan, se tournant vers doña Théodora: Madame, lui dit-il,

[4] **venir à bout de**: réussir à.
[5] **se défaire**: se débarrasser.
[6] **souscrire**: ici, accepter.
[7] **l'accommodement** *m.*: accord; arrangement.

c'est à vous de parler; vous pouvez d'un seul mot, désarmer ces deux rivaux; vous n'avez qu'à nommer celui dont vous voulez récompenser la constance. —Seigneur cavalier, répondit la dame, cherchez un autre tempérament pour les accorder. Pourquoi me rendre la victime de leur accommodement: J'estime, à la vérité, don Fadrique et don Alvar, mais je ne les aime point; et il n'est pas juste que, pour prévenir l'atteinte[8] que leur combat pourrait porter à ma gloire, je donne des espérances que mon cœur ne saurait avouer.

"—La feinte[9] n'est plus de saison, Madame, reprit le Tolédan; il faut, s'il vous plaît, vous déclarer. Quoique ces cavaliers soient également bien faits, je suis assuré que vous avez plus d'inclination pour l'un que pour l'autre: je m'en fie[10] à la frayeur mortelle dont je vous ai vue agitée.

"—Vous expliquez mal cette frayeur, repartit doña Théodora: la perte de l'un ou de l'autre de ces cavaliers me toucherait sans doute, et je me la reprocherais sans cesse, quoique je n'en fusse que la cause innocente; mais si je vous ai paru alarmée, sachez que le péril qui menace ma réputation a fait toute ma crainte.

"Don Alvar Ponce, qui était naturellement brutal, perdit enfin patience. "C'en est trop, dit-il d'un ton brusque; puisque Madame refuse de terminer la chose à l'amiable, le sort des armes en va donc décider." En parlant de cette sorte, il se mit en devoir de pousser don Fadrique, qui, de son côté, se disposa à le bien recevoir.

Alors la dame, plus effrayée par cette action que déterminée par son penchant,[11] s'écria toute éperdue: "Arrêtez, seigneurs cavaliers; je vais vous satisfaire. S'il n'y a pas d'autres moyens d'empêcher un combat qui intéresse mon honneur, je déclare que c'est à don Fadrique de Mendoce que je donne la préférence."

éperdue: violemment troublée et agitée

"Elle n'eut pas achevé ces paroles, que le disgracié Ponce, sans dire un seul mot, courut délier son cheval, qu'il avait attaché à un arbre, et disparut en jetant des regards furieux sur son rival et sur sa maîtresse. L'heureux Mendoce, au contraire, était au comble de sa joie: tantôt il se mettait à genoux devant doña Théodora, tantôt il embrassait le Tolédan, et ne pouvait trouver d'expressions assez vives pour leur marquer toute la reconnaissance dont il se sentait pénétré.

au comble de: au plus haut degré

"Cependant la dame, devenue plus tranquille après l'éloignement de don Alvar, songeait avec quelque douleur qu'elle venait de s'engager à souffrir les soins d'un amant dont à la vérité elle estimait le mérite, mais pour qui son cœur n'était point prévenu.

"Seigneur don Fadrique, lui dit-elle, j'espère que vous n'abuserez pas de la préférence que je vous ai donnée; vous la devez à la nécessité où je me suis trouvée de prononcer entre vous et don Alvar: ce n'est pas que je n'aie

---

[8] **l'atteinte** *f.*: le tort; le préjudice.
[9] **la feinte:** l'artifice, le mensonge.
[10] **s'en fier à:** en être assuré par.
[11] **le penchant:** le désir.

toujours fait beaucoup plus de cas de vous que de lui: je sais bien qu'il n'a pas toutes les bonnes qualités que vous avez: vous êtes le cavalier de Valence le plus parfait, c'est une justice que je vous rends; je dirai même que la recherche d'un homme tel que vous peut flatter la vanité d'une femme; mais, quelque glorieuse qu'elle soit pour moi, je vous avouerai que je la vois avec si peu de goût, que vous êtes à plaindre de m'aimer aussi tendrement que vous le faites paraître. Je ne veux pourtant pas vous ôter toute espérance de toucher mon cœur: mon indifférence n'est peut-être qu'un effet de la douleur qui me reste de la perte que j'ai faite depuis un an de don André de Cifuentes, mon mari. Quoique nous n'ayons pas été longtemps ensemble, et qu'il fût dans un âge avancé lorsque mes parents, éblouis de ses richesses, m'obligèrent à l'épouser, j'ai été fort affligée de sa mort: je le regrette encore tous les jours.

être à plaindre: n'avoir pas de chance; inspirer de la pitié, de la compassion

"Eh! n'est-il pas digne de mes regrets? ajouta-t-elle; il ne ressemblait nullement à ces vieillards chagrins et jaloux qui, ne pouvant se persuader qu'une jeune femme soit assez sage pour leur pardonner leur faiblesse, sont eux-mêmes des témoins assidus de tous ses pas, ou la font observer par une duègne dévouée à leur tyrannie. Hélas! il avait en ma vertu une confiance dont un jeune mari adoré serait à peine capable. D'ailleurs, sa complaisance[12] était infinie, et j'ose dire qu'il faisait son unique étude d'aller au-devant de tout ce que je paraissais souhaiter. Tel était don André de Cifuentes. Vous jugez bien, Mendoce, que l'on n'oublie pas aisément un homme d'un caractère si aimable: il est toujours présent à ma pensée, et cela ne contribue pas peu, sans doute, à détourner mon attention de tout ce que l'on fait pour me plaire."

"Don Fadrique ne put s'empêcher d'interrompre en cet endroit doña Théodora: "Ah! Madame, s'écria-t-il, que j'ai de joie d'apprendre de votre bouche que ce n'est pas par aversion pour ma personne que vous avez méprisé mes soins: j'espère que vous vous rendrez un jour à ma constance. —Il ne tiendra point à moi que cela n'arrive, reprit la dame, puisque je vous permets de me venir voir et de me parler quelquefois de votre amour: tâchez de me donner du goût pour vos galanteries; faites en sorte que je vous aime: je ne vous cacherai point les sentiments favorables que j'aurai pris pour vous; mais si malgré tous vos efforts vous n'en pouvez venir à bout, souvenez-vous, Mendoce, que vous ne serez pas en droit de me faire des reproches."

"Don Fadrique voulut répliquer; mais il n'en eut pas le temps, parce que la dame prit la main du Tolédan et, tourna brusquement ses pas du côté de son équipage. Il alla détacher son cheval qui était attaché à un arbre, et, le tirant après lui par la bride, il suivit doña Théodora, qui monta dans son carrosse avec autant d'agitation qu'elle en était descendue; la cause toutefois en était bien différente. Le Tolédan et lui l'accompagnèrent à cheval jusqu'aux portes de Valence, où ils se séparèrent. Elle prit le chemin de sa maison, et don Fadrique emmena dans la sienne le Tolédan.

---

[12] **la complaisance:** le désir de faire plaisir, d'aider.

"Il le fit reposer, et, après l'avoir bien régalé,[13] il lui demanda en particulier ce qui l'amenait à Valence, et s'il se proposait d'y faire un long séjour. "J'y serai le moins de temps qu'il me sera possible, lui répondit le Tolédan: j'y passe seulement pour aller gagner la mer, et m'embarquer dans le premier vaisseau qui s'éloignera des côtes d'Espagne; car je me mets peu en peine dans quel lieu du monde j'achèverai le cours d'une vie infortunée, pourvu que ce soit loin de ces funestes climats. —Que dites-vous? répliqua don Fadrique avec surprise; qui peut vous révolter contre votre patrie, et vous faire haïr ce que tous les hommes aiment naturellement? —Après ce qui m'est arrivé, repartit le Tolédan, mon pays m'est odieux, et je n'aspire qu'à le quitter pour jamais. —Ah! seigneur cavalier, s'écria Mendoce attendri de compassion, que j'ai d'impatience de savoir vos malheurs! si je ne puis soulager vos peines, je suis du moins disposé à les partager. Votre physionomie m'a d'abord prévenu pour vous; vos manières me charment, et je sens que je m'intéresse déjà vivement à votre sort.

"—C'est la plus grande consolation que je puisse recevoir, seigneur don Fadrique, répondit le Tolédan; et, pour reconnaître en quelque sorte les bontés que vous me témoignez, je vous dirai aussi qu'en vous voyant tantôt avec Alvaro Ponce, j'ai penché de votre côté. Un mouvement d'inclination, que je n'ai jamais senti à la première vue de personne, me fit craindre que doña Théodora ne vous préférât votre rival, et j'eus de la joie lorsqu'elle se fut déterminée en votre faveur. Vous avez depuis si bien fortifié cette première impression, qu'au lieu de vouloir cacher mes ennuis, je cherche à m'épancher,[14] et trouve une douceur secrète à vous découvrir mon âme; apprenez donc mes malheurs.

"Tolède m'a vu naître, et don Juan de Zarate est mon nom. J'ai perdu presque dès mon enfance ceux qui m'ont donné le jour, de manière que je commençai de bonne heure à jouir de quatre mille ducats de rente[15] qu'ils m'ont laissés. Comme je pouvais disposer de ma main, et que je me croyais assez riche pour ne devoir consulter que mon cœur dans le choix que je ferais d'une femme, j'épousai une fille d'une beauté parfaite, sans m'arrêter au peu de bien qu'elle avait, ni à l'inégalité de nos conditions. J'étais charmé de mon bonheur, et, pour mieux goûter le plaisir de posséder une personne que j'aimais, je la menai, peu de jours après mon mariage, à une terre que j'ai à quelques lieues de Tolède.

"Nous y vivions tous deux dans une union charmante, lorsque le duc de Naxera, dont le château est dans le voisinage de ma terre, vint, un jour qu'il chassait, se rafraîchir chez moi. Il vit ma femme et en devint amoureux; je le crus du moins, et ce qui acheva de me persuader, c'est qu'il rechercha bientôt mon amitié avec empressement, ce qu'il avait jusque-là fort négligé; il me mit de ses parties de chasse, me fit force présents, et encore plus d'offres de services.

[13] **régaler quelqu'un:** lui donner toutes sortes de bonnes choses à manger et à boire.
[14] **s'épancher:** se raconter en toute confiance; faire des confidences intimes.
[15] **rentes** *f.*: argent, revenus produits par la fortune, les possessions.

"Je fus d'abord alarmé de sa passion, je pensai retourner à Tolède avec mon épouse, et le ciel, sans doute, m'inspirait cette pensée; effectivement, si j'eusse ôté au duc toutes les occasions de voir ma femme, j'aurais évité les malheurs qui me sont arrivés; mais la confiance que j'avais en elle me rassura. Il me parut qu'il n'était pas possible qu'une personne que j'avais épousée sans dot et tirée d'un état obscur fût assez ingrate pour oublier mes bontés. Hélas! je la connaissais mal. L'ambition et la vanité, qui sont deux choses si naturelles aux femmes, étaient les plus grands défauts de la mienne.

"Dès que le duc eut trouvé moyen de lui apprendre ses sentiments, elle se sut bon gré[16] d'avoir fait une conquête si importante. L'attachement d'un homme que l'on traitait d'*Excellence* chatouilla[17] son orgueil et remplit son esprit de fastueuses chimères; elle s'en estima davantage et m'en aima moins. Ce que j'avais fait pour elle, au lieu d'exciter sa reconnaissance, ne fit plus que m'attirer ses mépris: elle me regarda comme un mari indigne de sa beauté, et il lui sembla que, si ce grand seigneur qui était épris de ses charmes l'eût vue avant son mariage, il n'aurait pas manqué de l'épouser. Enivrée de ces folles idées, et séduite par quelques présents qui la flattaient, elle se rendit aux secrets empressements du duc.

épris: amoureux; pris de passion
enivré: grisé (exalté) comme par un excès d'alcool (physiquement ou moralement)

"Ils s'écrivaient assez souvent, et je n'avais pas le moindre soupçon de leur intelligence; mais enfin je fus assez malheureux pour sortir de mon aveuglement. Un jour je revins de la chasse de meilleure heure qu'à l'ordinaire; j'entrai dans l'appartement de ma femme; elle ne m'attendait pas sitôt; elle venait de recevoir une lettre du duc, et se préparait à lui faire réponse. Elle ne put cacher son trouble à ma vue; j'en frémis, et, voyant sur une table du papier et de l'encre, je jugeai qu'elle me trahissait. Je la pressai de me montrer ce qu'elle écrivait; mais elle s'en défendit, de sorte que je fus obligé d'employer jusqu'à la violence pour satisfaire ma jalouse curiosité; je tirai d'elle, malgré toute sa résistance, une lettre qui contenait ces paroles:

"Languirai-je toujours dans l'attente d'une seconde entrevue? Que vous êtes cruelle, de me donner les plus douces espérances et de tant tarder à les remplir! Don Juan va tous les jours à la chasse ou à Tolède: ne devrions-nous pas profiter de ces occasions?"

"Je ne pus achever de lire ce billet sans être transporté de rage: je mis la main sur ma dague, et dans mon premier mouvement je fus tenté d'ôter la vie à l'infidèle épouse qui m'ôtait l'honneur; mais, faisant réflexion que c'était me venger à demi, et que mon ressentiment demandait encore une autre victime, je me rendis maître de ma fureur. Je dissimulai; je dis à ma femme, avec le moins d'agitation qu'il me fut possible: "Madame, vous avez eu tort d'écouter le duc: l'éclat de son rang ne devait point vous éblouir, mais les jeunes personnes aiment le faste:[18] je veux croire que c'est là tout votre crime, et que vous ne m'avez point fait le dernier outrage: c'est pourquoi

[16] **elle se sut bon gré:** elle se félicita.
[17] **chatouiller:** provoquer de petits tressaillements superficiels de la peau par des attouchements légers et répétés, qui irritent et provoquent des rires nerveux.
[18] **le faste:** le déploiement du luxe.

j'excuse votre indiscrétion, pourvu que vous rentriez dans votre devoir, et que désormais, sensible à ma seule tendresse, vous ne songiez qu'à la mériter."

"Après lui avoir tenu ce discours, je sortis de son appartement, autant pour la laisser se remettre du trouble où étaient ses esprits, que pour chercher la solitude dont j'avais besoin moi-même pour calmer la colère qui m'enflammait. Si je ne pus reprendre ma tranquillité, j'affectai du moins un air tranquille pendant deux jours; et le troisième, feignant d'avoir à Tolède une affaire de la dernière conséquence, je dis à ma femme que j'étais obligé de la quitter pour quelque temps, et que je la priais d'avoir soin de sa gloire pendant mon absence.

"Je partis; mais, au lieu de continuer mon chemin vers Tolède, je revins secrètement chez moi à l'entrée de la nuit, et me cachai dans la chambre d'un domestique fidèle, d'où je pouvais voir tout ce qui entrait dans ma maison. Je ne doutais point que le duc n'eût été informé de mon départ, et je m'imaginais qu'il ne manquerait pas de vouloir profiter de la conjoncture[19]: j'espérais les surprendre ensemble; je me promettais une entière vengeance.

"Néanmoins je fus trompé dans mon attente: loin de remarquer qu'on se disposât au logis à recevoir un galant, je m'aperçus au contraire que l'on fermait les portes avec exactitude, et trois jours s'étant écoulés sans que le duc eût paru, ni même aucun de ses gens, je me persuadai que mon épouse s'était repentie de sa faute, et qu'elle avait enfin rompu tout commerce avec son amant.

"Prévenu de cette opinion,[20] je perdis le désir de me venger, et, me livrant aux mouvements d'un amour que la colère avait suspendu, je courus à l'appartement de ma femme: je l'embrassai avec transport, et lui dis: "Madame, je vous rends mon estime et mon amitié. Je vous avoue que je n'ai point été à Tolède: j'ai feint ce voyage pour vous éprouver. Vous devez pardonner ce piège à un mari dont la jalousie n'était pas sans fondement; je craignais que votre esprit, séduit par de superbes illusions, ne fût pas capable de se détromper; mais, grâce au ciel, vous avez reconnu votre erreur, et j'espère que rien ne troublera plus notre union."

le piège: l'artifice utilisé pour observer quelqu'un à son insu et voir s'il va commettre quelque faute

"Ma femme me parut touchée de ces paroles, et, laissant couler quelques pleurs: Que je suis malheureuse, e'écria-t-elle, de vous avoir donné sujet de soupçonner ma fidélité! J'ai beau détester ce qui vous a si justement irrité contre moi; mes yeux depuis deux jours sont vainement ouverts aux larmes, toute ma douleur, tous mes remords seront inutiles: je ne regagnerai jamais votre confiance. —Je vous la redonne, Madame, interrompis-je tout attendri de l'affliction qu'elle faisait paraître, je ne veux plus me souvenir du passé, puisque vous vous en repentez."

"En effet, dès ce moment j'eus pour elle les mêmes égards que j'avais eus auparavant, et je recommençai à goûter des plaisirs qui avaient été si cruelle-

---

[19] **la conjoncture**: la situation; l'occasion; l'opportunité.
[20] **prévenu de cette opinion**: influencé, guidé par cette opinion.

ment troublés: ils devinrent même plus piquants; car ma femme, comme si elle eût voulu effacer de mon esprit toutes les traces de l'offense qu'elle m'avait faite, prenait plus de soin de me plaire qu'elle n'en avait jamais pris.

"Je tombai malade en ce temps-là. Quoique ma maladie ne fût point mortelle, il n'est pas concevable combien ma femme en parut alarmée; elle passait le jour auprès de moi; et la nuit, comme j'étais dans un appartement séparé, elle me venait voir deux ou trois fois, pour apprendre par elle-même de mes nouvelles; enfin, elle montrait une extrême attention à courir au devant de tous les secours dont j'avais besoin; il semblait que sa vie fût attachée à la mienne. De mon côté, j'étais si sensible à toutes les marques de tendresse qu'elle me donnait, que je ne pouvais me lasser de le lui témoigner. Cependant, seigneur Mendoce, elles n'étaient pas aussi sincères que je me l'imaginais.

"Une nuit, ma santé commençait alors à se rétablir, mon valet de chambre vint me réveiller: "Seigneur, me dit-il tout ému, je suis fâché d'interrompre votre repos; mais je vous suis trop fidèle pour vouloir vous cacher ce qui se passe en ce moment chez vous: le duc de Naxera est avec Madame."

"Je fus si étourdi de cette nouvelle, que je regardai quelque temps mon valet sans pouvoir lui parler: plus je pensais au rapport qu'il me faisait, plus j'avais de peine à le croire véritable. "Non, Fabio, m'écriai-je, il n'est pas possible que ma femme soit capable d'une si grande perfidie! Tu n'es point assuré de ce que tu dis. —Seigneur, reprit Fabio, plût au ciel que j'en pusse encore douter; mais de fausses apparences ne m'ont point trompé. Depuis que vous êtes malade, je soupçonne qu'on introduit presque toutes les nuits le duc dans l'appartement de Madame; je me suis caché pour éclaircir mes soupçons, et je ne suis que trop persuadé qu'ils sont justes."

"A ce discours, je me levai tout furieux; je pris ma robe de chambre et mon épée, et marchai vers l'appartement de ma femme, accompagné de Fabio, qui portait de la lumière. Au bruit que nous fîmes en entrant, le duc, qui était assis sur son lit, se leva, et, prenant un pistolet qu'il avait à sa ceinture, il vint au-devant de moi et me tira; mais ce fut avec tant de trouble et de précipitation, qu'il me manqua. Alors je m'avançai sur lui brusquement et lui enfonçai mon épée dans le cœur. Je m'adressai ensuite à ma femme qui était plus morte que vive: Et toi, lui dis-je, infâme, reçois le prix de toutes tes perfidies." En disant cela, je lui plongeai dans le cœur mon épée toute fumante du sang de son amant.

"Je condamne mon emportement, seigneur don Fadrique, et j'avoue que j'aurais pu assez punir une épouse infidèle sans lui ôter la vie; mais quel homme pourrait conserver sa raison dans une pareille conjoncture? Peignez-vous cette perfide femme attentive à ma maladie; représentez-vous toutes ses démonstrations d'amitié, toutes les circonstances, toute l'énormité de sa trahison, et jugez si l'on ne doit point pardonner sa mort à un mari qu'une si juste fureur animait.

"Pour achever cette tragique histoire en deux mots: après avoir pleinement assouvi[21] ma vengeance, je m'habillai à la hâte; je jugeai bien que je n'avais pas de temps à perdre; que les parents du duc me feraient chercher par toute l'Espagne, et que, le crédit de ma famille ne pouvant balancer le leur, je ne serais en sûreté que dans un pays étranger: c'est pourquoi je choisis deux de mes meilleurs chevaux, et avec tout ce que j'avais d'argent et de pierreries, je sortis de ma maison avant le jour, suivi du valet qui m'avait si bien prouvé sa fidélité; je pris la route de Valence, dans le dessein de me jeter dans le premier vaisseau qui ferait voile vers l'Italie. Comme je passais aujourd'hui près du bois où vous étiez, j'ai rencontré doña Théodora, qui m'a prié de la suivre et de l'aider à vous séparer.

les pierreries *f.*: pierres précieuses de grande valeur

"Après que le Tolédan eut achevé de parler, don Fadrique lui dit: "Seigneur don Juan, vous vous êtes justement vengé du duc de Naxera; soyez sans inquiétude sur les poursuites que ses parents pourront faire: vous demeurerez, s'il vous plaît, chez moi, en attendant l'occasion de passer en Italie. Mon oncle est gouverneur de Valence; vous serez plus en sûreté ici qu'ailleurs, et vous y serez avec un homme qui veut être uni désormais avec vous d'une étroite amitié."

"Zarate répondit à Mendoce dans des termes pleins de reconnaissance, et accepta l'asile qu'il lui présentait. Admirez la force de la sympathie, seigneur don Cléofas, poursuivit Asmodée: ces deux jeunes cavaliers se sentirent tant d'inclination l'un pour l'autre, qu'en peu de jours il se forma entre eux une amitié comparable à celle d'Oreste[22] et de Pylade. Avec un mérite égal, ils avaient ensemble un tel rapport d'humeur, que ce qui plaisait à don Fadrique ne manquait pas de plaire à don Juan; c'était le même caractère: enfin ils étaient faits pour s'aimer. Don Fadrique, surtout, était enchanté des manières de son ami: il ne pouvait même s'empêcher de les vanter à tout moment à doña Théodora.

"Ils allaient souvent tous deux chez cette dame, qui voyait toujours avec indifférence les soins et les assiduités de Mendoce. Il en était très mortifié, et s'en plaignait quelquefois à son ami, qui, pour le consoler, lui disait que les femmes les plus insensibles se laissaient enfin toucher; qu'il ne manquait aux amants que la patience d'attendre ce temps favorable; qu'il ne perdit point courage; que sa dame, tôt ou tard, récompenserait ses services. Ce discours, quoique fondé sur l'expérience, ne rassurait point le timide Mendoce, qui craignait de ne pouvoir jamais plaire à la veuve de Cifuentes. Cette crainte le jeta dans une langueur qui faisait pitié à don Juan; mais don Juan fut bientôt plus à plaindre que lui.

les assiduités *f.*: les attentions répétées

"Quelque sujet qu'eût le Tolédan d'être révolté contre les femmes, après l'horrible trahison de la sienne, il ne put se défendre d'aimer doña Théodora; cependant, loin de s'abandonner à une passion qui offensait son ami, il ne songea qu'à la combattre; et, persuadé qu'il ne la pouvait vaincre qu'en

---

[21] **assouvir**: satisfaire complètement; calmer.
[22] Oreste, fils d'Agamemnon et de Clytemnestre tua sa mère de concert avec sa sœur Electre pour venger son père. Acquitté par l'Aréopage, tribunal suprême d'Athènes, il devint roi d'Argos et de Lacédémone. Son amitié pour Pylade est proverbiale. (*Larousse*).

s'éloignant des yeux qui l'avaient fait naître, il résolut de ne plus voir la veuve de Cifuentes. Ainsi, lorsque Mendoce le voulait mener chez elle, il trouvait toujours quelque prétexte pour s'en excuser.

"D'une autre part, don Fadrique n'allait pas une fois chez la dame, qu'elle ne lui demandât pourquoi don Juan ne la venait plus voir. Un jour qu'elle lui faisait cette question, il lui répondit en souriant que son ami avait ses raisons. "Et quelles raisons peut-il avoir de me fuir? dit doña Théodora. —Madame, repartit Mendoce, comme je voulais aujourd'hui vous l'amener, et que je lui marquais quelque surprise sur ce qu'il refusait de m'accompagner, il m'a fait une confidence qu'il faut que je vous révèle pour le justifier. Il m'a dit qu'il avait fait une maîtresse, et que, n'ayant pas beaucoup de temps à demeurer dans cette ville, les moments lui étaient chers."

"—Je ne suis point satisfaite de cette excuse, reprit en rougissant la veuve de Cifuentes: il n'est pas permis aux amants d'abandonner leurs amis." Don Fadrique remarqua la rougeur de doña Théodora; il crut que la vanité seule en était la cause, et que ce qui faisait rougir la dame n'était qu'un simple dépit de se voir négligée. Il se trompait dans sa conjecture: un mouvement plus vif que la vanité excitait l'émotion qu'elle laissait paraître; mais de peur qu'il ne démêlât ses sentiments, elle changea de discours, et affecta, pendant le reste de l'entretien, un enjouement[23] qui aurait mis en défaut la pénétration de Mendoce, quand il n'aurait pas d'abord pris le change.

"Aussitôt que la veuve de Cifuentes se trouva seule, elle tomba dans une profonde rêverie: elle sentit alors toute la force de l'inclination qu'elle avait conçue pour don Juan, et, la croyant plus mal récompensée qu'elle ne l'était: "Quelle injuste et barbare puissance, dit-elle en soupirant, se plaît à enflammer des cœurs qui ne s'accordent pas? Je n'aime pas don Fadrique qui m'adore, et j'adore don Juan, dont une autre que moi occupe la pensée!"

"A ces mots, un vif sentiment de douleur et de jalousie lui fit répandre quelques larmes; mais l'espérance, qui sait adoucir les peines des amants, vint bientôt présenter à son esprit de flatteuses images. Elle se représenta que sa rivale pouvait n'être pas fort dangereuse: que don Juan était peut-être moins arrêté par ses charmes qu'abusé par ses bontés, et que de si faibles liens n'étaient pas difficiles à rompre Pour juger elle-même de ce qu'elle en devait croire, elle résolut d'entretenir en particulier le Tolédan. Elle le fit avertir de se trouver chez elle; il s'y rendit, et, quand ils furent tous deux seuls, doña Théodora prit ainsi la parole:

"Je n'aurais jamais pensé que l'amour pût faire oublier à un galant homme ce qu'il doit aux dames; néanmoins, don Juan, vous ne venez plus chez moi depuis que vous êtes amoureux. J'ai sujet, ce me semble, de me plaindre de vous. Je veux croire toutefois que ce n'est point de votre propre mouvement que vous me fuyez: votre dame vous aura sans doute défendu de me voir. Avouez-le-moi, don Juan, et je vous excuse; je sais que les amants ne sont pas libres dans leurs actions, et qu'ils n'oseraient désobéir à leurs maîtresses.

démêler: se rendre compte de la vérité cachée dans un ensemble de circonstances plus ou moins complexes; éclaircir

l'entretien *m.*: la conversation

abusé: trompé

[23] **enjouement** *m.*: gaîté; bonne humeur expansive.

"—Madame, répondit le Tolédan, je conviens que ma conduite doit vous **convenir**: admettre; avouer étonner; mais, de grâce, ne souhaitez pas que je me justifie: contentez-vous d'apprendre que j'ai raison de vous éviter. —Quelle que puisse être cette raison, reprit doña Théodora toute émue, je veux que vous me la disiez. —Hé bien, Madame, repartit don Juan, il faut vous obéir; mais ne vous plaignez pas si vous en entendez plus que vous n'en voulez savoir.

"Don Fadrique, poursuivit-il, vous a raconté l'aventure qui m'a fait quitter la Castille. En m'éloignant de Tolède, le cœur plein de ressentiment contre les femmes, je les défiais toutes de me jamais surprendre. Dans cette fière disposition, je m'approchai de Valence; je vous rencontrai, et, ce que personne encore n'a pu faire peut-être, je suotins vos premiers regards sans en être troublé; je vous ai revue même depuis impunément; mais, hélas! que **impunément**: sans ennuis; sans conséquences regrettable j'ai payé cher quelques jours de fierté! Vous avez enfin vaincu ma résistance; votre beauté, votre esprit, tous vos charmes se sont exercés sur un rebelle; en un mot, j'ai pour vous tout l'amour que vous êtes capable d'inspirer.

"Voilà, Madame, ce qui m'écarte de vous. La personne dont on vous a dit que j'étais occupé n'est qu'une dame imaginaire; c'est une fausse confidence que j'ai faite à Mendoce pour prévenir les soupçons que j'aurais pu lui donner en refusant toujours de vous venir voir avec lui.

"Ce discours, à quoi doña Théodora ne s'était point attendue, lui causa une si grande joie, qu'elle ne put l'empêcher de paraître. Il est vrai qu'elle ne se mit point en peine de la cacher; et qu'au lieu d'armer ses yeux de quelque rigueur, elle regarda le Tolédan d'un air assez tendre, et lui dit: "Vous m'avez appris votre secret, don Juan; je veux aussi vous découvrir le mien: écoutez-moi.

"Insensible aux soupirs d'Alvaro Ponce, peu touchée de l'attachement de Mendoce, je menais une vie douce et tranquille, lorsque le hasard vous fit passer près du bois où nous nous rencontrâmes. Malgré l'agitation où j'étais alors, je ne laissai pas de remarquer que vous m'offriez votre secours de très bonne grâce, et la manière avec laquelle vous sûtes séparer deux rivaux furieux me fit concevoir une opinion fort avantageuse de votre adresse et de votre valeur. Le moyen que vous proposâtes pour les accorder me déplut: je ne pouvais sans beaucoup de peine me résoudre à choisir l'un ou l'autre; mais, pour ne vous rien déguiser, je crois que vous aviez déjà un peu de part à ma répugnance: car dans le même moment que, forcée par la nécessité, ma bouche nomma don Fadrique, je sentis que mon cœur se déclarait pour l'inconnu. Depuis ce jour, que je dois appeler heureux, après l'aveu que vous m'avez fait, votre mérite a augmenté l'estime que j'avais pour vous.

"Je ne vous fais pas, continua-t-elle, un mystère de mes sentiments: je vous les déclare avec la même franchise que j'ai dit à Mendoce que je ne l'aimais point. Une femme qui a le malheur de se sentir du penchant pour un amant qui ne saurait être à elle a raison de se contraindre, et de se venger du moins de sa faiblesse par un silence éternel; mais je crois que l'on peut sans scrupule découvrir une tendresse innocente à un homme qui n'a que des vues légitimes.

Oui, je suis ravie que vous m'aimiez, et j'en rends grâces au ciel, qui nous a sans doute destinés l'un pour l'autre."

"Après ce discours, la dame se tut pour laisser parler don Juan, et lui donner lieu de faire éclater les transports de joie et de reconnaissance qu'elle croyait lui avoir inspirés; mais, au lieu de paraître enchanté des choses qu'il venait d'entendre, il demeura triste et rêveur.

"Que vois-je, don Juan! lui dit-elle, quand, pour vous faire un sort qu'un autre que vous pourrait trouver digne d'envie, j'oublie la fierté de mon sexe, et vous montre une âme charmée, vous résistez à la joie que doit vous causer une déclaration si obligeante! vous gardez un silence glacé! je vois même de la douleur dans vos yeux. Ah! don Juan, quel étrange effet produisent en vous mes bontés!

"—Eh! quel autre effet, Madame, répondit tristement le Tolédan, peuvent-elles faire sur un cœur comme le mien? Je suis d'autant plus misérable que vous me témoignez plus d'inclination. Vous n'ignorez pas ce que Mendoce fait pour moi: vous savez quelle tendre amitié nous lie: pourrais-je établir mon bonheur sur la ruine de ses plus douces espérances? Vous avez trop de délicatesse, dit doña Théodora: je n'ai rien promis à don Fadrique; je puis vous offrir ma foi sans mériter ses reproches, et vous pouvez la recevoir sans lui faire un larcin.[24] J'avoue que l'idée d'un ami malheureux doit vous causer quelque peine; mais, don Juan, est-elle capable de balancer l'heureux destin qui vous attend?

"—Oui, Madame, répliqua-t-il d'un ton ferme: un ami tel que Mendoce a plus de pouvoir sur moi que vous ne pensez. S'il vous était possible de concevoir toute la tendresse, toute la force de notre amitié, que vous me trouveriez à plaindre! Don Fadrique n'a rien de caché pour moi; mes intérêts sont devenus les siens: les moindres choses qui me regardent ne sauraient échapper à son attention, ou, pour tout dire en un mot, je partage son âme avec vous.

"Ah! si vous vouliez que je profitasse de vos bontés, il fallait me les laisser voir avant que j'eusse formé les nœuds d'une amitié si forte. Charmé du bonheur de vous plaire, je n'aurais alors regardé Mendoce que comme un rival: mon cœur, en garde contre l'affection qu'il me marquait, n'y aurait pas répondu, et je ne lui devrais pas aujourd'hui tout ce que je lui dois; mais, Madame, il n'est plus temps; j'ai reçu tous les services qu'il a voulu me rendre; j'ai suivi le penchant que j'avais pour lui: la reconnaissance et l'inclination me lient, et me réduisent enfin à la cruelle nécessité de renoncer au sort glorieux que vous me présentez.

"En cet endroit, doña Théodora, qui avait les yeux couverts de larmes, prit son mouchoir pour s'essuyer. Cette action troubla le Tolédan; il sentit chanceler sa constance: il commençait à répondre plus de rien. Adieu, Madame, continua-t-il d'une voix entrecoupée de soupirs, adieu, il faut vous fuir pour sauver ma vertu; je ne puis soutenir vos pleurs, ils vous rendent

chanceler: s'ébranler; vaciller; perdre sa solidité

[24] **un larcin:** un vol; une indélicatesse.

trop redoutable. Je vais m'éloigner de vous pour jamais, et pleurer la perte de tant de charmes que mon inexorable amitié veut que je lui sacrifie. En achevant ces paroles, il se retira avec un reste de fermeté qu'il n'avait pas peu de peine à conserver.

"Après son départ, la veuve de Cifuentes fut agitée de mille mouvements confus: elle eut honte de s'être déclarée à un homme qu'elle n'avait pu retenir; mais ne pouvant douter qu'il ne fût fortement épris, et que le seul intérêt d'un ami ne lui fit refuser la main qu'elle lui offrait, elle fut assez raisonnable pour admirer un si rare effort d'amitié, au lieu de s'en offenser. Néanmoins, comme on ne saurait s'empêcher de s'affliger quand les choses n'ont pas le succès que l'on désire, elle résolut d'aller dès le lendemain à la campagne pour dissiper ses chagrins, ou plutôt pour les augmenter, car la solitude est plus propre à fortifier l'amour qu'à l'affaiblir.

"Don Juan de son côté, n'ayant pas trouvé Mendoce au logis, s'était enfermé dans son appartement pour s'abandonner en liberté à sa douleur. Après ce qu'il avait fait en faveur d'un ami, il crut qu'il lui était permis du moins d'en soupirer; mais don Fadrique vint bientôt interrompre sa rêverie, et jugeant à son visage qu'il était indisposé, il en témoigna tant d'inquiétude que don Juan, pour le rassurer, fut obligé de lui dire qu'il n'avait besoin que de repos. Mendoce sortit aussitôt pour le laisser reposer; mais il sortit d'un air si triste, que le Tolédan en sentit plus vivement son infortune. "O ciel, dit-il en lui-même, pourquoi faut-il que la plus tendre amitié du monde fasse tout le malheur de ma vie?"

"Le jour suivant, don Fadrique n'était pas encore levé, qu'on le vint avertir que doña Théodora était partie avec tout son domestique pour son château de Villaréal, et qu'il y avait apparence qu'elle n'en reviendrait pas de sitôt. Cette nouvelle le chagrina, moins à cause des peines que fait souffrir l'éloignement d'un objet aimé, que parce qu'on lui avait fait mystère de ce départ. Sans savoir ce qu'il en devait penser, il en conçut un funeste présage.

"Il se leva pour aller voir son ami, tant pour l'entretenir là-dessus que pour apprendre l'état de sa santé. Mais comme il achevait de s'habiller, don Juan entra dans sa chambre, en lui disant: "Je viens dissiper l'inquiétude que je vous cause: je me porte assez bien aujourd'hui. —Cette bonne nouvelle, répondit Mendoce, me console un peu de la mauvaise que j'ai reçue." Le Tolédan demanda quelle était cette mauvaise nouvelle; et don Fadrique, après avoir fait sortir ses gens, lui dit: "Doña Théodora est partie ce matin pour la campagne, où l'on croit qu'elle sera longtemps. Ce départ m'étonne. Pourquoi me l'a-t-on caché? Qu'en pensez-vous, don Juan? N'ai-je pas raison d'être alarmé?"

"Zarate se garda bien de lui dire sur cela sa pensée, et tâcha de lui persuader que doña Théodora pouvait être allée à la campagne sans qu'il eût sujet de s'en effrayer. Mais Mendoce, peu content des raisons que son ami employait pour le rassurer, l'interrompit: "Tous ces discours, dit-il, ne sauraient dissiper le soupçon que j'ai conçu; j'aurai fait peut-être imprudem-

de sitôt: bientôt; prochainement

présage *m.*: pressentiment; idée qu'on se fait d'avance d'une chose qui peut arriver

ment quelque chose qui aura déplu à doña Théodora. Pour m'en punir, elle me quitte, sans daigner seulement m'apprendre mon crime.

"Quoi qu'il en soit, je ne puis demeurer plus longtemps dans l'incertitude. Allons, don Juan, allons la trouver; je vais faire préparer des chevaux. —Je vous conseille, lui dit le Tolédan, de ne mener personne avec vous: cet éclaircissement se doit faire sans témoins. —Don Juan ne saurait être de trop, reprit don Fadrique; doña Théodora n'ignore point que vous savez tout ce qui passe dans mon cœur: elle vous estime; et, loin de m'embarrasser, vous m'aiderez à l'apaiser en ma faveur.

"—Non, don Fadrique, répliqua-t-il, ma présence ne peut vous être utile. Partez tout seul, je vous en conjure. —Non, mon cher don Juan, repartit Mendoce, nous irons ensemble: j'attends cette complaisance de votre amitié. —Quelle tyrannie! s'écria le Tolédan d'un air chagrin. Pourquoi exigez-vous de mon amitié ce qu'elle ne doit pas vous accorder?"

Ces paroles, que don Fadrique ne comprenait pas, et le ton brusque dont elles étaient prononcées, le surprirent étrangement. Il regarda son ami avec attention. "Don Juan, lui dit-il, que signifie ce que je viens d'entendre? Quel affreux soupçon naît dans mon esprit? Ah! c'est trop vous contraindre et me gêner, parlez. Qui cause la répugnance que vous marquez à m'accompagner?

"—Je voulais vous la cacher, répondit le Tolédan; mais puisque vous m'avez forcé vous-même à la laisser paraître, il ne faut plus que je dissimule: cessons, mon cher don Fadrique, de nous applaudir de la conformité de nos affections; elle n'est que trop parfaite: les traits qui vous ont blessé n'ont point épargné votre ami. Doña Théodora . . . —Vous seriez mon rival, interrompit Mendoce en pâlissant! —Dès que j'ai connu mon amour, repartit don Juan, je l'ai combattu. J'ai fui constamment la veuve de Cifuentes; vous le savez: vous m'en avez vous-même fait des reproches; je triomphais du moins de ma passion, si je ne pouvais la détruire.

"Mais hier cette dame me fit dire qu'elle souhaitait de me parler chez elle. Je m'y rendis. Elle me demanda pourquoi je semblais vouloir l'éviter. J'inventai des excuses; elle les rejeta. Enfin je fus obligé de lui en découvrir la véritable cause. Je crus qu'après cette déclaration elle approuverait le dessein que j'avais de la fuir; mais, par un bizarre effet de mon étoile, vous le dirai-je? Oui, Mendoce, je dois vous le dire, je trouvai Théodora prévenue pour moi."

"Quoique don Fadrique eût l'esprit du monde le plus doux et le plus raisonnable, il fut saisi d'un mouvement de fureur à ce discours, et, interrompant encore son ami en cet endroit: "Arrêtez, don Juan, lui dit-il, percez-moi plutôt le cœur que de poursuivre ce fatal récit. Vous ne vous contentez pas de m'avouer que vous êtes mon rival, vous m'apprenez encore qu'on vous aime! Juste ciel! Quelle confidence vous m'osez faire! Vous mettez notre amitié à une épreuve trop rude. Mais que dis-je, notre amitié? Vous l'avez violée en conservant les sentiments perfides que vous me déclarez.

"Quelle était mon erreur! Je vous croyais généreux, magnanime, et vous n'êtes qu'un faux ami, puisque vous avez été capable de concevoir un amour qui m'outrage. Je suis accablé de ce coup imprévu: je le sens d'autant plus vivement, qu'il m'est porté par une main . . . —Rendez-moi plus de justice, interrompit à son tour le Tolédan; donnez-vous un moment de patience; je ne suis rien moins qu'un faux ami. Ecoutez-moi, et vous vous repentirez de m'avoir appelé de ce nom odieux."

"Alors il lui raconta ce qui s'était passé entre la veuve de Cifuentes et lui, le tendre aveu qu'elle lui avait fait et les discours qu'elle lui avait tenus pour l'engager à se livrer sans scrupule à sa passion. Il lui répéta ce qu'il avait répondu à ce discours; et, à mesure qu'il parlait de la fermeté qu'il avait fait paraître, don Fadrique sentait s'évanouir sa fureur. "Enfin, ajouta don Juan, l'amitié l'emporta sur l'amour; je refusai la foi de doña Théodora. Elle en pleura de dépit; mais, grand Dieu, que ces pleurs excitèrent de trouble dans mon âme! Je ne puis m'en ressouvenir sans trembler encore du péril que j'ai couru. Je commençais à me trouver barbare, et, pendant quelques instants, Mendoce, mon cœur vous devint infidèle. Je ne cédai pas pourtant à ma faiblesse, et je me dérobai par une prompte fuite à des larmes si dangereuses. Mais ce n'est pas assez d'avoir évité ce danger; il faut craindre pour l'avenir. Il faut hâter mon départ: je ne veux plus m'exposer aux regards de Théodora. Après cela, don Fadrique m'accusera-t-il encore d'ingratitude et de perfidie?

"—Non, lui répondit Mendoce en l'embrassant, je vous rends toute votre innocence. J'ouvre les yeux; pardonnez un injuste reproche au premier transport d'un amant qui se voit ravir toutes ses espérances. Hélas! devais-je croire que doña Théodora pourrait vous voir longtemps sans vous aimer, sans se rendre à ces charmes dont j'ai moi-même éprouvé le pouvoir? Vous êtes un véritable ami. Je n'impute plus mon malheur qu'à la Fortune, et, loin de vous haïr, je sens augmenter pour vous ma tendresse. Hé! quoi! vous renoncez pour moi à la possession de doña Théodora, vous faites à notre amitié un si grand sacrifice, et je n'en serais pas touché! Vous pouvez dompter votre amour, et je ne ferais pas un effort pour vaincre le mien! Je dois répondre à votre générosité, don Juan; suivez le penchant qui vous entraîne: épousez la veuve de Cifuentes; que mon cœur, s'il veut, en gémisse, Mendoce vous en presse.

"—Vous m'en pressez en vain, répliqua Zarate. J'ai pour elle, je le confesse, un amour ardent; mais votre repos m'est plus cher que mon bonheur. —Et le repos de doña Théodora, reprit don Fadrique, vous doit-il être indifférent? Ne nous flattons point; le penchant qu'elle a pour vous décide de mon sort. Quand vous vous éloigneriez d'elle, quand, pour me la céder, vous iriez loin de ses yeux traîner une vie déplorable, je n'en serais pas mieux; puisque je n'ai pu lui plaire jusqu'ici, je ne lui plairai jamais; le ciel n'a réservé cette gloire qu'à vous seul. Elle vous a aimé dès le premier moment qu'elle vous a vu; elle a pour vous une inclination naturelle; en un mot, elle ne saurait être heureuse qu'avec vous. Recevez donc la main qu'elle vous présente,

dompter: se rendre maître de; dominer

comblez ses désirs et les vôtres; abandonnez-moi à mon infortune, et ne faites pas trois misérables, lorsqu'un seul peut épuiser toute la rigueur du destin."

Asmodée, en cet endroit, fut obligé d'interrompre son récit pour écouter l'écolier, qui lui dit: "Ce que vous me racontez est surprenant. Y a-t-il en effet des gens d'un si beau caractère? Je ne vois dans le monde que des amis qui se brouillent, je ne dis pas pour des maîtresses comme doña Théodora, mais pour des coquettes fieffées.[25] Un amant peut-il renoncer à un objet qu'il adore et dont il est aimé, de peur de rendre un ami malheureux? Je ne croyais cela possible que dans la nature du roman, où l'on peint les hommes tels qu'ils devraient être, plutôt que tels qu'ils sont. —Je demeure d'accord, répondit le diable, que ce n'est pas une chose fort ordinaire; mais elle est non seulement dans la nature du roman, elle est aussi dans la belle nature de l'homme. Cela est si vrai, que depuis le déluge j'en ai vu deux exemples, y compris celui-ci. Revenons à mon histoire.

se brouiller: se fâcher entre amis; détruire les liens d'amitié

"Les deux amis continuèrent à se faire un sacrifice de leur passion, et l'un ne voulant point céder à la générosité de l'autre, leurs sentiments amoureux demeurèrent suspendus pendant quelques jours. Ils cessèrent de s'entretenir de Théodora; ils n'osaient plus même prononcer son nom. Mais tandis que l'amitié triomphait ainsi de l'amour dans la ville de Valence, l'amour, comme pour s'en venger, régnait ailleurs avec tyrannie, et se faisait obéir sans résistance.

"Doña Théodora s'abandonnait à sa tendresse dans son château de Villaréal, situé près de la mer. Elle pensait sans cesse à don Juan, et ne pouvait perdre l'espérance de l'épouser, quoiqu'elle ne dût pas s'y attendre, après les sentiments d'amitié qu'il avait fait éclater pour don Fadrique.

"Un jour, après le coucher du soleil, comme elle prenait sur le bord de la mer le plaisir de la promenade avec une de ses femmes, elle aperçut une petite chaloupe[26] qui venait gagner le rivage. Il lui sembla d'abord qu'il y avait dedans sept à huit hommes de fort mauvaise mine; mais après les avoir vus de plus près, et considérés avec plus d'attention, elle jugea qu'elle avait pris des masques pour des visages. En effet, c'étaient des gens masqués, et tous armés d'épées et de baïonnettes.

"Elle frémit à leur aspect, et, ne tirant pas bon augure de la descente qu'ils se préparaient à faire, elle tourna brusquement ses pas vers le château. Elle regardait de temps en temps derrière elle pour les observer; et, remarquant qu'ils avaient pris terre, et qu'ils commençaient à la poursuivre, elle se mit à courir de toute sa force; mais comme elle ne courait pas si bien qu'Atalante,[27] et que les masqués étaient légers et vigoureux, ils la joignirent à la porte du château et l'arrêtèrent.

[25] fieffé: extrêmement, au plus haut degré; ne s'emploie qu'avec un défaut ou un mauvais trait de caractère.

[26] chaloupe f.: embarcation assez grande, souvent utilisée entre un navire et la côte.

[27] Atalante, fille de Schoinée, roi de Schoinonte, célèbre pour son agilité et sa rapidité. Elle déclara qu'elle n'accorderait sa main qu'à celui qui l'aurait vaincue à la course. Hippomène, ou Mélanion, remporta le prix, grâce à des pommes d'or qu'il laissa successivement tomber pour tenter Atalante et la retarder. (Larousse)

"La dame et la fille qui l'accompagnaient poussèrent de grands cris qui attirèrent aussitôt quelques domestiques; et ceux-ci donnant l'alarme au château, tous les valets de doña Théodora accoururent bientôt armés de fourches et de bâtons. Cependant deux hommes des plus robustes de la troupe masquée, après avoir pris entre leurs bras la maîtresse et la suivante, les emportaient vers la chaloupe, malgré leur résistance, pendant que les autres faisaient tête aux gens du château, qui commencèrent à les presser vivement. Le combat fut long; mais enfin les hommes masqués exécutèrent heureusement leur entreprise, et regagnèrent leur chaloupe en se battant en retraite. Il était temps qu'ils se retirassent, car ils n'étaient pas encore tous embarqués qu'ils virent paraître du côté de Valence quatre ou cinq cavaliers qui piquaient à outrance,[28] et semblaient vouloir venir au secours de Théodora. A cette vue, les ravisseurs se hâtèrent si bien de prendre le large, que l'empressement des cavaliers fut inutile.

fourche *f.*: outil, instrument agricole, présentant de solides dents de métal au bout d'un long manche

"Ces cavaliers étaient don Fadrique et don Juan. Le premier avait reçu ce jour-là une lettre par laquelle on lui mandait[29] que l'on avait appris de bonne part qu'Alvaro Ponce était dans l'île de Majorque, qu'il avait équipé une espèce de tartane,[30] et qu'avec une vingtaine de gens qui n'avaient rien à perdre, il se proposait d'enlever la veuve de Cifuentes la première fois qu'elle serait dans son château. Sur cet avis, le Tolédan et lui, avec leurs valets de chambre, étaient partis de Valence sur-le-champ, pour venir apprendre cet attentat[31] à doña Théodora. Ils avaient découvert de loin, sur le bord de la mer, un assez grand nombre de personnes qui paraissaient combattre les unes contre les autres, et, soupçonnant que ce pouvait être ce qu'ils craignaient, ils poussaient leurs chevaux à toute bride, pour s'opposer au projet de don Alvar. Mais, quelque diligence qu'ils pussent faire, ils n'arrivèrent que pour être témoins de l'enlèvement qu'ils voulaient prévenir.

sur-le-champ: immédiatement; tout de suite

"Pendant ce temps-là, Alvaro Ponce, fier du succès de son audace, s'éloignait de la côte avec sa proie, et sa chaloupe allait joindre un petit vaisseau armé qui l'attendait en pleine mer. Il n'est pas possible de sentir une plus vive douleur que celle qu'eurent Mendoce et don Juan. Ils firent mille imprécations contre don Alvar, et remplirent l'air de plaintes aussi pitoyables que vaines. Tous les domestiques de Théodora, animés par un si bel exemple, n'épargnèrent point les lamentations: tout le rivage retentissait de cris: la fureur, le désespoir, la désolation régnaient sur ces tristes bords. Le ravissement[32] d'Hélène[33] ne causa point, dans la cour de Sparte, une si grande consternation."

---

[28] **piquer à outrance**: se déplacer à toute vitesse en piquant très fort les chevaux avec les éperons.

[29] **mander**: faire savoir.

[30] **tartane** *f.*: embarcation à voiles, spéciale à la Méditerranée.

[31] **attentat** *m.*: ici, menace d'agression.

[32] **le ravissement**: l'enlèvement fait avec violence.

[33] Hélène, princesse grecque, célèbre par sa beauté. Fille de Léda, sœur de Castor et Pollux, épouse de Ménélas, elle fut enlevée par Pâris, fils de Priam, roi de Troie, ce qui détermina l'expédition des Grecs contre cette ville. (*Larousse*)

Questions

1. De quel roman l'extrait, "La Force de l'amitié", fait-il partie?
2. Quelle sorte de roman est-ce?
3. Pourquoi Asmodée commence-t-il ce récit?
4. Pourquoi les deux cavaliers de Valence se battent-ils?
5. Comment s'appellent-ils?
6. Qui arrive et arrête le combat?
7. A quel accommodement les fait-il souscrire pour le terminer?
8. Quel fut le choix de doña Théodora?
9. Quelle opinion a-t-elle de celui qu'elle choisit?
10. Pourquoi n'envisage-t-elle pas de se remarier?
11. Pourquoi ne s'intéresse-t-elle pas aux attentions de don Fadrique de Mendoce?
12. Comment le Tolédan s'appelle-t-il?
13. Pourquoi a-t-il quitté le lieu de sa naissance?
14. Décrivez sa femme.
15. Comment agit-elle envers son mari quand il est malade?
16. Quelle excuse don Juan donne-t-il pour avoir tué sa femme?
17. Qui l'accompagne dans sa fuite?
18. Que prend-il avec lui?
19. Pourquoi raconte-t-il l'histoire de sa vie à Mendoce?
20. Comment Mendoce justifie-t-il la sécurité que Zarate trouvera chez lui?
21. Pourquoi la veuve de Cifuentes prie-t-elle Zarate de venir la voir un jour?
22. Que répond-il à l'aveu qu'elle lui fait de son amour?
23. Pourquoi refuse-t-il cet amour?
24. Où va-t-elle pour s'abandonner à son chagrin?
25. Que dit Mendoce d'abord en apprenant l'amour de don Juan pour doña Théodora?
26. Pourquoi changea-t-il d'avis par la suite?
27. De quoi l'écolier est-il surpris dans les relations entre les deux amis?
28. Pourquoi Mendoce et Zarate vont-ils enfin ensemble faire une visite à doña Théodora?
29. Que voient-ils en arrivant?

II

"Si les valets de doña Théodora n'avaient pu empêcher son enlèvement, ils s'y étaient du moins opposés avec courage, et leur résistance avait été fatale à une partie des gens d'Alvaro Ponce. Ils en avaient entre autres blessé un si dangeureusement, que, ses blessures ne lui ayant pas permis de suivre ses camarades, il était demeuré presque sans vie étendu sur le sable.

"On reconnut ce malheureux pour un valet de don Alvar; et, comme on s'aperçut qu'il respirait encore, on le porta au château, où l'on n'épargna rien pour lui faire reprendre ses esprits: on en vint à bout, quoique le sang qu'il avait perdu l'eût laissé dans une extrême faiblesse. Pour l'engager à parler, on lui promit d'avoir soin de ses jours, et de ne le pas livrer à la rigueur de la justice, pourvu qu'il voulût dire où son maître emmenait doña Théodora.

"Il fut flatté de cette promesse, bien qu'en l'état où il était il dût avoir peu d'espérance d'en profiter: il rappela le peu de force qui lui restait, et, d'une voix faible confirma l'avis que don Fadrique avait reçu. Il ajouta ensuite que don Alvar avait dessein de conduire la veuve de Cifuentes à Sassari, dans l'île de Sardaigne, où il avait un parent dont la protection et l'autorité lui promettaient un sûr asile.

"Cette déposition soulagea le désespoir de Mendoce et du Tolédan: Ils laissèrent le blessé dans le château, où il mourut quelques heures après, et ils s'en retournèrent à Valence, en songeant au parti qu'ils avaient à prendre. Ils résolurent d'aller chercher leur ennemi commun dans sa retraite: ils s'embarquèrent bientôt tous deux, sans suite, à Dénia, pour passer au Port-Mahon, ne doutant pas qu'ils n'y trouvassent une commodité pour aller à l'île de Sardaigne. Effectivement, ils ne furent plas plus tôt arrivés au Port-Mahon, qu'ils apprirent qu'un vaisseau frété pour Cagliari devait incessamment mettre à la voile: ils profitèrent de l'occasion.

"Le vaisseau partit avec un vent tel qu'ils le pouvaient souhaiter; mais cinq ou six heurse après leur départ, il survint un calme; et la nuit, le vent étant devenue contraire, ils furent obligés de louvoyer,[1] dans l'espérance qu'il changerait. Ils naviguèrent de cette sorte pendant trois jours; le quatrième, sur les deux heures après midi, ils découvrirent un vaisseau qui venait droit à eux les voiles tendues. Ils le prirent d'abord pour un vaisseau marchand; mais, voyant qu'il s'avançait presque sous leur canon sans arborer aucun pavillon,[2] ils ne doutèrent plus que ce ne fût un corsaire.[3]

"Ils ne se trompaient pas: c'était un pirate de Tunis, qui croyait que les chrétiens allaient se rendre sans combattre; mais lorsqu'il s'aperçut qu'ils brouillaient les voiles[4] et préparaient leur canon, il jugea que l'affaire serait

---

[1] **louvoyer:** pour un bateau, être gêné par le vent pour suivre la direction souhaitée; zigzaguer.

[2] **sans arborer aucun pavillon:** sans montrer de drapeau indiquant la nationalité, l'origine.

[3] **un corsaire:** pirate qui est sous les ordres d'un chef, pacha, roi, etc. Son bateau. En anglais: *privateer.*

[4] **brouiller les voiles:** les disposer de façon à ne plus être entraîné par le vent (vieux dans ce sens).

plus sérieuse qu'il n'avait pensé: c'est pourquoi il s'arrêta, brouilla aussi ses voiles et se disposa au combat.

"Ils commençaient de part et d'autre à se cannoner, et les chrétiens sem-blaient avoir quelque avantage; mais un corsaire d'Alger, avec un vaisseau plus grand et mieux armé que les deux autres, arrivant au milieu de l'action, prit le parti du pirate de Tunis. Il s'approcha du bâtiment espagnol à pleines voiles, et le mit entre deux feux.

"Les chrétiens perdirent courage à cette vue, et, ne voulant pas continuer un combat qui devenait trop inégal, ils cessèrent de tirer. Alors il parut sur la poupe du navire d'Alger un esclave qui se mit à crier en espagnol, aux gens du vaisseau chrétien, qu'ils eussent à se rendre pour Alger, s'ils voulaient qu'on leur fît quartier.[5] Après ce cri, un Turc qui tenait une banderole de taffetas vert parsemée de demi-lunes d'argent entrelacées la fit flotter dans l'air. Les chrétiens, considérant que toute leur résistance ne pouvait être qu'inutile, ne songèrent plus à se défendre: ils se livrèrent à toute la douleur que l'idée de l'esclavage peut causer à des hommes libres, et le maître, craignant qu'un plus long retardement n'irritât des vainqueurs barbares, ôta la banderole de la poupe, se jeta dans l'esquif avec quelques-uns de ses matelots, et alla se rendre au corsaire d'Alger.

"Ce pirate envoya une partie de ses soldats visiter le bâtiment espagnol, c'est-à-dire piller tout ce qu'il y avait dedans. Le corsaire de Tunis, de son côté, donna le même ordre à quelques-uns de ses gens; de sorte que tous les passagers de ce malheureux navire furent en un instant désarmé et fouillés, et on les fit passer ensuite dans le vaisseau algérien, où les deux pirates en firent un partage qui fut réglé par le sort.

"C'eût été du moins une consolation pour Mendoce et pour son ami de tomber tous deux au pouvoir du même corsaire: ils auraient trouvé leurs chaînes moins pesantes s'ils avaient pu les porter ensemble; mais la Fortune, qui voulait leur faire éprouver toute sa rigueur, soumit don Fadrique au corsaire de Tunis, et don Juan à celui d'Alger. Peignez-vous le désespoir de ces amis, quand il leur fallut se quitter: ils se jetèrent aux pieds des pirates, pour les conjurer de ne les point séparer. Mais ces corsaires, dont la barbarie était à l'épreuve des spectacles les plus touchants, ne se laissèrent point fléchir[6]: au contraire, jugeant que ces deux captifs étaient des personnes considérables, et qu'ils pourraient payer une grosse rançon, ils résolurent de les partager.

"Mendoce et Zarate, voyant qu'ils avaient affaire à des cœurs impitoyables, se regardaient l'un l'autre, et s'exprimaient par leurs regards l'excès de leur affliction. Mais lorsque l'on eut achevé le partage du butin, et que le pirate du Tunis voulut regagner son bord avec les esclaves qui lui étaient échus,[7] ces deux amis pensèrent expirer de douleur. Mendoce s'approcha du Tolédan, et, le serrant entre ses bras: —Ah! don Juan, qu'avons-nous fait au ciel pour

le butin: l'ensemble des valeurs prises à l'ennemi

---

[5] **faise quartier:** ne pas tuer; laisser la vie.
[6] **fléchir:** attendrir; montrer de la pitié.
[7] **échus:** attribués pour sa part.

éprouver si cruellement sa colère? —Ne cherchez point ailleurs la cause de nos disgrâces, répondit don Juan: il ne les faut imputer qu'à moi. La mort des deux personnes que je me suis immolées,[8] quoiqu'excusable aux yeux des hommes, aura sans doute irrité le ciel, qui vous punit aussi d'avoir pris de l'amitié pour un misérable que poursuit sa justice."

"Les soldats de Tunis, encore plus barbares que leur maître, remarquant que Mendoce tardait à sortir du vaisseau, l'arrachèrent brutalement des bras du Tolédan, et l'entraînèrent avec eux en le chargeant de coups. "Adieu, cher ami, s'écria-t-il, je ne vous reverrai plus: doña Théodora n'est point vengée; les maux que ces cruels m'apprêtent[9] seront les moindres peines de mon esclavage."

"Don Juan ne put répondre à ces paroles: le traitement qu'il voyait faire à son ami lui causa un saisissement qui lui ôta l'usage de la voix. Comme l'ordre de cette histoire demande que nous suivions le Tolédan, nous laisserons don Fadrique dans le navire de Tunis.

"Le corsaire d'Alger retourna vers son port, où, étant arrivé, il mena ses nouveaux esclaves chez le Pacha,[10] et de là au marché où l'on a coutume de les vendre. Un officier du dey[11] Mezomorto acheta don Juan pour son maître, chez qui l'on employa ce nouvel esclave à travailler dans les jardins du harem. Cette occupation, quoique pénible pour un gentilhomme, ne laissa pas de lui être agréable, à cause de la solitude qu'elle demandait. Dans la situation où il se trouvait, rien ne pouvait le flatter davantage que la liberté de s'occuper de ses malheurs. Il y pensait sans cesse, et son esprit, loin de faire quelque effort pour se détacher des images les plus affligeantes, semblait prendre plaisir à se les retracer.

• "Un jour que, sans apercevoir le dey qui se promenait dans le jardin, il chantait une chanson triste en travaillant, Mezomorto s'arrêta pour l'écouter: il fut assez content de sa voix, et s'approchant de lui par curiosité, il lui demanda comment il se nommait: le Tolédan lui répondit qu'il s'appelait Alvaro. En entrant chez le dey il avait jugé à propos de changer de nom, suivant la coutume des esclaves, et il avait pris celui-là parce qu'ayant continuellement dans l'esprit l'enlèvement de Théodora par Alvaro Ponce, il lui était venu à la bouche plutôt qu'un autre. Mezomorto, qui savait passablement l'espagnol, lui fit plusieurs questions sur les coutumes d'Espagne, et particulièrement sur la conduite que les hommes y tiennent pour se rendre agréables aux femmes, à quoi don Juan répondit d'une manière dont le dey fut très satisfait.

"Alvaro, lui dit-il, tu me parais avoir de l'esprit, et je ne te crois pas un homme du commun; mais, qui que tu puisses être, tu as le bonheur de me plaire, et je veux d'honorer de ma confiance." Don Juan, à ces mots, se

[8] **imolées**: sacrifiées.
[9] **apprêter**: préparer; réserver.
[10] **Pacha**: le chef de la province (dans certains pays musulmans).
[11] **dey**: ancien chef du gouvernement d'Alger (avan t 1830).

prosterna aux pieds du dey, et se leva après avoir porté le bas de sa robe à sa bouche, à ses yeux, et ensuite sur sa tête.

"Pour commencer à t'en donner des marques, reprit Mezomorto, je te dirai que j'ai dans mon sérail[12] les plus belles femmes de l'Europe. J'en ai une entre autres à qui rien n'est comparable; je ne crois pas que le grand seigneur même en possède une si parfaite, quoique ses vaisseaux lui en apportent tous les jours de tous les endroits du monde. Il semble que son visage soit le soleil réfléchi, et sa taille paraît être la tige du rosier planté dans le jardin d'Eram. Tu m'en vois enchanté.

"Mais ce miracle de la nature, avec une beauté si rare, conserve une tristesse mortelle, que le temps et mon amour ne sauraient dissiper. Bien que la fortune l'ait soumise à mes désirs, je ne les ai point encore satisfaits; je les ai toujours domptés, et, contre l'usage ordinaire de mes pareils, qui ne recherchent que le plaisir des sens, je me suis attaché à gagner son cœur par une complaisance et par des respects que le dernier des Musulmans aurait honte d'avoir pour une esclave chrétienne.

"Cependant tous mes soins ne font qu'aigrir sa mélancolie, dont l'opiniâtreté commence enfin à me lasser. L'idée de l'esclavage n'est point gravée dans l'esprit des autres avec des traits si profonds: mes regards favorables l'ont bientôt effacée; cette longue douleur fatigue ma patience. Toutefois, avant que je cède à mes transports, il faut que je fasse un effort encore: je veux me servir de ton entremise. Comme l'esclave est chrétienne, et même de ta nation, elle pourra prendre de la confiance en toi, et tu la persuaderas mieux qu'un autre. Vante-lui mon rang et mes richesses; représente-lui que je la distinguerai de toutes mes esclaves; fais-lui même envisager, s'il faut, qu'elle peut aspirer à l'honneur d'être un jour la femme de Mezomorto, et dis-lui que j'aurai pour elle plus de considération que je n'en aurais pour une sultane dont Sa Hautesse voudrait m'offrir la main."

"Don Juan se prosterna une seconde fois devant le dey, et, quoique peu satisfait de cette commission, l'assura qu'il ferait son possible pour s'en bien acquitter. "C'est assez, répliqua Mezomorto; abandonne ton ouvrage et me suis: je vais, contre nos usages, te faire parler en particulier à cette belle esclave. Mais crains d'abuser de ma confiance: des supplices inconnus aux Turcs mêmes puniraient ta témérité. Tâche de vaincre sa tristesse, et songe que ta liberté est attachée à la fin de mes souffrances." Don Juan quitta son travail et suivit le dey, qui avait pris les devants pour aller disposer la captive affligée à recevoir son agent.

"Elle était avec deux vieilles esclaves, qui se retirèrent d'abord qu'elles virent paraître Mezomorto. La belle esclave le salua avec beaucoup de respect: mais elle ne put s'empêcher de frémir, ce qui lui arrivait toutes les fois qu'il s'offrait à sa vue. Il s'en aperçut, et, pour la rassurer: "Aimable captive, lui dit-il, je ne viens ici que pour vous avertir qu'il y a parmi mes esclaves un Espagnol que vous serez peut-être bien aise d'entretenir: si vous

entremise *f.*: intervention pour faciliter les relations entre deux personnes
vanter: faire des compliments sur quelqu'un ou quelque chose

supplices *m.*: souffrances intenses
témérité *f.*: hardiesse imprudente

[12] **sérail** *m.*: palais des grands personnages mahométans.

souhaitez de le voir, je lui accorderai la permission de vous parler, et même sans témoins."

"La belle esclave témoigna qu'elle le voulait bien. "Je vais vous l'envoyer, reprit le dey: puisse-t-il par ses discours soulager vos ennuis!" En achevant ces paroles, il sortit, et, rencontrant le Tolédan qui arrivait, il lui dit tout bas: "Tu peux entrer; et, après que tu auras entretenu la captive, tu viendras dans mon appartement me rendre compte de cet entretien."

"Zarate entra aussitôt dans la chambre, poussa la porte, salua l'esclave sans attacher ses yeux sur elle, et l'esclave reçut son salut sans le regarder fixement; mais, venant tout à coup à s'envisager l'un l'autre avec attention, ils firent un cri de surprise et de joie. "O ciel! dit le Tolédan en s'approchant d'elle, n'est-ce point une image vaine qui me séduit? Est-ce en effet doña Théodora que je vois? —Ah! don Juan, s'écria la belle esclave, est-ce vous qui me parlez? —Oui, Madame, répondit-il en baisant tendrement une de ses mains, c'est don Juan lui-même. Reconnaissez-moi à ces pleurs que mes yeux, charmés de vous revoir, ne sauraient retenir, à ces transports que votre présence seule est capable d'exciter; je ne murmure plus contre la Fortune, puisqu'elle vous rend à mes vœux . . . Mais où m'emporte une joie immodérée? J'oublie que vous êtes dans les fers. Par quel nouveau caprice du sort y êtes-vous tombée? Comment avez-vous pu vous sauver de la téméraire ardeur de don Alvar? Ah! qu'elle m'a causé d'alarmes, et que je crains d'apprendre que le ciel n'ait pas assez protégé la vertu!

"—Le ciel, dit doña Théodora, m'a vengée d'Alvaro Ponce. Si j'avais le temps de vous raconter . . . —Vous en avez tout le loisir, interrompit don Juan: le dey me permet d'être avec vous, et, ce qui doit vous surprendre, de vous entretenir sans témoins. Profitons de ces heureux moments: instruisez-moi de tout ce qui vous est arrivé depuis votre enlèvement jusqu'ici. —Eh! qui vous a dit, reprit-elle, que c'est par don Alvar que j'ai été enlevée? —Je ne le sais que trop bien, repartit don Juan." Alors il lui conta succinctement de quelle manière il avait l'appris, et, comme Mendoce et lui s'étant embarqués pour aller chercher son ravisseur, ils avaient été pris par des corsaires. Dès qu'il eut achevé son récit, Théodora commença le sien dans ces termes:

"Il n'est pas besoin de vous dire que je fus fort étonnée de me voir saisie par une troupe de gens masqués: je m'évanouis entre les bras de celui qui me portait, et, quand je revins de mon évanouissement, qui fut sans doute très long, je me trouvais seule avec Inès, une de mes femmes, en pleine mer, dans la chambre de poupe d'un vaisseau qui avait les voiles au vent.

"La malheureuse Inès se mit à m'exhorter à prendre patience, et j'eus lieu de juger par ses discours qu'elle était d'intelligence avec mon ravisseur. Il osa se montrer devant moi, et, venant se jeter à mes pieds: Madame, me dit-il, pardonnez à don Alvar le moyen dont il se sert pour vous posséder: vous savez quels soins je vous ai rendus, et par quel attachement j'ai disputé votre cœur à don Fadrique jusqu'au jour que vous lui avez donné la préférence. Si je n'avais eu pour vous qu'une passion ordinaire, je l'aurais vaincue, et je me serais consolé de mon malheur; mais mon sort est d'adorer vos charmes: tout méprisé que je suis, je ne saurais m'affranchir de leur pouvoir. Ne craignez rien pourtant de la violence de mon amour: je n'ai point attenté[13] à votre liberté pour effrayer votre vertu par d'indignes efforts, et je prétends que, dans la retraite où je vous conduis, un nœud éternel et sacré unisse nos cœurs.

prétendre: affirmer; assurer; dire avec force

"Il me tint encore d'autres discours dont je ne puis bien me ressouvenir; mais, à l'entendre,[14] il semblait qu'en me forçant à l'épouser il ne me tyrannisait pas, et que je devais moins le regarder comme un ravisseur insolent que comme un amant passionné. Pendant qu'il parla, je ne fis que pleurer et me désespérer; c'est pourquoi il me quitta sans perdre le temps à me persuader; mais en se retirant il fit un signe à Inès, et je compris que c'était pour qu'elle appuyât adroitement les raisons dont il avait voulu m'éblouir.

"Elle n'y manqua point; elle me représenta même qu'après l'éclat d'un enlèvement je ne pourrais guère me dispenser d'accepter la main d'Alvaro Ponce, quelque aversion que j'eusse pour lui: que ma réputation ordonnait ce sacrifice à mon cœur. Ce n'était pas le moyen d'essuyer mes larmes, que de me faire voir la nécessité de ce mariage affreux: aussi étais-je inconsolable. Inès ne savait plus que me dire, lorsque tout à coup nous entendîmes sur le tillac[15] un grand bruit qui attira toute notre attention.

"Ce bruit que faisaient les gens de don Alvar était causé par la vue d'un gros vaisseau qui venait fondre[16] sur nous à voiles déployées: comme le nôtre n'était pas si bon voilier que celui-là, il nous fut impossible de l'éviter. Il s'approcha de nous, et bientôt nous entendîmes crier: 'Arrive, arrive!'[17] Mais Alvaro Ponce et ses gens, aimant mieux mourir que de se rendre, furent assez hardis pour vouloir combattre. L'action fut très vive: je ne vous en ferai point le détail; je vous dirai seulement que don Alvar et tous les siens y périrent, après s'être battus comme des désespérés. Pour nous, l'on nous fit passer dans le gros vaisseau, qui appartenait à Mezomorto, et que commandait Aby Aly Osman, un de ses officiers.

"Aby Aly me regarda longtemps avec quelque surprise, et, connaissant à mes habits que j'étais espagnole, il me dit en langue castillane: Modérez votre affliction: consolez-vous d'être tombée dans l'esclavage; ce malheur était inévitable pour vous; mais, que dis-je, ce malheur! C'est un avantage dont vous devez vous applaudir. Vous êtes trop belle pour vous borner aux hommages des chrétiens. Le ciel ne vous a point fait naître pour ces misérables mortels; vous méritez les vœux des premiers hommes du monde: les seuls Musulmans sont dignes de vous posséder. Je vais, ajouta-t-il, reprendre la route d'Alger: quoique je n'aie point fait d'autre prise, je suis persuadé que le dey, mon maître, sera satisfait de ma course. Je ne crains pas qu'il condamne

[13] **attenter:** faire du tort.
[14] **à l'entendre:** à l'en croire; si on ajoutait foi à ses paroles.
[15] **le tillac:** le pont supérieur d'un navire; (ce terme n'est plus employé dans la marine moderne).
[16] **fondre:** ici, arriver à toute vitesse.
[17] **arriver:** pour un voilier, se mettre le nez dans le vent-s'arrêter.

l'impatience que j'aurai eue de remettre entre ses mains une beauté qui va faire ses délices et tout l'ornement de son sérail.

"A ce discours qui me faisait connaître ce que j'avais à redouter, je redoublai mes pleurs. Aby Aly, qui voyait d'un autre œil que moi le sujet de ma frayeur, n'en fit que rire, et cingla[18] vers Alger, tandis que je m'affligeais sans modération. Tantôt j'adressais mes soupirs au ciel, et j'implorais son secours; tantôt je souhaitais que quelques vaisseaux chrétiens vinssent nous attaquer, ou que les flots nous engloutissent.[19] Après cela je souhaitais que mes larmes et ma douleur me rendissent si effroyable, que ma vue put faire horreur au dey. Vains souhaits que ma pudeur alarmée me faisait former! Nous arrivâmes au port: on me conduisit dans ce palais: je parus devant Mezomorto.

pudeur *f.*: sentiment de délicatesse, de vertu, de pureté

"Je ne sais point ce que dit Aby Aly en me présentant à son maître, ni ce que son maître lui répondit, parce qu'ils se parlèrent en turc; mais je crus m'apercevoir aux gestes et aux regards du dey que j'avais le malheur de lui plaire, et les choses qu'il me dit ensuite en espagnol achevèrent de me mettre au désespoir, en me confirmant dans cette opinion.

"Je me jetai vainement à ses pieds, et lui promis tout ce qu'il voudrait pour ma rançon; j'eus beau tenter son avarice par l'offre de tous mes biens, il me dit qu'il m'estimait plus que toutes les richesses du monde. Il me fit préparer cet appartement, qui est le plus magnifique de son palais, et depuis ce temps-là il n'a rien épargné pour bannir la tristesse dont il me voit accablée. Il m'amène tous les esclaves de l'un et l'autre sexe qui savent chanter ou jouer de quelque instrument. Il m'a ôté Inès, dans la pensée qu'elle ne faisait que nourrir mes chagrins, et je suis servie par de vieilles esclaves qui m'entretiennent sans cesse de l'amour de leur maître et de tous les différents plaisirs qui me sont réservés.

"Mais tout ce qu'on met en usage pour me divertir produit un effet tout contraire: rien ne peut me consoler. Captive dans ce détestable palais qui retentit tous les jours des cris de l'innocence opprimée,[20] je souffre encore moins de la perte de ma liberté que de la terreur que m'inspire l'odieuse tendresse du dey. Quoique je n'aie trouvé en lui, jusqu'à ce jour, qu'un amant complaisant et respectueux, je n'en ai pas moins d'effroi, et je crains que, lassé d'un respect qui le gêne déjà peut-être, il n'abuse enfin de son pouvoir: je suis agitée sans relâche de cette affreuse crainte, et chaque instant de ma vie m'est un supplice nouveau."

"Doña Théodora ne put achever ces paroles sans verser des pleurs. Don Juan en fut pénétré. "Ce n'est pas sans raison, Madame, lui dit-il, que vous vous faites de l'avenir une si horrible image; j'en suis autant épouvanté que vous. Le respect du dey est plus prêt à se démentir[21] que vous ne pensez;

---

[18] **cingler:** avancer vite (terme marin).
[19] **engloutir:** faire disparaître dans des profondeurs; (plutôt employé pour la mer).
[21] **opprimée:** en proie à des peines infligées par une force dominante, par un maître.
[21] **se démentir:** changer d'avis.

cet amant soumis dépouillera[22] bientôt sa feinte douceur; je ne le sais que trop, et je vois tout le danger que vous courez.

"Mais, continua-t-il en changeant de ton, je n'en serai point un témoin tranquille. Tout esclave que je suis, mon désespoir est à craindre: avant que Mezomorto vous outrage, je veux enfoncer dans son sein . . . —Ah! don Juan, interrompit la veuve de Cifuentes, quel projet osez-vous concevoir? Gardez-vous bien de l'exécuter. De quelles cruautés cette mort serait suivie! Les Turcs ne la vengeraient-ils pas? Les tourments les plus effroyables. . . . Je ne puis y penser sans frémir! D'ailleurs, n'est-ce pas vous exposer à un péril superflu? En ôtant la vie au dey, me rendriez-vous la liberté? Hélas! je serais vendue à quelque scélérat, peut-être, qui aurait moins de respect pour moi que Mezomorto. C'est à toi, ciel, à montrer ta justice! tu connais la brutale envie du dey: tu me défends le fer et le poison: c'est donc à toi de prévenir un crime qui t'offense."

scélérat m.: individu méprisable; capable de tous les crimes

"Oui, Madame, reprit Zarate, le ciel le préviendra; je sens déjà qu'il m'inspire: ce qui me vient dans l'esprit en ce moment est sans doute un avis secret qu'il me donne. Le dey ne m'a permis de vous voir que pour vous porter à répondre à son amour. Je dois aller lui rendre compte de notre conversation: il faut le tromper. Je vais lui dire que vous n'êtes pas inconsolable; que la conduite qu'il tient avec vous commence à soulager vos peines, et que s'il continue, il doit tout espérer; secondez-moi de votre côté. Quand il vous reverra, qu'il vous trouve moins triste qu'à l'ordinaire: feignez de prendre quelque sorte de plaisir à ses discours.

"—Quelle contrainte! interrompit doña Théodora; comment une âme franche et sincère pourra-t-elle se trahir jusque-là, et quel sera le fruit d'une feinte si pénible? —Le dey, répondit-il, s'applaudira de ce changement, et voudra, par sa complaisance, achever de vous gagner: pendant ce temps-là je travaillerai à votre liberté. L'ouvrage, j'en conviens, est difficile; mais je connais un esclave adroit dont j'espère que l'industrie ne nous sera pas inutile.

j'en conviens: je l'admets; je le crois vraiment

"Je vous laisse, poursuivit-il: l'affaire veut de la diligence; nous nous reverrons. Je vais trouver le dey, et tâcher d'amuser par des fables son impétueuse ardeur. Vous, Madame, préparez-vous à le recevoir: dissimulez, efforcez-vous: que vos regards, que sa présence blesse, soient désarmés de haine et de rigueur: que votre bouche, qui ne s'ouvre tous les jours que pour déplorer votre infortune, tienne un langage qui flatte: ne craignez point de lui paraître trop favorable; il faut tout promettre pour ne rien accorder. —C'est assez, repartit Théodora, je ferai tout ce que vous me dites, puisque le malheur qui me menace m'impose cette cruelle nécessité. Allez, don Juan, employez tous vos soins à finir mon esclavage; ce sera un surcroît[23] de joie pour moi si je tiens de vous ma liberté."

"Le Tolédan, suivant l'ordre de Mezomorto, se rendit auprès de lui: "Hé bien, Alvaro, lui dit le dey avec beaucoup d'émotion, quelles nouvelles

---

[22] **dépouiller:** ici, abandonner; ne plus se parer de; ne plus faire croire à.
[23] **un surcroît:** un supplément.

m'apportes-tu de la belle esclave? L'as-tu disposée à m'écouter? Si tu m'apprends que je ne dois pas me flatter de vaincre sa farouche douleur, je jure par la tête du Grand Seigneur mon maître que j'obtiendrai dès aujourd'hui par la force ce que l'on refuse à ma complaisance. —Seigneur, lui répondit don Juan, il n'est pas besoin de faire ce serment inviolable; vous ne serez point obligé d'avoir recours à la violence pour satisfaire votre amour. L'esclave est une jeune dame qui n'a point encore aimé; elle se voit captive ici; une âme orgueilleuse doit sentir longtemps la différence de ces conditions. Cependant cette superbe Espagnole s'accoutumera comme les autres à l'esclavage; j'ose même vous dire que déjà ses fers commencent à lui moins peser: ces déférences attentives que vous avez pour elle, ces soins respectueux qu'elle n'attendait pas de vous, adoucissent ses déplaisirs et triomphent peu à peu de sa fierté. Ménagez, seigneur, cette favorable disposition; continuez, achevez de charmer cette belle esclave par de nouveaux respects, et vous la verrez bientôt, rendue à vos désirs, perdre dans vos bras l'amour de la liberté.

"—Tu me ravis par ce discours, s'écria le dey: l'espoir que tu me donnes peut tout sur moi. Oui, je retiendrai mon impatiente ardeur, pour mieux la satisfaire; mais ne me trompes-tu point, ou ne t'es-tu pas trompé toi-même? Je vais tout à l'heure entretenir l'esclave: je veux voir si je démêlerai dans ses yeux ces flatteuses espérances que tu y as remarquées." En disant ces paroles, il alla trouver Théodora, et le Tolédan retourna dans le jardin, où il rencontra le jardinier qui était cet esclave adroit dont il prétendait employer l'industrie pour tirer d'esclavage la veuve de Cifuentes.

"Le jardinier, nommé Francisque, était Navarrais: il connaissait parfaitement Alger, pour y avoir servi plusieurs patrons avant que d'être au dey. "Francisque, mon ami, lui dit don Juan, vous me voyez très affligé: il y a dans ce palais une jeune dame des plus considérables de Valence: elle a prié Mezomorto de taxer lui-même sa rançon: mais il ne veut pas qu'on la rachète, parce qu'il en est amoureux. —Et pourquoi cela vous chagrine-t-il si fort? lui dit Francisque. —C'est que je suis de la même ville, repartit le Tolédan: ses parents et les miens sont intimes amis: il n'est rien que je ne fusse capable de faire pour contribuer à la mettre en liberté.

"—Quoique ce ne soit pas une chose aisée, répliqua Francisque, j'ose vous assurer que j'en viendrai à bout, si les parents de la dame étaient d'humeur à bien payer ce service. —N'en doutez pas, repartit don Juan; je réponds de leur reconnaissance, et surtout de la sienne. On la nomme doña Théodora: elle est veuve d'un homme qui lui a laissée de grands biens, et elle est aussi généreuse que riche: en un mot, je suis Espagnol et noble, ma parole doit vous suffire.

"Hé bien, reprit le jardinier, sur la foi de votre promesse, je vais chercher un renégat[24] catalan que je connais et lui proposer. . . . —Que dites-vous! interrompit le Tolédan tout surpris; vous pourriez vous fier à un misérable

---

[24] **renégat** *m.*: celui qui a renoncé à suivre une certaine voie choisie ou acceptée solennellement (en religion, dans l'armée, etc.).

qui n'a pas eu honte d'abandonner sa religion pour. . . .? —Quoique renégat, interrompit à son tour Francisque, il ne laisse pas d'être honnête homme; il me paraît plus digne de pitié que de haine, et je le trouverais excusable si son crime pouvait recevoir quelque excuse. Voici son histoire en deux mots.

"Il est natif de Barcelone, et chirurgien de profession. Voyant qu'il ne faisait pas trop bien ses affaires à Barcelone, il résolut d'aller s'établir à Carthagène, dans la pensée qu'en changeant de lieu il deviendrait plus heureux qu'il n'était. Il s'embarqua donc pour Carthagène avec sa mère; mais ils rencontrèrent un pirate d'Alger qui les prit et les amena dans cette ville. Ils furent vendus, sa mère à un More et lui à Turc, qui le maltraita si fort qu'il embrassa le mahométisme pour finir son cruel esclavage, comme aussi pour procurer la liberté à sa mère, qu'il voyait traitée avec beaucoup de rigueur chez le More son patron. En effet, s'étant mis à la solde[25] du pacha, il alla plusieurs fois en course, et amassa quatre cents patagons:[26] il en employa une partie au rachat de sa mère; et, pour faire valoir le reste, il se mit en tête d'écumer[27] la mer pour son compte.

"Il se fit capitaine. Il acheta un petit vaisseau sans pont, et avec quelques soldats turcs qui voulurent bien se joindre à lui, il alla croiser entre Alicante et Carthagène; il revint chargé de butin. Il retourna encore, et ses courses lui réussirent si bien, qu'il se vit enfin en état d'armer un gros vaisseau, avec lequel il fit des prises considérables; mais il cessa d'être heureux. Un jour il attaqua une frégate française, qui maltraita tellement son vaisseau qu'il eut de la peine à regagner le port d'Alger. Comme on juge en ce pays-ci du mérite des pirates par le succès de leurs entreprises, le renégat tomba par ses disgrâces dans le mépris des Turcs. Il en eut du dépit et du chagrin. Il vendit son vaisseau et se retira dans une maison hors de la ville, où, depuis ce temps-là il vit du bien qui lui reste, avec sa mère et plusieurs esclaves qui les servent.

"Je le vais voir souvent: nous avons demeuré ensemble chez le même patron: nous sommes fort amis; il me découvre ses plus secrètes pensées, et il n'y a pas trois jours qu'il me disait, les larmes aux yeux, qu'il ne pouvait être tranquille depuis qu'il avait eu le malheur de renier sa foi; que, pour apaiser les remords qui le déchiraient sans relâche, il était quelquefois tenté de fouler aux pieds le turban,[28] et, au hasard d'être brûlé tout vif, de réparer, par un aveu public de son repentir, le scandale qu'il avait causé aux chrétiens.

"Tel est le renégat à qui je veux m'adresser, continua Francisque: un homme de cette sorte ne vous doit pas être suspect. Je vais sortir sous prétexte d'aller au bagne: je me rendrai chez lui; je lui représenterai qu'au lieu de se laisser consumer de regret de s'être éloigné du sein de l'Eglise, il doit songer aux moyens d'y rentrer: qu'il n'a pour cet effet qu'à équiper un vaisseau, comme si, ennuyé de sa vie oisive, il voulait retourner en course, et qu'avec

oisive: inoccupée

[25] **se mettre à la solde de quelqu'un**: servir quelqu'un par intérêt (généralement pour l'argent).
[26] **patagons**: pièces de monnaie.
[27] **écumer la mer**: faire de la piraterie.
[28] **fouler aux pieds le turban**: marquer son mépris pour la foi musulmane.

ce bâtiment nous gagnerons la côte de Valence, où doña Théodora lui donnera de quoi passer agréablement le reste de ses jours à Barcelone.

"—Oui, mon cher Francisque, s'écria don Juan, transporté de l'espérance que l'esclave navarrais lui donnait, vous pouvez tout promettre à ce renégat: vous et lui, soyez sûrs d'être bien récompensés. Mais croyez-vous que ce projet s'exécute de la manière que vous le concevez? —Il peut y avoir des difficultés qui ne s'offrent point à mon esprit, repartit Francisque; mais nous les lèverons, le renégat et moi. Alvaro, ajouta-t-il en le quittant, j'augure bien de notre entreprise, et j'espère qu'à mon retour j'aurai de bonnes nouvelles à vous annoncer."

"Ce ne fut pas sans inquiétude que le Tolédan attendit Francisque, qui revint trois ou quatre heures après, et qui lui dit: "J'ai parlé au renégat: je lui ai proposé notre dessein, et, après une longue délibération, nous sommes convenus qu'il achètera un petit vaisseau tout équipé; que, comme il est permis de prendre pour matelots des esclaves, il se servira de tous les siens; que, de peur de se rendre suspect, il engagera douze soldats turcs, de même que s'il avait effectivement envie d'aller en course; mais que, deux jours avant celui qu'il leur assignera pour le départ, il s'embarquera la nuit avec ses esclaves, lèvera l'ancre sans bruit, et viendra nous prendre, avec son esquif, à une petite porte de ce jardin, qui n'est pas éloignée de la mer. Voilà le plan de notre entreprise: vous pouvez en instruire la dame esclave, et l'assurer que dans quinze jours, au plus tard, elle sera hors de captivité."

matelots *m.*: hommes qui travaillent sur les bateaux

Quelle joie pour Zarate d'avoir une si agréable assurance à donner à doña Théodora! Pour obtenir la permission de la voir, il chercha le jour suivant Mezomorto, et, l'ayant rencontré: "Pardonnez-moi, seigneur, lui dit-il, si j'ose vous demander comment vous avez trouvé la belle esclave: êtes-vous plus satisfait? . . . "—J'en suis charmé, interrompit le dey: ses yeux n'ont point évité hier mes plus tendres regards; ses discours, qui n'étaient auparavant que des réflexions éternelles sur son état, n'ont été mêlés d'aucune plainte, et même elle a paru prêter aux miens une attention obligeante.

"C'est à tes soins, Alvaro, que je dois ce changement: je vois que tu connais bien les femmes de ton pays. Je veux que tu l'entretiennes encore, pour achever ce que tu as si heureusement commencé. Épuise ton esprit et ton adresse pour hâter mon bonheur; je romprai aussitôt tes chaînes, et je jure par l'âme de notre grand prophète que je te renverrai dans ta patrie chargé de tant de bienfaits, que les chrétiens, en te revoyant, ne pourront croire que tu reviennes de l'esclavage."

"Le Tolédan ne manqua pas de flatter l'erreur de Mezomorto: il feignit d'être très sensible à ses promesses, et, sous prétexte d'en vouloir avancer l'accomplissement, il s'empressa d'aller voir la belle esclave. Il la trouva seule dans son appartement; les vieilles qui la servaient étaient occupées ailleurs. Il lui apprit ce que le Navarais et le renégat avaient comploté ensemble, sur la foi des promesses qui leur avaient été faites.

"Ce fut une grande consolation pour la dame d'entendre qu'on avait pris de si bonnes mesures pour sa délivrance. "Est-il possible, s'écria-t-elle dans l'excès de la joie, qu'il me soit permis d'espérer de revoir encore Valence, ma chère patrie? Quel bonheur, après tant de périls et d'alarmes, d'y vivre en repos avec vous! Ah! don Juan, que cette pensée m'est agréable! En partagez-vous le plaisir avec moi? Songez-vous qu'en m'arrachant au dey, c'est votre femme que vous lui enlevez?

"—Hélas! répondit Zarate en poussant un profond soupir, que ces paroles flatteuses auraient de charmes pour moi, si le souvenir d'un amant malheureux n'y venait point mêler une amertume qui en corrompt toute la douceur! Pardonnez-moi, Madame, cette délicatesse; avouez même que Mendoce est digne de votre pitié. C'est pour vous qu'il est sorti de Valence, qu'il a perdu la liberté, et je ne doute point qu'à Tunis il ne soit moins accablé du poids de ses chaînes que du désespoir de ne vous avoir vengée.

"—Il méritait sans doute un meilleur sort, dit doña Théodora: je prends le ciel à témoin que je suis pénétrée de tout ce qu'il a fait pour moi; je ressens vivement les peines que je lui cause; mais, par un cruel effet de la malignité des astres, mon cœur ne saurait être le prix de ses services."

"Cette conversation fut interrompue par l'arrivée des deux vieilles qui servaient la veuve de Cifuentes. Don Juan changea de discours, et, faisant le personnage du confident du dey: "Oui, charmante esclave, dit-il à Théodora, vous avez enchaîné celui qui vous retient dans les fers. Mezomorto, votre maître et le mien, le plus amoureux et le plus aimable de tous les Turcs, est très content de vous: continuez à le traiter favorablement, et vous verrez bientôt la fin de vos déplaisirs." Il sortit en prononçant ces derniers mots, dont le vrai sens ne fut compris que par cette dame.

"Les choses demeurèrent huit jours dans cette disposition au palais du dey. Cependant le renégat catalan avait acheté un petit vaisseau presque tout équipé, et il faisait les préparatifs du départ; mais six jours avant qu'il fût en état de se mettre en mer, don Juan eut de nouvelles alarmes.

"Mezomorto l'envoya chercher, et, l'ayant fait entrer dans son cabinet: "Alvaro, lui dit-il, tu es libre; tu partiras quand tu voudras pour t'en retourner en Espagne: les présents que je t'ai promis sont prêts. J'ai vu la belle esclave aujourd'hui: qu'elle m'a paru différente de cette personne dont la tristesse me faisait tant de peine! Chaque jour le sentiment de sa captivité s'affaiblit: je l'ai trouvée si charmante, que je viens de prendre la résolution de l'épouser: elle sera ma femme dans deux jours."

"Don Juan changea de couleur à ces paroles, et, quelque effort qu'il fît pour se contraindre, il ne put cacher son trouble et sa surprise au dey, qui lui en demanda la cause.

"Seigneur, lui répondit le Tolédan dans son embarras, je suis sans doute fort étonné qu'un des plus considérables personnages de l'empire ottoman veuille s'abaisser jusqu'à épouser une esclave: je sais bien que cela n'est pas sans exemple parmi vous; mais, enfin, l'illustre Mezomorto, qui peut prétendre aux filles des premiers officiers de la Porte . . . —J'en demeure d'accord, interrompit le dey; je pourrais même aspirer à la fille du grand-visir, et me flatter de succéder à l'emploi de mon beau-père; mais j'ai des richesses immenses et peu d'ambition. Je préfère le repos et les plaisirs dont je jouis ici au vizirat, à ce dangereux honneur où nous ne sommes pas plus tôt montés, que la crainte des sultans, ou la jalousie des envieux qui les approchent, nous en précipite. D'ailleurs, j'aime mon esclave, et sa beauté la rend assez digne du rang où ma tendresse l'appelle.

"Mais il faut, ajouta-t-il, qu'elle change aujourd'hui de religion, pour mériter l'honneur que je veux lui faire. Crois-tu que des préjugés ridicules le lui fassent mépriser? —Non, seigneur, repartit don Juan; je suis persuadé qu'elle sacrifiera tout à un un rang si beau. Permettez-moi pourtant de vous dire que vous ne devez point l'épouser brusquement: ne précipitez rien. Il ne faut pas douter que l'idée de quitter une religion qu'elle a sucée avec le lait ne la révolte d'abord: donnez-lui le temps de faire des réflexions. Quand elle se représentera qu'au lieu de la déshonorer et de la laisser tristement vieillir parmi le reste de vos captives, vous l'attachez à vous par un mariage qui la comble de gloire, sa reconnaissance et sa vanité vaincront peu à peu ses scrupules. Différez de huit jours seulement l'exécution de votre dessein."

"Le dey demeura quelque temps rêveur: le délai que son confident lui proposait n'était guère de son goût; néanmoins le conseil lui parut fort judicieux. "Je cède à tes raisons, Alvaro, lui dit-il, quelque impatience que j'aie de posséder l'esclave; j'attendrai donc encore huit jours: va la voir tout à l'heure, et la dispose à remplir mes désirs après ce temps-là. Je veux que ce même Alvaro qui m'a si bien servi auprès d'elle ait l'honneur de lui offrir ma main."

néanmoins: malgré cela

"Don Juan courut à l'appartement de Théodora, et l'instruisit de ce qui venait de se passer entre Mezomorto et lui, afin qu'elle se réglât là-dessus. Il lui apprit aussi que dans six jours le vaisseau du renégat serait prêt; et, comme elle témoignait être fort en peine de savoir de quelle manière elle pourrait sortir de son appartement, attendu que toutes les portes des chambres qu'il fallait traverser pour gagner l'escalier étaient bien fermées: "C'est ce qui doit peu vous embarrasser, Madame, lui dit-il; une fenêtre de votre cabinet donne sur le jardin; c'est par là que vous descendrez, avec une échelle que j'aurai soin de vous fournir."

"En effet, les six jours s'étant écoulés, Francisque avertit le Tolédan que le renégat se préparait à partir la nuit prochaine. Vous jugez bien qu'elle fut attendue avec beaucoup d'impatience. Elle arriva enfin, et, pour comble de bonheur, elle devint très obscure. Dès que le moment d'exécuter l'entreprise fut venu, don Juan alla poser l'échelle sous la fenêtre du cabinet de la belle esclave, qui l'observait, et qui descendit aussitôt avec beaucoup d'empressement et d'agitation: ensuite elle s'appuya sur le Tolédan, qui la conduisit vers la petite porte du jardin qui ouvrait sur la mer.

Ils marchaient tous deux à pas précipités, et goûtaient déjà par avance le plaisir de se voir hors d'esclavage: mais la Fortune, avec qui ces amants n'étaient pas encore bien réconciliés, leur suscita un malheur plus cruel que tous qu'ils avaient éprouvés jusqu'alors, et celui qu'ils auraient le moins prévu.

"Ils étaient déjà hors du jardin, et ils s'avançaient sur le rivage pour s'approcher de l'esquif qui les attendait, lorsqu'un homme qu'ils prirent pour un compagnon de leur fuite, et dont ils n'avaient aucune défiance, vint tout droit à don Juan, l'épée nue, et, la lui enfonçant dans le sein: 'Perfide Alvaro Ponce, s'écria-t-il, c'est ainsi que don Fadrique de Mendoce doit punir un lâche ravisseur: tu ne mérites point que je t'attaque en brave homme.'

"Le Tolédan ne put résister à la force du coup, qui le porta par terre: et en même temps, doña Théodora, qu'il soutenait, saisie à la fois d'étonnement, de douleur et d'effroi, tomba evanouie d'un autre côté. 'Ah! Mendoce, dit don Juan, qu'avez-vous fait? C'est votre ami que vous venez de percer. —Juste ciel, reprit don Fadrique, serait-il bien possible que j'eusse assassiné! . . . —Je vous pardonne ma mort, interrompit Zarate; le destin seul en est coupable, ou plutôt il a voulu par là finir nos malheurs. Oui, mon cher Mendoce, je meurs content, puisque je remets entre vos mains doña Théodora, qui peut vous assurer que mon amitié pour vous ne s'est jamais démentie.[29]

"—Trop généreux ami, dit don Fadrique emporté par un mouvement de désespoir, vous ne mourrez point seul; le même fer qui vous a frappé va punir votre assassin: si mon erreur peut faire excuser mon crime, elle ne saurait m'en consoler." A ces mots, il tourna la pointe de son épée contre son estomac, la plongea jusqu'à la garde, et tomba sur le corps de don Juan, qui s'évanouit, moins affaibli par le sang qu'il perdait que surpris de la fureur de son ami.

"Francisque et le renégat, qui étaient à dix pas de là, et qui avaient eu leurs raisons pour n'aller pas secourir l'esclave Alvaro, furent fort étonnés d'entendre les dernières paroles de don Fadrique, et de voir sa dernière action. Ils connurent qu'il s'était mépris, et que les blessés étaient deux amis, et non de mortels ennemis, comme ils l'avaient cru; alors ils s'empressèrent à les secourir; mais, les trouvant sans sentiment, aussi bien que Théodora, qui était toujours évanouie, ils ne savaient quel parti prendre. Francisque était d'avis que l'on se contentât d'emporter la dame, et qu'on laissât les cavaliers sur le rivage, où, selon toutes les apparences, ils mourraient bientôt, s'ils n'étaient déjà morts. Le renégat ne fut pas de cette opinion: il dit qu'il ne fallait point abandonner les blessés, dont les blessures n'étaient peut-être pas mortelles, et qu'il les panserait dans son vaisseau, où il avait tous les instruments de son premier métier, qu'il n'avait point oublié. Francisque se rendit à ce sentiment.

"Comme ils n'ignoraient pas de quelle importance il était de se hâter, le renégat et le Navarrais, à l'aide de quelques esclaves, portèrent dans l'esquif la malheureuse veuve de Cifuentes avec ses deux amants, encore plus

[29] démentie: contredite; désavouée.

infortunés qu'elle. Ils joignirent en peu de moments leur vaisseau, où, d'abord qu'ils furent tous entrés, les uns tendirent les voiles, pendant que les autres, à genoux sur le tillac, imploraient la faveur du ciel par les plus ferventes prières que leur pouvait suggérer la crainte d'être poursuivis par les navires de Mezomorto.

"Pour le renégat, après avoir chargé du soin de la manœuvre un esclave français, qui l'entendait parfaitement, il donna sa première attention à doña Théodora: il lui rendit l'usage de ses sens, et fit si bien par ses remèdes que don Fadrique et le Tolédan reprirent aussi leurs esprits. La veuve de Cifuentes, qui s'était évanouie lorsqu'elle avait vu frapper don Juan, fut fort étonnée de trouver là Mendoce; et quoiqu'à le voir elle jugeât bien qu'il s'était blessé lui-même de douleur d'avoir percé son ami, elle ne pouvait le regarder que comme l'assassin d'un homme qu'elle aimait.

"C'était la chose du monde la plus touchante, que de voir ces trois personnes revenues à elles-mêmes: l'état d'où l'on venait de les tirer, quoique semblable à la mort, n'était pas si digne de pitié. Doña Théodora envisageait don Juan avec des yeux où étaient peints tous les mouvements d'une âme que possèdent la douleur et le désespoir, et les deux amis attachaient sur elle leurs regards mourants, en poussant de profonds soupirs.

"Après avoir gardé quelque temps un silence aussi tendre que funeste, don Fadrique le rompit; il adressa la parole à la veuve de Cifuentes: 'Madame, lui dit-il, avant que de mourir, j'ai la satisfaction de vous voir hors d'esclavage: plût au ciel que vous me dussiez la liberté; mais il a voulu que vous eussiez cette obligation à l'amant que vous chérissez. J'aime trop ce rival pour en murmurer, et je souhaite que le coup que j'ai eu le malheur de lui porter ne l'empêche pas de jouir de votre reconnaissance.' La dame ne répondit rien à ce discours. Loin d'être sensible en ce moment au triste sort de don Fadrique, elle sentait pour lui des mouvements d'aversion que lui inspirait l'état où était le Tolédan.

"Cependant le chirurgien se préparait à visiter et à sonder les plaies.[30] Il commença par celle de Zarate; il ne la trouva pas dangereuse, parce que le coup n'avait fait que glisser au-dessous de la mamelle gauche, et n'offensait aucune des parties nobles. Le rapport du chirurgien diminua l'affliction de Théodora, et causa beaucoup de joie à don Fadrique, qui tourna la tête vers cette dame: 'Je suis content, lui dit-il; j'abandonne sans regret la vie, puisque mon ami est hors de péril: je ne mourrai point chargé de votre haine.'

mamelle _f._: le sein; partie de la poitrine qui porte les glandes mammaires

"Il prononça ces paroles d'un air si touchant, que la veuve de Cifuentes en fut pénétrée. Comme elle cessa de craindre pour don Juan, elle cessa de haïr don Fadrique; et, ne voyant plus en lui qu'un homme qui méritait toute sa pitié: 'Ah! Mendoce, lui répondit-elle emportée par un transport généreux, souffrez que l'on panse votre blessure; elle n'est peut-être pas plus considérable que celle de votre ami. Prêtez-vous au soin que l'on veut avoir

---

[30] **sonder les plaies:** écarter les bords des plaies (blessures) pour les examiner et les nettoyer.

de vos jours: vivez; si je ne puis vous rendre heureux, du moins je ne ferai pas le bonheur d'un autre. Par compassion et par amitié pour vous, je retiendrai la main que je voulais donner à don Juan; je vous fais le même sacrifice qu'il vous a fait.'

"Don Fadrique allait répliquer; mais le chirurgien, qui craignait qu'en parlant il n'irritât son mal, l'obligea de se taire, et visita sa plaie: elle lui parut mortelle, attendu que l'épée avait pénétré dans la partie supérieure du poumon, ce qu'il jugeait par une hémorragie ou perte de sang dont la suite était à craindre. D'abord qu'il eut mis le premier appareil, il laissa reposer les cavaliers dans la chambre de poupe, sur deux petits lits l'un auprès de l'autre, et emmena ailleurs doña Théodora, dont il jugea que la présence leur pouvait être nuisible.

nuisible: dangereuse

"Malgré toutes ces précautions, la fièvre prit à Mendoce, et sur la fin de la journée l'hémorragie augmenta. Le chirurgien lui déclara alors que le mal était sans remède, et l'avertit que s'il avait quelque chose à dire à son ami ou à doña Théodora, il n'avait point de temps à perdre. Cette nouvelle causa une étrange émotion au Tolédan: pour don Fadrique, il la reçut avec indifférence. Il fit appeler la veuve de Cifuentes, qui se rendit auprès de lui dans un état plus aisé à concevoir qu'à représenter.

"Elle avait le visage couvert de pleurs, et elle sanglotait avec tant de violence, que Mendoce en fut fort agité: 'Madame, lui dit-il, je ne vaux pas ces précieuses larmes que vous répandez: arrêtez-les, de grâce, pour m'écouter un moment. Je vous fais la même prière, mon cher Zarate, ajouta-t-il en remarquant la vive douleur que son ami faisait éclater; je sais bien que cette séparation vous doit être rude; votre amitié m'est trop connue pour en douter: mais attendez l'un et l'autre que ma mort soit arrivée, pour l'honorer de tant de marques de tendresse et de pitié.'

"Suspendez jusque-là votre affliction: je la sens plus que la perte de ma vie. Apprenez par quels chemins le sort qui me poursuit a su cette nuit me conduire sur le fatal rivage que j'ai teint du sang de mon ami et du mien. Vous devez être en peine de savoir comment j'ai pu prendre don Juan pour don Alvaro: je vais vous en instruire, si le peu de temps qui me reste encore à vivre me permet de vous donner ce triste éclaircissement.

teindre: colorer

"Quelques heures après que le vaisseau où j'étais eut quitté celui où j'avais laissé don Juan, nous recontrâmes un corsaire français qui nous attaqua: il se rendit maître du vaisseau de Tunis, et nous mit à terre auprès d'Alicante. Je ne fus pas sitôt libre, que je songeai à racheter mon ami. Pour cet effet, je me rendis à Valence, où je fis de l'argent comptant; et sur l'avis qu'on me donna qu'à Barcelone il y avait des Pères de la Rédemption qui se préparaient à faire voile vers Alger, je m'y rendis; mais, avant que de sortir de Valence, je priai le gouverneur don Francisco de Mendoce, mon oncle, d'employer tout le crédit qu'il peut avoir à la cour d'Espagne, pour obtenir la grâce de Zarate, que j'avais dessein de ramener avec moi et de faire rentrer dans ses biens, qui ont été confisqués depuis la mort du duc de Naxera.

Sitôt que nous fûmes arrivés à Alger, j'allai dans les lieux que fréquentent les esclaves; mais j'avais beau les parcourir tous, je n'y trouvais point ce que je cherchais. Je rencontrai le renégat catalan à qui ce navire appartient: je le reconnus pour un homme qui avait autrefois servi mon oncle. Je lui dis le motif de mon voyage, et le priai de vouloir faire une exacte recherche de mon ami. 'Je suis fâché, me répondit-il, de ne pouvoir vous être utile: je dois partir d'Alger cette nuit avec une dame de Valence qui est l'esclave du dey. —Et comment appelez-vous cette dame, lui dis-je?' Il repartit qu'elle se nommait Théodora.

"La surprise que je fis paraître à cette nouvelle apprit par avance au renégat que je m'intéressais pour cette dame. Il me découvrit le dessein qu'il avait formé pour la tirer d'esclavage; et comme en son récit il fit mention de l'esclave Alvaro, je ne doutai point que ce ne fût Alvaro Ponce lui-même. "Servez mon ressentiment, dis-je avec transport au renégat: donnez-moi les moyens de me venger de mon ennemi. '—Vous serez bientôt satisfait, me répondit-il; mais contez-moi auparavant le sujet que vous avez de vous plaindre de cet Alvaro.' Je lui appris toute notre histoire, et, lorsqu'il l'eut entendue: 'C'est assez, reprit-il; vous n'aurez cette nuit qu'à m'accompagner: on vous montrera votre rival, et, après que vous l'aurez puni, vous prendrez sa place, et viendrez avec nous à Valence conduire doña Théodora.'

"Néanmoins mon impatience ne me fit point oublier don Juan: je laissai de l'argent pour sa rançon entre les mains d'un marchand italien, nommé Francisco Capati, qui réside à Alger, et qui me promit de le racheter s'il venait à le découvrir. Enfin la nuit arriva; je me rendis chez le renégat, qui me mena sur le bord de la mer. Nous nous arrêtâmes devant une petite porte, d'où il sortit un homme qui vint droit à nous, et qui nous dit, en nous montrant du doigt un homme et une femme qui marchaient sur ses pas: 'Voilà Alvaro et doña Théodora qui me suivent.'

"A cette vue je deviens furieux; je mets l'épée à la main, je cours au malheureux Alvaro, et, persuadé que c'est un rival odieux que je vais frapper, je perce cet ami fidèle que j'étais venu chercher. Mais, grâce au ciel, continua-t-il en s'attendrissant, mon erreur ne lui coûtera point la vie, ni d'éternelles larmes à doña Théodora.

"—Ah! Mendoce, interrompit la dame, vous faites injure à mon affliction; je ne me consolerai jamais de vous avoir perdu; quand même j'épouserais votre ami, ce ne serait que pour unir nos douleurs; votre amour, votre amitié, vos infortunes, feraient tout notre entretien. —C'en est trop, Madame, répliqua don Fadrique; je ne mérite pas que vous me regrettiez si longtemps: souffrez, je vous en conjure, que Zarate vous épouse, après qu'il vous aura vengée d'Alvaro Ponce. "—Don Alvaro n'est plus, dit la veuve de Cifuentes: le même jour qu'il m'enleva, il fut tué par le corsaire qui me prit.

"—Madame, reprit Mendoce, cette nouvelle me fait plaisir; mon ami en sera plus tôt heureux: suivez sans contrainte votre penchant l'un et l'autre. Je vois avec joie approcher le moment qui va lever l'obstacle que votre compassion et sa générosité mettent à votre commun bonheur. Puissent tous vos jours couler dans un repos, dans une union que la jalousie de la Fortune n'ose troubler! Adieu, Madame, adieu, don Juan; souvenez-vous quelquefois tous deux d'un homme qui n'a rien tant aimé que vous."

"Comme la dame et le Tolédan, au lieu de lui répondre, redoublaient leurs pleurs, don Fadrique, qui s'en aperçut et qui se sentait très mal, poursuivit ainsi: 'Je me laisse trop attendrir: déjà la mort m'environne, et je ne songe pas à supplier la bonté divine de me pardonner d'avoir moi-même borné le cours d'une vie dont elle seule devait disposer.' Après avoir achevé ces paroles, il leva les yeux au ciel avec toutes les apparences d'un véritable repentir, et bientôt l'hémorragie causa une suffocation qui l'emporta.

"Alors don Juan, possédé de son désespoir, porte la main sur sa plaie: il arrache l'appareil; il veut la rendre incurable; mais Francisque et le renégat se jette sur lui et s'opposent à sa rage. Théodora est effrayée de ce transport: elle se joint au renégat et au Navarrais pour détourner don Juan de son dessein. Elle lui parle d'un air si touchant, qu'il rentre en lui-même; il souffre que l'on rebande sa plaie, et enfin l'intérêt de l'amant calme peu à peu la fureur de l'ami. Mais s'il reprit sa raison, il ne s'en servit que pour prévenir les effets insensés de sa douleur, et non pour en affaiblir le sentiment.

"Le renégat, qui, parmi plusieurs choses qu'il emportait en Espagne, avait d'excellent baume d'Arabie et de précieux parfums, embauma le corps de Mendoce, à la prière de la dame et de don Juan, qui témoignèrent qu'ils souhaitaient de lui rendre à Valence les honneurs de la sépulture. Ils ne cessèrent tous deux de gémir et de soupirer pendant toute la navigation. Il n'en fut pas de même du reste de l'équipage: comme le vent était toujours favorable, il ne tarda guère à découvrir les côtes d'Espagne.

"A cette vue, tous les esclaves se livrèrent à la joie, et quand le vaisseau fut heureusement arrivé au port de Dénia, chacun prit son parti. La veuve de Cifuentes et le Tolédan envoyèrent un courrier à Valence, avec des lettres pour le gouverneur et pour la famille de doña Théodora. La nouvelle du retour de cette dame fut reçue de tous ses parents avec beaucoup de joie. Pour don Francisco de Mendoce, il sentit une vive affliction quand il apprit la mort de son neveu.

"Il le fit bien paraître lorsque, accompagné des parents de la veuve de Cifuentes, il se rendit à Dénia, et qu'il voulut voir le corps du malheureux don Fadrique: ce bon vieillard le mouilla de ses pleurs, en faisant des plaintes si pitoyables, que tous les spectateurs en furent attendris. Il demanda par quelle aventure son neveu se trouvait dans cet état.

"Je vais vous la conter, seigneur, lui dit le Tolédan; loin de chercher à l'effacer de ma mémoire, je prends un funeste plaisir à me la rappeler sans cesse et à nourrir ma douleur." Il lui dit alors comment était arrivé ce triste accident, et ce récit, en lui arrachant de nouvelles larmes, redoubla celles de don Francisco. A l'égard de Théodora, ses parents lui marquèrent la joie qu'ils avaient de la revoir, et la félicitèrent sur la manière miraculeuse dont elle avait été délivrée de la tyrannie de Mezomorto.

"Après un entier éclaircissement de toutes choses, on mit le corps de don Fadrique dans un carrosse, et on le conduisit à Valence; mais il n'y fut point enterré, parce que, le temps de la vice-royauté de don Francisco étant près d'expirer, ce seigneur se préparait à s'en retourner à Madrid, où il résolut de faire transporter son neveu.

"Pendant que l'on faisait les préparatifs du convoi, la veuve de Cifuentes combla de biens Francisque et le renégat. Le Navarrais se retira dans sa province, et le renégat retourna avec sa mère à Barcelone, où il rentra dans le christianisme, et où il vit encore aujourd'hui fort commodément.

"Dans ce temps-là don Francisco reçut un paquet de la cour, dans lequel était la grâce de don Juan, que le roi, malgré la considération qu'il avait pour la maison de Naxera, n'avait pu refuser à tous les Mendoce qui s'étaient joints pour la lui demander. Cette nouvelle fut d'autant plus agréable au Tolédan, qu'elle lui procurait la liberté d'accompagner le corps de son ami, ce qu'il n'aurait osé faire sans cela.

"Enfin le convoi partit, suivi d'un grand nombre de personnes de qualité; et sitôt qu'il fut arrivé à Madrid, on enterra le corps de don Fadrique dans une église, où Zarate et dona Théodora, avec la permission des Mendoce, lui firent élever un magnifique tombeau. Ils n'en demeurèrent point là; ils portèrent le deuil de leur ami durant une année entière pour éterniser leur douleur et leur amitié.

Après avoir donné des marques si célèbres de leur tendresse pour Mendoce, ils se marièrent; mais, par un inconcevable effet du pouvoir de l'amitié, don Juan ne laissa pas de conserver longtemps une mélancolie que rien ne pouvait bannir. Don Fadrique, son cher don Fadrique, était toujours présent à sa pensée: il le voyait toutes les nuits en songe, et le plus souvent tel qu'il l'avait vu rendant les derniers soupirs. Son esprit pourtant commençait à se distraire de ces tristes images: les charmes de doña Théodora, dont il était toujours épris, triomphaient peu à peu d'un souvenir funeste; enfin don Juan allait vivre heureux et content: mais ces jours passés il tomba de cheval en chassant; il se blessa à la tête; il s'y est formé un abcès. Les médecins ne l'ont pu sauver; il vient de mourir, et Théodora, qui est cette dame que vous voyez entre les bras de deux femmes qui veillent sur son désespoir, pourra le suivre bientôt."

Lorsque Asmodée eut fini le récit de cette histoire, don Cléofas lui dit: "Voilà un très beau tableau de l'amitié; mais s'il est rare de voir deux hommes s'aimer autant que don Juan et don Fadrique, je crois que l'on aurait encore plus de peine à trouver deux amies rivales qui puissent se faire si généreusement un sacrifice réciproque d'un amant aimé."

—Sans doute, répondit le diable, c'est ce que l'on n'a point encore vu, et ce que l'on ne verra peut-être jamais. Les femmes ne s'aiment point. J'en suppose deux parfaitement unies: je veux même qu'elles ne disent pas le moindre mal l'une de l'autre en leur absence, tant elles sont amies. Vous les voyez toutes deux: vous penchez d'un côté, la rage se met de l'autre; ce n'est pas que l'enragée vous aime; mais elle voulait la préférence. Tel est le caractère des femmes: elles sont trop jalouses les unes des autres pour être capables d'amitié.

Questions

1. Comment apprennent-ils en quel lieu don Alvaro veut emmener doña Théodora?
2. Que font-ils immédiatement?
3. Quelle aventure ont-ils en haute mer?
4. Qu'arrive-t-il ensuite aux deux amis?
5. Où emmène-t-on Zarate?
6. Où travaille-t-il?
7. Pourquoi le dey, Mezomorto, s'intéresse-t-il à Zarate?
8. Pourquoi Zarate lui plaît-il?
9. Que devait faire Zarate pour le dey?
10. Quel conseil Zarate donne-t-il à doña Théodora?
11. Qu'est-ce qu'un renégat?
12. Qu'est-il arrivé à Don Alvaro?
13. Qui promet d'aider Zarate et doña Théodora à échapper à l'esclavage du dey?
14. Quel est le plan adopté pour leur fuite?
15. Quelle raison Zarate donne-t-il à Mezomorto pour qu'il accepte de retarder son mariage?
16. Pourquoi Mendoce attaque-t-il son ami Zarate?
17. Que fait-il quand il comprend son erreur?
18. Quelles ont été les aventures de Mendoce après qu'il eut été séparé de son ami Zarate par les corsaires?
19. Où enterra-t-on Mendoce?
20. Avant de commencer son récit qu'est-ce qu' Asmodée avait montré à l'écolier?
21. Que pense don Cléofas de l'amitié des deux amis?
22. Que pense le diable boiteux des femmes en général?

Le Commencement de la Fin

10

Malgré son éclat et ses brillants accomplissements, le règne de Louis XIV parvint cependant à appauvrir la France et à affaiblir le régime de la royauté. Ses nombreuses guerres et ses dépenses excessives mécontentèrent toutes les classes de la société; elles furent les premières causes de révolte contre la monarchie et, finalement, de l'essai d'établissement d'un gouvernement républicain.

La Fin du règne de Louis XIV

QUOIQUE LE règne du roi Louis XIV fût la période la plus illustre non seulement de l'histoire de France mais aussi de la littérature française, la fin du règne fut, malheureusement, moins glorieuse et moins admirable. En 1685, après la mort de la reine Marie-Thérèse, Louis épousa secrètement Mme de Maintenon, ancienne gouvernante de ses enfants, qui imposa à Louis et à sa cour une dignité morale manquant jusqu'ici. Il est possible qu'elle eût aussi sur Louis une influence politique. Ce qui est certain c'est qu'à mesure qu'il vieillissait, il devenait de plus en plus dévot et décida d'unifier l'Église dans le pays.

En conséquence, en 1685 il révoqua l'édit de Nantes, qui accordait la liberté religieuse aux Huguenots. Un des résultats les plus importants de cette décision fut l'exode permanent de plus de deux cent mille sujets de valeur qui se voyaient forcés de se convertir ou de quitter le pays.

Cette révocation fut peut-être l'acte le plus désastreux de son long règne. De surcroît[1], Louis fit des guerres malheureuses qui n'ajoutèrent rien au prestige de la France, mais contribuèrent plutôt à épuiser son trésor. Quand il mourut en 1715, regrettant son extravagance et son militarisme coûteux, personne ne le pleura.

A la fin de son règne, l'Angleterre dominait la politique internationale et la France connaissait les débuts d'une fermentation intellectuelle toujours croissante qui devait mener au mécontentement social et au bouleversement politique, pour aboutir à la Révolution à la fin du XVIIIᵉ siècle.

bouleversement *m.*: grand désordre
aboutir: se terminer par

Questions

1. Citez un des actes les plus désastreux du long règne de Louis XIV.
2. Citez un des résultats les plus importants de cette décision.
3. Quelles idées révolutionnaires commençaient-elles à se faire jour à la fin du règne?
4. A quoi cela mena-t-il?

[1] de surcroît: de plus; en outre.

Louis XV et le 18ᵉ siècle

Louis XV, roi de France de 1715 à 1774, était l'arrière-petit-fils de Louis XIV. Il n'avait que cinq ans à la mort du roi. Son règne, quoique moins glorieux, fut presque aussi long que celui de son prédécesseur.

Le régent naturel, le premier prince du sang, était Philippe, duc d'Orléans et oncle du petit roi, contre qui Louis XIV nourrissait de l'antipathie parce qu'il avait intrigué en Espagne contre Philippe V, petit-fils de Louis XIV. Ainsi Louis XIV par son testament institua un conseil de régence que Philippe annula après la mort de Louis XIV, avec l'aide du Parlement.

A la mort de Louis XIV la France était dans un état critique, surtout au point de vue de ses finances, et Philippe n'était pas un régent assez fort pour les rétablir. Il mourut en 1723 et le jeune roi, ayant maintenant atteint sa majorité, commença son règne par un acte d'autorité très sage et très courageux. Il renvoya le duc de Bourbon, son premier ministre, et donna sa confiance à son précepteur Fleury, évêque de Fréjus. Choix heureux: ce sage vieillard dirigea les affaires de France avec prudence, et pendant quinze ans d'une administration intelligente et économe, les finances furent rétablies et la prospérité restaurée dans le royaume.

On a accusé Louis XV de faiblesse. En général les historiens lui reprochent son indolence et son apathie, mais les circonstances au milieu desquelles il atteignit sa majorité ne ressemblaient pas à celles de 1660, et le besoin de commandement que l'on ressentait alors n'existait plus.

ressentir: éprouver

Le XVIIIᵉ siècle apparaît dans l'histoire de la société et dans celle des idées comme une époque particulièrement brillante. Ce siècle est souvent appelé "le siècle de la raison" et la raison proclama que rien ne justifiait chez les privilégiés, c'est-à-dire la noblesse et le clergé, une vie de surabondance aux dépens de tout un peuple souffrant des plus dures privations. On commença par attaquer les privilèges des grands et on finit par revendiquer[2] les droits des opprimés.

opprimés: mal traités

Il faut observer cependant qu'on n'alla pas jusqu'à proposer de renoncer à la monarchie pour un gouvernement républicain. Le plus grand écrivain du XVIIIᵉ siècle en matière politique, Montesquieu, ne demandait qu'une monarchie constitutionnelle, Voltaire fut toujours aussi éloigné que possible

[2] **revendiquer:** réclamer avec force, avec véhémence.

e toute idée de démocratie et Jean-Jacques Rousseau lui-même, tout en attaquant la théorie du droit "divin" des rois, mettra en garde contre une révolution qui bouleverserait les institutions politiques de la France. La Bastille fut prise aux cris de "Vive le roi!": elle était le symbole de l'absolutisme monarchique, pas de la royauté pure et simple. Et la République ne fut proclamée en France qu'en 1792.

Questions

5. Quelle parenté unissait Louis XV à Louis XIV?
6. Par quel acte très sage et très courageux le jeune roi, Louis XV, commença-t-il son règne?
7. Que fit l'évêque de Fréjus pour la France?
8. Par quel nom le Moyen Age est-il souvent appelé?
9. Comment a-t-on souvent nommé le XVIIe siècle?
10. Comment a-t-on aussi désigné le XVIIIe siècle?
11. Qu'est ce que les intellectuels du XVIIIe siècle attaquèrent?
12. Mais à quoi ne voulaient-ils pas renoncer?

Par moy, Peuples,
apprenez tous,
Quentre les Maîtres
de la terre,
En paix Louis est le
plus doux,
Et le plus terrible à
la guerre.

Appendice

THE FOLLOWING text taken from *A Short History of France*, edited by J. Hampden Jackson (Cambridge University Press, 1959) serves as a succinct introduction to studies in French philology.

THE FRENCH LANGUAGE
by Alfred Ewert

NOTHING makes for unity so surely as a common language, and this France lacked in Charlemagne's time and was not to achieve until many centuries later. After the fall of the Roman Empire in the fifth century and as a result of the barbarian invasions and the weakening of most of the ties which held that empire together, Latin as spoken in Gaul developed peculiarities which differentiated it more radically both from classical Latin and from the forms of Latin spoken contemporaneously in other parts of the Empire (the Iberian Peninsula, Italy, etc.). But even within the limits of Gaul itself, local variations (the beginnings of later dialects) had begun to develop. In particular, a differentiation between the language of the south and of the north gradually arose during this time, which is called the Gallo-Roman period and which may be said to extend to about the end of the eighth century. The occupation of northern Gaul by the Salian Franks was partly responsible for this twofold development. Although they subjugated the country and gave it their name, they adapted themselves readily to their surroundings. Their cultural inferiority and their fairly rapid conversion to Christianity were further inducements to give up their native language. But they introduced a large number of words connected with warfare and husbandry, and their habits of speech had a more profound influence on the pronunciation of the Romance language than did those of the Burgundians in southern Gaul.

The varieties of spoken Romance had thus by the end of the eighth century formed themselves into two main groups, a northern and southern. Latin had continued to be the written language throughout this period, but had degenerated under the influence of the vernacular Romance speech.

The gulf between the spoken and written language was finally made un-bridgeable when the Carolingian reform restored written Latin to a purity approximating that of classical Latin. The way was now open and the need made itself felt for a written vernacular. In the north the dialect of the Ile-de-France (i.e. of Paris and the surrounding district) gradually established its claim to pre-eminence, and in the twelfth century it had become the standard literary language. It was the language of the capital and of the most influential of the various courts, and it occupied a neutral position between the more extreme and divergent dialects. Its supremacy was never seriously challenged, except for a brief period toward the end of the twelfth century, by the Picard dialect of the prosperous cultural centers of the north-east (Arras, etc.).

In the south a more or less standard literary language developed in a similar way and was the medium for the poetry of the Troubadours. Its reign was virtually brought to a close in the fourteenth century, its fate having been foreshadowed by the ruin and depredations resulting from political misfortunes and particularly from the Albigensian crusade. Various names have been given to this literary language and to the group of dialects of which it is the wirtten counterpart. "Langue d'Oc" is a term which is still commonly used, because in these southern dialects the affirmative particle ("yes") is oc (hoc). "Provençal" is perhaps a less appropriate term, because the languages covered by this designation are spoken in the Midi generally and not merely in Provence.

The boundary between French and Provençal is not a sharp line. Linguists have studied the distribution of the main characteristics of Provençal, such as the hard c before the Latin a, for example, vaca (French vache), cantar (French chanter), or the preservation of s before certain consonants, for example, testa (French tête), escoute (French écouter). When the occurrence of these different linguistic features is plotted on a map, it is found that their northern limits are not the same. The lines approach one another near Bordeaux, but as they run eastward they diverge to form a zone of varying width in which northern and southern features intermingle. This inter-mediate zone stretches well to the north in the Central Massif, a region of isolation and refuge, but it is pressed southward in the west by influences coming through the gate of Poitou and in the east by others coming through Burgundy into the Saône valley. It is interesting to compare this linguistic distinction with the legal and administrative differences between north and south that continued down to the Revolution.

The dialects north of this line constitute what is called the "Langue d'Oïl," because in them the affirmative particle is oïl (hoc illud) Modern French oui. This term is also applied to the standard literary language, but the terms "central French" or "Francien" are perhaps more appropriate. In any case, the language in question developed into what we now call French. While this literary language of the north achieved complete predominance in the

Middle Ages, the dialects continued to be spoken in both the north and the south. Those of the north (that is, the French dialects proper) fell into more clearly defined groups than did the Provençal dialects, and writers from the provinces (Picardy, Normandy, Champagne, etc.) introduced many of their native habits of speech into the literary language. But such dialectal variations gradually became less numerous in the fifteenth and sixteenth centuries, and in the seventeenth century they were no longer tolerated.

The conception of a standard *spoken* language is an ideal which was but dimly envisaged before the sixteenth century and imperfectly conceived by the grammarians of that age. It was in the seventeenth century that, by a unique collaboration of polite society, grammarians and authors, this ideal was realized, and the history of the French language from that time onward is the story of its gradual extension to all classes of society and to all parts of the country, radiating from the center at Paris. Whereas in the seventeenth century and the greater part of the eighteenth this standard French was still a foreign idiom in the country districts and throughout the south generally, in the nineteenth century various powerful factors, such as the extremely centralized system of government and administration, compulsory education, conscription, the press, reduced the local types of speech to a subsidiary role. They are now called *patois* and even those who still speak them, whether of the northern or southern type, almost invariably speak standard French also, with a greater or less degree of purity. It is natural that the natives of the various provinces should carry into their pronunciation of French some of their inherited and ingrained habits of speech. Thus there arise regional types of French, that is, French spoken with an accent (*marseillais*, *bordelais*, etc.) which are not to be confused with the local dialects and patois, whose roots go deep down into the Gallo-Roman or Romance past. Nineteenth century regionalism, however, produced little more than a Walloon literature of secondary importance and the Provençal literary renaissance of Mistral and his followers.

As distinct from those inhabitants of France whose mother tongue is French (whether in the form of standard French or of one of the patois), there are computed to be still nearly two million persons of French nationality within the political boundaries as constituted in 1919 whose mother tongue is not French; among them are the Basques, Bretons and Alsatians. But it should be noted that the vast majority of these also speak French as a second language and that many in the course of time have come to regard it as their first.

NTC FRENCH TEXTS AND MATERIAL

Computer Software
Basic Vocabulary Builder
on Computer

**Videocassette, Activity Book,
and Instructor's Manual**
VidéoPasseport—Français

Conversation Books
Conversational French
A vous de parler
Tour monde francophone Series
Visages du Québec
Images d'Haïti
Promenade dans Paris
Zigzags en France
Getting Started in French

Puzzle and Word Game Books
Easy French Crossword Puzzles
Easy French Word Games
Easy French Grammar Puzzles
Easy French Vocabulary Games

Humor in French and English
French à la cartoon

**Text/Audiocassette Learning
Packages**
Just Listen 'n Learn French
Just Listen 'n Learn French Plus
Sans Frontières 1, 2, 3

High-Interest Readers
Suspense en Europe Series
Mort à Paris
Crime sur la Côte d'Azur
Les Aventures canadiennes Series
Poursuite à Québec
Mystère à Toronto
Danger dans les Rocheuses
Monsieur Maurice Mystery Series
L'affaire du cadavre vivant
L'affaire des tableaux volés
L'affaire des trois coupables
L'affaire québécoise
L'affaire de la Comtesse
enragée
Les Aventures de Pierre et de
Bernard Series
Le collier africain
Le crâne volé
Les contrebandiers
Le trésor des pirates
Le Grand Prix
Les assassins du Nord

Graded Readers
Petits contes sympathiques
Contes sympathiques

Adventure Stories
Les aventures de Michel et de Julien
Le trident de Neptune
L'araignée
La vallée propre
La drôle d'équipe Series
La drôle d'équipe
Les pique-niqueurs
L'invasion de la Normandie
Joyeux Noël
Uncle Charles Series
Allons à Paris!
Allons en Bretagne!

Intermediate Workbooks
Ecrivons mieux!
French Verb Drills

Duplicating Masters
The French Newspaper
The Magazine in French
Loterie: Creative Vocabulary Bingo
Loterie: Creative Verb Bingo
Jeux de grammaire
Jeux culturels
Jeux faciles
Mots croisés faciles
Amusons-nous

Transparencies
Everyday Situations in French

Reference Books
French Verbs and Essentials of Grammar
Harrap's French Grammar
Harrap's French Verbs
Harrap's French Vocabulary
Nice 'n Easy French Grammar
Guide to French Idioms
Guide to Correspondence in French

Dictionaries
Harrap's New College French and
English Dictionary
Harrap's Pocket French and
English Dictionary
Harrap's Concise Student French
and English Dictionary
Harrap's Super-Mini French and
English Dictionary

For further information or a current catalog, write:
National Textbook Company
a division of *NTC Publishing Group*
4255 West Touhy Avenue
Lincolnwood, Illinois 60646-1975 U.S.A.